播音与主持实用新型教材

体育解说员教程

黄艺丰　编著

WUHAN UNIVERSITY PRESS
武汉大学出版社

图书在版编目(CIP)数据

体育解说员教程/黄艺丰编著 . —武汉:武汉大学出版社,2022.12
(2024.1 重印)
播音与主持实用新型教材
ISBN 978-7-307-23171-9

Ⅰ.体⋯　Ⅱ.黄⋯　Ⅲ.体育—电视节目—播音—教材　Ⅳ.G222.2

中国版本图书馆 CIP 数据核字(2022)第 126182 号

责任编辑:王智梅　　　责任校对:汪欣怡　　　版式设计:马　佳

出版发行:**武汉大学出版社**　　(430072　武昌　珞珈山)
　　　　(电子邮箱:cbs22@ whu.edu.cn 网址:www.wdp.com.cn)
印刷:武汉中科兴业印务有限公司
开本:787×1092　　1/16　　印张:13　　字数:305 千字　　插页:2
版次:2022 年 12 月第 1 版　　　2024 年 1 月第 2 次印刷
ISBN 978-7-307-23171-9　　　定价:39.00 元

作者简介

　　黄艺丰，湖北咸宁人，新闻与传播专业硕士，湖北省省级普通话测试员，本硕均毕业于武汉大学，本科阶段学习播音与主持艺术，研究生阶段学习新闻与传播。现任武汉体育学院体育科技学院播音与主持艺术专业教师，专业负责人。获得2021年度校级优秀教师、2020至2021学年校级教学质量二等奖、2018至2019学年校级教学质量三等奖。

播音与主持实用新型教材
编委会

主编：彭　松　张　卓

编委：白嗣新　文　芳　彭　松　张　卓

序

2020年立秋后，武汉的天气依然炎热，年初一场突如其来的新冠疫情，将很多原本计划好的事情都打乱了。这是一篇迟交的邀约文章，很惭愧，一月初答应艺丰，却因为疫情的影响迟迟没有动笔，一来是每次提笔都会被杂乱的情绪打断思路，二来还是自己的拖延症。

希望能够在新的媒介生态背景下出版一套适应新媒体环境要求的播音主持艺术专业的教材是我们的初衷。艺丰的这本《体育解说员教程》是系列教材的第一本，有很强的探索、创新的意味。与艺丰的相识是从声音开始的，从"克里斯朵夫·李维"到普通话测试的朗读篇目，虽从未谋面但是就像两个老朋友一样，以至于第一次和艺丰见面的时候，我们彼此没有陌生感。艺丰就读的武汉大学是我从小生活的地方，新闻传播学院也是我求学的所在，这样一层层的关联让我们之间抹去了年龄的差距，对很多问题都能坦率地交流。他是一个有专业理想有自己追求目标的85后，一直专注于体育解说这样一个特点鲜明的播音主持领域，在教学实践中不断探索，与学生相处融洽有活力。

当前的广播电视媒介与多年前我们对它们的认知已经完全不同，由于移动互联的深度介入，呈现在我们面前的不再是传统意义上单一的媒体介质，并且随着5G技术的不断拓展，在不断发展变化成为一种以崭新的终端形式出现在我们面前的一种介质。播音主持在传统媒体时代是以广播电视为主题目标而设立的，因此在专业培养上过去我们始终强调要以广播电视作为主体，随着互联网的蓬勃发展，我们的教学目标中又增加了网络媒体的内容，一直以来我们的教学定位都是为传统媒体培养输送播音主持的人才，却忽略了作为一种传播交流手段的语言表达更多地承载着传递信息的功能，随着互联网技术的飞速发展，我们越来越看到在新文科建设的大背景下，学科之间的互相交融以及媒体介质之间的融合。新文科背景下播音与主持艺术专业培养的新目标如何？因循什么样的路径？培养跨学科视野的人才从何处入手？如何找到解决困扰语言表达艺术传播人才培养的疑问的方法等等都是值得我们教学一线老师深思的问题。目前对播音与主持艺术专业的学科定位过于局限，我一直强调，应以艺术教育的理念与传播学融合的视野重新审视播音与主持艺术专业，拓展其内涵，以通识教育为指导，整合新闻业务核心课程与主持业务核心课程，拓展播音主持做为一种传播过程中的语言表达手段，促进播音主持艺术专业人才的批判性思维、人际传播、创新探索等综合能力的培养。也有不少朋友问：在 AI 主播技术日趋成熟的今天，播音主持艺术专业的教学该何去何从？传统的语言表达教学更加注重文字层面而忽视口头层面，在数字艺术蓬勃发展的当下，文字与视听艺术的深度结合，甚至与数据统计和编程技术的算法的结合，已经成为不容忽视的表达现象。所以从长远的发展来看，播音主持艺术在深层面是一种综合的语言传播艺术，在浅层面则是普通大众都需要掌握的一种语言交流、信息传播的基本技能，这也正是我们在智能传媒时代对播音主持教学理念的一次彻底更新，必须突破传统模式、重构媒介化知识疆域和学科领域重构学科专业体系，科学与艺术以及和人工智能等方面实现交互融合。

　　写完这篇邀约稿件，时间指向了 2022 年。这场突如其来的疫情，一方面对我们的社会带来了巨大的冲击；另一方面，也同时改变了很多领域的变革，改变了很多行业的生态，也间接改变了我们的生活方式，总之，一切都发生了剧烈的变化。后疫情时代，我们会变得更加强大，更加冷静深入地思考，积极适应时代的变化，影响自己，影响身边人，不断激励我们继续更好地往前走。在新媒体不断发展的今天，创作主体泛化、节目内容去结构化等已成不可逆的趋势，播音与主持艺术专业的教学需要厘清其中的"变"与"不变"：观念要变，认清现实；方式要变，活用技术；能力要变，打破界限；而身份未变、专业未变、使命未变。感谢艺丰给了我一个凝视播音主持艺术专业发展的机会，也希望这个系列教材的推出能够更好地融入新的观念，为专业的建设和变革做一点尝试。

彭松于闲可居

2022 年 5 月

目录
CONTENTS

参考文献

上编：理论篇

第一章 体育解说员概述

案例

解说员：杨健

赛事：2004 年雅典奥运会男子 110 米栏决赛

"比赛开始，刘翔的起跑非常的顺！他目前排在第一位，旁边是特拉梅尔、奥利加斯。刘翔处于领先的位置，刘翔！刘翔赢了！刘翔赢了！刘翔创造了历史！一个黑头发、黄皮肤的中国人成为世界飞人。"

第一节 体育解说员的产生背景

12 秒 91，让刘翔成为中国第一个男子奥运会田径冠军，成为 2004 年世界体坛瞩目的焦点。在这样的时刻，体育解说员和中国观众已经融为一体，为刘翔的胜利欢呼雀跃。而解说词"刘翔赢了！刘翔赢了！"也随着比赛视频在各大媒体反复重播而成为雅典奥运会期间的经典话语。

要了解什么是体育解说，首先要了解什么是体育。这不仅是体育理论研究的出发点和核心问题，也是体育解说实践与体育传播交流的基础性问题。其次，作为一名中文体育解说员要了解举国体制和竞技体育。

1. 东方体育体系和西方体育体系

早在远古时期，伴随原始人的生产活动和其他社会实践，逐渐地孕育并萌生了原始体育。随着文明时代的到来，人类的体育形式开始受到地域和文化环境的影响，以"东方"和"西方"两种主要形态不断地丰富发展。世界体育的两个不同体系分别是以古代中国、印度、日本等亚洲各国和地区民族体育为代表的东方体育体系和以古希腊、古罗马直到现代奥林匹克运动为代表的西方体育体系。

古代东方从公元前5000年起开始了向文明社会的过渡，在夏商周时期就形成了以体育为主的崇武教育，此时以欧洲及地中海地区为代表的西方体育才刚刚起步。以武术和养生为代表的中国传统体育思想和精神是天人合一、形神并重、内外兼修、动静结合。同时古代的马球、蹴鞠等竞技活动则表现出鲜明的娱乐性和游戏价值。①

第一届古奥林匹克运动会是在公元前776年举行的，而且只有短跑（192.27米）一项比赛。经过公元前8—前5世纪的创造和发展，西方体育才初步形成。从公元前776—394年，历时1170年，古代奥林匹克竞技会共举行了293届，此后消亡。从15—17世纪初，欧洲各国向资本主义社会发展，其社会条件大为改善，从而使西方体育开始进入一个十分重要的复兴期，西方体育开始摆脱落后状态，并从战争与宗教活动中分离出来，成为一个独立完整的社会现象。从17世纪40年代—19世纪中期，资本主义在欧洲取得胜利，西方体育从此进入了兴旺发达的近代体育新阶段。到19世纪末，西方体育发展的直接结果是现代奥林匹克运动的诞生。

皮埃尔·德·顾拜旦在1892年11月所作的《奥林匹克宣言》中提到，"现代世界的体育活动集中在三个首都：柏林、斯德哥尔摩和伦敦"。由此可见，此时的东方体育已经不在"现代世界的体育活动"游戏规则中。由于长时间的封建闭守，以中国、日本、印度、朝鲜等亚洲国家为代表的东方体育在近代处于一种停滞和衰落的状态。而此时的西方体育则随西方文化对东方的扩展而传入东方各国，形成了体育上的"西学东渐"局面。

2. 关于"体育"概念的争议

中国古代虽然也有很多健身娱乐活动，但没有类似近现代"体育"这样的词汇和概念。"体育"这一词汇是近代从日本引进的欧美概念。"洋务运动"过程中，清朝政府派遣留学生赴日本学习近代体育，翻译西方有关体育的书籍，最早接触的体育是"Physical Education"。民国时期体育理论界对体育的认知范围主要局限于"解剖学"和"体育的教育功能"。

中华人民共和国成立后，从20世纪70年代末—80年代中期，中国体育理论界围绕着"什么是体育？竞技运动是不是体育？"等基本概念问题展开了大讨论。一些学者提出"真义体育观"，即体育（Physical Education），是完善人类身体的教育，或增强体质的教

---

① 国家体育总局政策法规司：《中国体育哲学社会科学研究》，人民体育出版社2013年版，第70页。

育，对体育与身体文化（Physical Culture）、身体娱乐（Physical Recreation）、竞技（Sport）作严格区分，主张体育本质属性的单一性，强调对人体的生物学改造。另一些学者提出"大体育观"，主张体育概念是发展的，体育与竞技运动不可分开。

1982年7月中国体育科学学会体育科学理论分会在烟台召开"体育理论学术专题讨论会"，在理论上确立了竞技体育在体育概念、功能、途径、方法、手段等方面的中心地位，使竞技体育被确定为中国现代体育的主体与重要的手段，从而为中国体育确定"举国体制""奥运战略"奠定了理论基础，由此推动中国体育走上了以竞技体育为中心的体育发展道路，并为国家体育部门以及各地方部门确立以发展竞技体育作为中心任务提供了理论依据，使竞技体育成为20世纪80年代—21世纪初中国学校体育教育的主要方法与手段，使我国对外体育宣传口径、媒体报道术语、中小学和大学体育教材的基本概念表述和术语逐渐统一。20世纪90年代以来，对于"Sport"与体育概念的争论也没有停止。

国外对于体育（Sport）概念的认识较为稳定。当前较为典型的体育定义有三例。美国学者杰·科克利所著《体育社会学——议题与争议（第6版）》对体育的定义是："运动（Sport）是制度化的竞技活动，它包括个体体能活力的发挥或者相对复杂性的身体技巧的运用，个体参与运动受个体自身的愉悦和外部回报两方面因素的激励。"美国学者罗纳德·B. 伍兹在《体育运动中的社会学问题》一书中对体育有此表述："在北美，体育（Sport）一般被定义为有组织的竞技性活动，运用身体技能和特殊设备或器材，并且按照一系列确定的规则决定胜负。"欧盟委员会2007年11月颁布的《体育白皮书》中对体育（Sport）的定义为："自发的或是有组织的参与，旨在改善体能或是促进心智健康，融洽社会关系或者在各级竞赛中夺标的所有形式的身体活动。"

总的来看，在国际上目前均通行用Sport一词来表达"体育"。在上述三例有关"体育"的定义中，前两例将Sport定义为"制度化的竞技活动"或"有组织的竞技性活动"，代表了欧美传统对Sport的定义，即体育的主体是竞技。而后者则将Sport的内涵扩大到了"所有形式的身体活动"，认为只要是为了增强身心健康、促进社会和谐和在比赛中夺取胜利的身体活动，都属于Sport的范畴。

在现代文明尤其是信息技术高速发展的背景下，体育已经发展成为以大众健身和竞技体育为核心，集政治、外交、教育、文化、产业为一体的影响广泛的社会与经济现象。体育不仅能为当代人类提供健康的身体和健壮的体魄，塑造强大的精神意志和完美的人格，促进社会和谐进步和人类和平，还能为人类社会提供丰富多彩的文化生活和文化产品，满足当代人类社会日益丰富的情感需要和社会需求。①

3. 体育解说员依附于竞技体育

1921年，从世界上第一家无线电商业广播电台KDKA播出轻量级拳击比赛开始，体育解说就伴随体育直播出现在受众面前。1927年英国出现了第一次足球比赛的广播，约200万人通过BBC收听了阿森纳队与谢菲尔德联队之间的一场甲级联赛。为了帮助听众了

---

① 国家体育总局政策法规司：《中国体育哲学社会科学研究》，人民体育出版社2013年版，第54页。

解赛况，《广播时报》印制了一幅赛场图，图中赛场被分为 8 个标有数字的部分。一个解说员评论比赛，另一个解说员则喊出赛区的数字。①

1948 年，在上海邮政管理局担任"邮政常识"广播工作的陈述应邀接下了旧中国最后一届"全运会"——第七届上海全国运动会的竞赛广播工作。1951 年春，苏联国家男子篮球队到上海比赛三场。上海人民广播电台对这三场比赛都进行了现场广播，邀请陈述担任播音工作。当时在正式比赛前增加了上海女子篮球队的表演赛，由陈述播讲表演赛的第一节、第二节和第四节，张之播讲第三节。② 这是中华人民共和国成立之后的第一次体育广播。一直热爱表演事业的陈述后来成为上海电影制片厂全职演员，而张之担任了上海人民广播电台专职体育播音员。1951 年 5 月，北京举行了全国篮球、排球比赛大会，中央人民广播电台邀请张之进行解说工作。这是中央人民广播电台体育现场直播的开山之作。1953 年，张之被调入中央人民广播电台从事体育新闻报道和体育比赛实况转播的解说工作，他也因此当之无愧地成为我国体育解说事业的开山鼻祖。

从历史的发展可以看出，"体育解说"这项工作从诞生之日起就和竞技体育联系在一起，解说的首要目标就是为看不到比赛实况的听众介绍赛场上的一切情况。体育解说的目标决定了自身的"服务性"。随着媒介技术的不断革新，从传统媒体到新媒体，虽然人们接收信息的方式已经改变，但是体育解说为受众服务的目标一直没有改变。

这种服务性也决定了体育解说员并不是体育赛事转播过程中的核心，所以不能在比赛过程中喧宾夺主。以雅典和北京奥运会男子 110 米栏电视收视率为例，据中国广视索福瑞媒介研究公司（CSM）统计，2004 年雅典奥运会男子 110 米栏决赛收视率并不高，甚至没有进入央视雅典奥运会收视榜的前 20 名。因为这场比赛的现场直播时段是北京时间凌晨，大部分观众已经入睡，而田径也不是中国的优势项目。

4 年后，当刘翔从北京奥运会意外伤退时，约 1 亿名中国电视观众通过直播感受着刘翔的悲壮离场。根据 AGB 尼尔森的数据，从北京时间上午 11 时开始，央视一套的收视曲线开始前所未有地一路飙升，越来越多的人打开电视机，等待"翔飞人"出场。11 时 40 分，刘翔出现在跑道上，央视一套的收视率一度高达 7.53%，这个数字是北京奥运会开赛以来同时点收视率的 3.5 倍。而在刘翔因伤退出比赛后的 5 分钟内，央视一套的收视率下降超过一半，跌至 3.6%。因为刘翔的离开，导致观众不再关心比赛赛况，不再关心体育解说员对剩下赛事的解说。体育运动员才是比赛的中心人物，体育解说员只是配角。

但随着中国媒介生态环境的改变，媒体市场化程度越来越高，当体育赛事转播市场不再被垄断时，体育解说员的重要性会显著提升。例如足球欧洲冠军联赛的转播已经摆脱央视一枝独秀的局面。在欧冠 2015—2016 赛季，腾讯、新浪、乐视、PPTV 等视频网站都成为持权直播平台，球迷可以有更多选择。在视频内容趋同的情况下，球迷可能会倾向于自己喜欢的解说员而奔向不同的直播平台。著名的解说员在社交网站上可以拥有超过百万的"粉丝"，在"粉丝经济"的影响下，解说员正变得越来越重要。

---

① ［英］亨特·戴维斯：《足球史》，希望出版社 2005 年版，第 151 页。

② 岑传理、宋世雄：《金话筒的诉说——电视体育节目的解说与主持》，中国经济出版社 2000 年版，第 15 页。

第二节　体育解说员概念的界定

在《现代汉语词典》第六版中，"解说"的释义是"解释说明"，而"评论"的释义是"批评或议论"。体育解说员、体育评论员、主持人，这三个名词概念是相互交叉的。《广播电视辞典》里对主持人的解释是"在广播电视节目中，以个体行为出现，代表群体观念，以有声语言为主干或主线驾驭节目进程，直接面对受众，平等地进行传播的人"①。体育解说员虽然也属于主持人的范畴，但是只在体育赛事直播或录播过程中以画外音的形式出现。因此从"驾驭"的角度看，体育解说员不能像主持人"驾驭节目进程"一样去驾驭体育比赛进程。体育比赛有自身的进程、规则和属性，并不受体育解说员的控制。目前用于描述体育解说员概念的英文词汇有"Sports Commentator""Sports Summarizer"或者"Sports Announcers"。他们的工作是通过对比赛的描述激发听众或观众的兴趣。帮助观众了解将要看到或听到的比赛是至关重要的，同时比赛后迅速及时的分析也是必不可少的。② 尽管体育解说员也需要分析比赛，但体育评论员才是真正的专家，是"解说顾问"。体育评论员是坐在体育解说员身边的专业嘉宾，他们侧重于分析比赛的技战术特点，对运动员的表现进行专业评价，介绍该项目最新的动态和发展状况以及鲜为人知的背景资料等。③

综上所述，体育解说员是在播音语言表达的基础上，将杂乱的体育赛事相关信息有序组织起来，配合体育赛事的流程、时间和节奏加以说明，为受众营造比赛气氛，调动受众观赛情绪的人。这一概念包含以下四个要素。

1. 掌握播音语言表达

体育解说员以有声语言为主要创作手段，应当遵循播音主持的语言特点——规范性、庄重性、鼓动性、时代感、分寸感、亲切感。从规范性层面看，体育解说员要用一级乙等以上水平的普通话和专业体育运动项目知识进行语言传播。目前，体育解说员在坚持规范性上普遍存在问题。一方面是普通话不过关，在快速语流状态下的"吃字"现象特别严重。有的解说员甚至直接操着"京腔""京味"解说比赛，而"北京话"并不是普通话。另一方面，相当数量播音专业科班出身的解说员虽然能熟练运用普通话，但对体育专业知识的储备比较匮乏，因此常常"一语惊人"。从庄重性层面看，体育解说员的语言应该是"真实、清晰、恰切、质朴的，而不应该是虚假、含混、冷漠、僵硬的"。④ 对体育赛事的背景、赛况、赛情感受不准就会影响解说语言表达的可信度。从鼓动性层面看，体育解

---

① 赵玉明、王福顺：《广播电视辞典》，北京广播学院出版社1999年版，第212页。
② ［美］罗纳德·B.伍兹：《体育运动中的社会学问题》，田慧译，人民体育出版社2011年版，第81页。
③ 岑传理、宋世雄：《金话筒的诉说——电视体育节目的解说与主持》，中国经济出版社2000年版，第145页。
④ 张颂：《播音创作基础》（第三版），中国传媒大学出版社2011年版，第25页。

说需要强调内在情感的真挚和"非说不可"的愿望，注重语言表达情真意切，富有感染力。[①] 此外，情景再现、内在语、对象感、停连、重音、语气、节奏，这些播音表达技巧也是体育解说员应该具备的语言基本功。

2. 组织串联赛事信息

体育赛事的资讯往往纷繁复杂，体育解说员是信息的组织者，在解说过程中应该拟定主题，根据主题线索设计解说主线思路才能具有深度。每一场比赛都有不同的背景，每一位运动员都有一定的目的，这些潜在信息不是赛场比分统计系统和计时系统能够反映出来的，必须依靠体育解说员尽力挖掘整合。随着观众欣赏水平的提升，体育解说越来越需要主题和深度。

3. 遵循体育项目规律

体育比赛是建立在竞赛规则框架内的事件，发展过程的规律性清晰可辨。对于短道竞速项目而言，供解说员进行有声语言播音创作的时间也相对短暂；对于马拉松、自行车公路赛、帆船等耗时较长的项目而言，供解说员进行语言表达的时间也相应延长，有更多的创作空间。体育解说是对动态连续的比赛过程进行的语言传播，即传播内容是比赛过程。体育解说整个语篇的总话题就是"在何时、何地、参赛双方进行的什么比赛，赛果如何"。这一话题是贯穿解说语篇的内在线索。[②]

4. 营造人际传播关系

服务受众是体育解说员的目的。从人际传播的视角来看，解说员通过其讲述的内容来建立和受众之间的关系。解说的行为是一个解释的过程，在这个过程中，体育解说员和受众合作进行着意义的生产。中央人民广播电台著名解说员张之先生秉持着"做听众的眼睛"的理念进行体育实况广播。他用形象化的语言描述比赛，把听众引到特定的环境里，就像坐在体育馆里看比赛一样。电视实况解说员需要为比赛画面添加插图式说明，如果是和体育评论员一起合作，解说员的任务是引出评论员要讨论的内容，为评论员提供方向。尽管解说员个人认为比赛非常沉闷、毫无亮点，但不顾观众情绪的做法显然有违敬业精神。解说员的描述概括了相关事件，可以发挥再现社会文化和社会背景的作用，其实质是一个以建构和反思文化为中心的过程。

第三节　体育解说员的基本素质

一名播音专业的学生要花费大量的时间练习咬字正音、呼吸吐字、情声气结合等一系列有声语言应用技巧，但最终却被随意贴上"人肉话筒""读稿机器"等充满偏见的标签。传统播音教学的主要精力放在"声音练习"层面，要求做到"准确、清晰、圆润、

---

① 马桂芬、陈晓鸥：《播音创作基础》，中国传媒大学出版社 2015 年版，第 13 页。
② 武学军：《体育解说评论的语言特征辨析》，《传媒观察》2013 年第 1 期。

集中、流畅"。声音的练习依托于锻炼呼吸器官、喉部器官、口部肌群，说到底是一种身体机能层面的训练。职业运动员可以靠着完善的身体机能训练获得高水平竞技状态，而职业主持人并不能依靠声音训练获得核心竞争力。因为声音只是传播的手段，不是传播的内容。1983 年元旦，中央电视台正式固定开播《为您服务》栏目，沈力的名字前缀上"主持人"三个字，随后"主持"的概念逐渐和"播音"的概念区别开来。按照普通话一级甲等水平和播音发声的原则做到"能读会播"已属不易，在此基础上要做到"能言善辩"更需要磨杵成针。

当播音主持和体育结合的时候，要在体育领域"能读会播""能言善辩"是一个巨大的难题。在电视剧《爱情公寓》第三季中，有段情节是电台体育节目主持人因故缺席，导播临时找曾小贤代班主播体育新闻：

《爱情公寓3》曾小贤代班主持体育新闻

Lisa 蓉（电台导播）： 快！照稿子念！继续播新闻！

曾小贤： 好男人就是我，我就是……今天的体育新闻。曼联队的主教，练弗格森，这个，他，指责裁判偏袒，瓜，迪奥，拉的球队。（曾小贤脑海中联想到的画面是一只大西瓜和一款迪奥手提包）这里我要插一句，我觉得这个裁判呢，就非常的公平。俗话说得好，善有善报，恶有恶报……

Lisa 蓉： 曾小贤！

曾小贤： 呃，现在让我们把这个，这个目光转向国内的足球新闻，世界杯预选赛，中国队球员越位进球有效，1 比 0 险胜马尔代夫！看来，这位叫"越位"的球员要成为中国队的英雄。让我们祝贺他！让我们向越位学习，为国争光！也许有些听众刚刚打开收银台，这个，请允许我再度自我介绍一下，好男人就是我，我就是……（被 Lisa 蓉的目光喝止）今天的代班体育主播曾小贤。OK，稍后我们将听到：刘翔将复出 110（幺幺零），米兰，比赛。李娜击败沃兹尼，亚奇夺得法网冠军。恭喜亚奇！广告之后，马上回来，请别走开！

这个情景喜剧片段诠释了一位经过播音专业训练却不太了解体育的主播所遇到的窘境。曾小贤所犯的错误主要有以下三个方面：①不了解体育项目的名称和相应的规则。②不熟悉专项运动员和教练员的名字。③没形成体育思维，面对体育稿件只能做到识字读词。

在现实生活中，很多播音专业的学生都面临和曾小贤一样的困境：不懂体育。什么是"懂"呢？在《现代汉语词典》第六版中，"懂"的释义是"知道、了解"。我们的目标并不是要成为裁判员或职业运动员，只需"知道、了解"体育即可。"懂体育"和"精通体育"显然是两个不同的层次，后者更高。细心如你，对网球了解较多的读者可以看出以上《爱情公寓3》片段剧本编写中本身存在一个信息错误。编剧本来的意图是制造曾小贤将"沃兹尼亚奇"名字念错的笑点，但是此处不应该出现"沃兹尼亚奇"这个名字。李娜在职业生涯中获得的第一个大满贯冠军是 2011 年度法网冠军，决赛对手是意大利选手斯齐亚沃尼，并不是丹麦选手沃兹尼亚奇。更为重要的信息是，至少在本书写作的时候，沃兹尼亚奇还没有打进过法网的决赛。可见编剧并不了解网球，在编写剧本的过程中也没有做足功课。体育的专业性无形中提高了体育解说员的行业门槛。

剧中曾小贤面对的是有稿播音，如果他有大量的时间备稿，在进行话筒前的有声语言创作时能够"吃透"稿件，把稿件变成自己要说的话，就能避免尴尬，创作出高水平的播音作品。在播音创作基础的相关教学中，"备稿六步：划分层次、概括主题、联系背景、明确目的、找出重点、确定基调"是一个经典的方法。平时多做量的积累，备稿的时间会逐渐缩短，从而循序渐进地掌握迅速备稿的能力。但体育解说是一个无稿播音的即兴口语表达状态，这对主持人的体育知识储备提出了更高的要求。体育解说员必须具备的基本素质可以归纳为四个方面。

1. 咬字清晰

咬字发声能力是播音专业的基本功，也是播音专业科班出身的体育解说员必须抓住的看家本领。目前从事体育解说工作的人当中有相当一部分是由退役运动员或者体育爱好者转型而来，他们有的经过播音专业训练，有的只进行过短期发音培训，更有因普通话语音面貌较好而未经训练即走上岗位的。因此，从整体播音发声质量看，体育解说员是中国电视荧屏与网络视频中语音错误概率最大、吃字吞字现象最严重的一个播音主持群体。造成这种现象有多重原因，这里仅分析生理原因。播音主持训练要求"情随声动，声随情走"，而竞技体育本身是一个紧张刺激、血脉偾张的人类活动，在体育的氛围中，解说员是最容易感受到人类喜怒哀乐等不同情感的。这些情感都会造成解说员在说话时气息压力难以控制，因此，破音、喊叫、嘶吼、哭泣等非正常发音状态经常伴随着解说员。甚至在2006年后，有人把怒吼当成体育解说员的标签。一些熬夜看球的网友开玩笑地说："体育解说员自带闹钟叫醒功能。"另外，体育比赛的节奏快慢有别，在紧张状态下，解说员的口腔控制难以保证，字头与字尾连读的现象比比皆是。这就造成了一些非体育迷观看比赛时听不清解说员在说什么，无形中增加了传播障碍，不利于赛事推广。张之、宋世雄、王泰兴、孙正平等中国体育解说前辈的吐字发声功力相当深厚，这份传统应该传承下来。

2. 快速应变

竞技体育的精彩之处在于结果充满悬念：不到最后一分钟，永远不知道场上会发生什么。除了运动会开、闭幕式可以进行预先彩排然后按照固定顺序正式上演之外，竞赛环节都是一次成型的。因此，体育解说员很难有排练预演的机会，解说必须一气呵成。竞赛的不确定性是体育解说员需要克服的最大困难，也是体育解说工作不同于一般播音主持工作的地方。中央电视台播音指导、著名解说员蔡猛认为："应变，就像开车一样，对突如其来的危机能从容应对才是高手。如场上断电（1996奥运王涛比赛时）、队员争执或裁判失误使比赛中断，还有一些与政治有关的应急情况。要能较好应对就必须有平时良好的准备做基础。最需要克服的难题是慌乱，一定要冷静，然后快速定一个方向，再开始展开工作。"①

3. 熟悉体育

体育解说员首先需要看懂体育比赛、读懂体育规则、了解体育人物。由这三个方面可以衍生出具体的解说内容。浙江电视台著名解说员金宝成是国内第一位拥有体操国际级裁判员头衔的体育解说员。毕业于中国传媒大学的著名解说员陈滢参与了四届夏季奥运会和冬季奥运会的转播，她解说的项目横跨花样滑冰、体操、艺术体操、蹦床、体育舞蹈五项。她从零起步，通过翻译国外解说稿和学习裁判规则，弄清了近1700个体操动作。弄懂体育规则是播音专业学生面临的巨大挑战。其次，体育解说员需要良好的外语水平。现代竞技体育的文化和规则主要由西方主导，解说员要准确解读国际字幕的含义，例如网球中的"Game""Game Point""Deuce""Break Point""ACE"，等等。此外，还要听懂外国裁判的判罚口令，中国荧屏上的大量赛事转播资源都来自外国，面对体育赛事电视制作流程的日益国际化，解说员的外语水平，尤其是英语水平的高低将决定解读体育信息能力的高低。最后需要强调的是，尽管需要熟悉体育规则，但体育解说员不是裁判。应天常在《节目主持人通论》中强调"学者型主持人"是一个伪命题。中国社科院研究生院刘自雄教授也认为，"从理性角度来看，在知识分工日益细化的今天，主持人不仅很难具有专家的能力，而且，也几乎不可能成为跨学科、跨行业的全才"②。因此，体育解说员学习体育规则无需将成为专职裁判作为目标。蔡猛表示："首先，心态要平和，别怕人家说你不懂，否则就会班门弄斧让观众反感，有时不在谁对谁错，而是话从谁嘴里说出来，教练说出来效果更好。解说员的水平，除了全面外，在专业上必须能理解专家表述，才能提出合适的问题。"③

4. 找准定位

主持人的角色任务是在特定节目情境中，主导并推动节目的进程、体现节目的主旨。④ 虽然解说员并不完全等同于主持人，但解说员是在特定体育情境中，配合竞赛节奏，引导嘉宾发言的人。中央电视台直播2004年雅典奥运会中国女排与俄罗斯女排决赛时，由孙正平担任解说员，郎平任嘉宾。中国队在比赛中开局不利，一度以0∶2落后。在这个阶段，郎平很少发言，主要由孙正平解说场上情况。在后来的采访中，郎平告诉记者："0∶2的时候不知道说什么，心里特紧张，好在孙正平老师还是特别专业的那种，还是他在讲，我的心就基本上已经都提到嗓子眼里了，就按运动员、教练员的心情去体验，然后基本就没怎么说。"孙正平的专业素质是这场解说成功的关键因素。

解说员、顾问、嘉宾要合理地分工。解说员需引导顾问和嘉宾尽量对体育专业问题发表观点，让体育专业人士谈论技术性、规则性话题显得更为权威。解说员负责串联节目流

① CCTV-5伦敦奥运会评论员组：《2012剑指伦敦》，长江文艺出版社2012年版，第5页。
② 刘自雄：《新传播语境中的电视节目主持人及其行为规范》，《电视研究》2003年第4期。
③ CCTV-5伦敦奥运会评论员组：《2012剑指伦敦》，长江文艺出版社2012年版，第6页。
④ 应天常：《节目主持人通论》，武汉大学出版社2007年版，第130页。

程，例如呼台号、穿插背景资料，寻找交流话题。解说员和嘉宾交流时，需要合适的问话和自然礼貌的打断方式。解说员提问之前，要先观察顾问、嘉宾的状态。如果他们正在写字做记录或者正在观看监视器，解说员不能随意打断。打断顾问的话也是学问，顾问谈论体育技术总想说得全面，但比赛却瞬息万变。所以，解说员要引导话题方向，深入浅出。

课后作业 话题讨论

1. 什么是体育解说员？体育解说员的基本素质有哪些？

2. 你最喜欢的解说员是谁？运用这一章节中对解说员基本素质的描述，解释你认为这位解说员什么地方做得比其他人要好。

3. 阅读本书解说词附录中的男子双人3米板案例，分析解说员和嘉宾的分工有什么不同？具体表现在哪些方面？

第二章　体育解说员的言语产生过程

 案例

　　北京2022年冬奥会会徽"冬梦"以汉字"冬"为灵感来源，运用中国书法的艺术形态，将厚重的东方文化底蕴与国际化的现代风格融为一体。会徽图形上半部分展现滑冰运动员的造型，下半部分表现滑雪运动员的英姿。会徽的色彩以蓝色为主色调，寓意梦想与未来，以及冰雪的明亮纯洁，红黄两色源自中国国旗，代表运动的激情，青春与活力。

　　以上这段解说词是对北京冬奥会会徽的诠释，从文化源头、造型设计、色彩搭配、主题寓意四个方面进行了解释。体育解说员的语言表达能力是如何形成的呢？本章将从三个不同角度探讨这个问题。

第一节　符号学视角下的体育解说

　　北京冬奥会的会徽"冬梦"是一个寓意颇深的符号，如何将这个符号的意义传达给受众，是体育解说员必须考虑的问题。事实上，体育世界是一个由各种符号搭建起来的世界：各种体育组织的徽章标志、各个项目的专业术语体系、各种著名的地标性体育场馆、运动员的每一种身体姿态等叠加在一起构建了一套复杂的体育符号系统。

体育解说，本质上是一种阐释性的工作，体育解说员作为解释者，必须提供符号的部分意义。例如中国奥运代表团的队服可以视为一个符号，由于队服上有红色和黄色元素，既可以阐释为"红黄两色源自中国国旗"，又可以阐释为"像中国的国民菜——西红柿炒鸡蛋"。体育解说本身是一个符号化的过程，即对感知进行意义解释，赋予感知以意义的过程。符号（Signs）可以是任何东西，也可指代任何东西。以查尔斯·S. 皮尔士（Charles S. Peirce）为代表的美式符号学认为，我们所能看到的任何事物都可以视为一条信息，都可以视作一个符号。以费尔迪南·德·索绪尔（Ferdinand de Saussure）为代表的欧式符号学认为，语言也是符号，是表达思想的象征符号（Symbols）。从符号学的角度看，体育解说员需要阐释"符号"和"关系"（Relations）两大关键概念，既要解读符号本身的信息内容，又要厘清每一个符号背后的关系因素。

1. 解读体育符号

体育世界的符号是人工制造的"纯符号物"，是完全为了表达意义而被制造出来的事物。体育解说员在工作过程中需要表达大量体育概念，根据概念语义学的观点，体育概念的意义不是来自于体育解说员关于语言表达的语言知识，而是来自与该语言表达相关的体育世界知识。例如，当体育解说员使用"越位"这个词，他想表达的意思是"当任何处于对方半场的球员比球和最后一名防守队员都更接近球门的时候，该球员就处于越位位置"①。此时起主导作用的意义来自足球项目规则的界定，而不是来自"越"和"位"的汉语语言意义。简而言之，解说过程中产生的体育符号的概念意义来自体育解说员的认知域（Cognitive Domain），体育解说员所表达的语义内容（Semantic Content）由认知域提供。体育解说员想要避免"说外行话"，就需要扩大自己的体育认知域，无论是奥运项目，还是非奥项目。即使在某个体育项目解说非常成功的职业体育解说员面临转项解说时，也会遇到认知域不足的问题。由于认知域涉及体育解说员个体的认知能力差异，需要长期积累，不是一朝一夕就能彻底解决的问题。

本章以竞技跳水项目为例，扩大读者关于跳水领域的认知域。从现今的国际跳水竞赛规则来看，共有 87 个不同种类的跳水动作分别对应不同的代码。体育解说员要先正确识别这些动作代码才能开展竞技跳水项目解说。表 2-1 简要归纳了竞技跳水动作代码的编制规则。

表 2-1

竞技跳水（Athletics Diving）动作组别	
10 米跳板（Springboard Diving） 有五组动作组别	10 米跳台（Platform Diving） 有六组动作组别

---

① ［克罗地亚］米尔萨德·哈西奇：《足球场上各位置的终极策略》，金闲驰、杜晓波译，浙江出版集团 2018 年版，第 43 页。

续表

竞技跳水（Athletics Diving）动作组别	
第1组：向前 Forward 面对池向前跳水	第1组：向前 Forward 面对池向前跳水
第2组：向后 Back 面对跳板向后跳水	第2组：向后 Back 面对跳台向后跳水
第3组：反身 Reverse 面对池反身跳水	第3组：反身 Reverse 面对池反身跳水
第4组：向内 Inward 面对跳板向内跳水	第4组：向内 Inward 面对跳台向内跳水
第5组：转体 Twisting 转体跳水	第5组：转体 Twisting 转体跳水
无	第6组：臂立 Armstand 臂立跳水

竞技跳水四种动作姿势			
直体 A	屈体 B	抱膝 C	翻腾兼转体的任意姿势 D
在同一高度的比赛中，同样数字代码的动作，A 比 B 的难度系数高，B 比 C 的难度系数高，C 比 D 的难度系数高			

竞技跳水动作号码	
第1至第4组动作的号码均采用3位数 第1个数字代表动作组别 第2个数字代表飞身动作（如果第2个数字是"0"，表示没有飞身动作） 第3个数字代表翻腾周数（以"1"为半周，"2"为一周，"3"为一周半，以此类推）	
第5组转体动作采用4位数表示 第一位数表示第5组（特指转体跳水） 第二位数表示翻腾转体的方向（1向前，2向后，3反身，4向内） 第三位数表示翻腾周数（以"1"为半周，"2"为一周，"3"为一周半，以此类推） 第四位数表示转体周数（以"1"为半周，"2"为一周，"3"为一周半，以此类推）	
跳板无第6组	第6组臂立动作采用4位数表示
跳板无第6组	第一位数表示第6组（特指臂立跳水） 第二位数表示翻腾转体的方向（1向前，2向后，3反身，4向内） 第三位数表示翻腾周数（以"1"为半周，"2"为一周，"3"为一周半，以此类推） 第四位数表示转体周数（以"1"为半周，"2"为一周，"3"为一周半，以此类推）

如表2-1所示，你可以看明白以下跳水动作代码的含义

"113"，表示第一组向前飞身翻腾一周半。

"201B"，表示第二组向后跳水翻腾半周屈体。

"301B"，表示第三组反身翻腾半周屈体。

"5257"，表示第五组转体向后翻腾两周半转体三周半。

"5337"，表示第五组转体反身翻腾一周半转体三周半。

"6247"，表示第六组臂立（倒立）向后翻腾两周转体三周半。

2. 解读镜头符号

随着广电技术的不断发展，4K 和 8K 超高清视频对于运动物体的轨迹模拟和细节刻画将更真实细腻，体育赛事有望成为超高清视频对于用户的重要吸引点。从全球范围来看，体育赛事直播已成为有线电视或 IPTV 运营方推广超高清视频的重要抓手。早在 2014 年巴西世界杯期间，索尼公司进行了全景转播测试，用两幅 4K 全景画面拼接为一幅 8K×2K 分辨率的超高清全景电视画面；2018 年平昌冬奥会期间，日本 NHK 电台采用 8K 技术对部分赛事进行了转播；2019 年 8 月在中国举行的男篮世界杯北京赛区上，全球首次采用了 "5G+8K" 技术对 8 场比赛进行了直播测试。日本 2020 年东京奥运会正式采用 8K 直播，中国也在 2020 年高山滑雪世界杯、冬奥系列测试赛上启动 "5G+8K" 直播示范。

在此背景下，解读镜头语言符号对于体育解说员来说至关重要。以足球电视转播为例，一整段足球视频由时间上连续的若干次进攻过程组成，称为进攻场景（Attack Scene）。一个进攻场景由若干语义镜头构成，它们从内容上表达了进攻的酝酿、组织、结束、回放等一系列阶段（见表 2-2）。

表 2-2

镜 头 符 号	意 义
 中场区远景	中场区域的远景镜头一般表达进攻酝酿阶段 赛事：2020 欧洲杯半决赛 英格兰 VS 丹麦 比赛时间：北京时间 2021 年 7 月 8 日 画面截图显示时间：比赛第 5 分 5 秒
球门区远景	球门区域的远景镜头一般表达进攻组织阶段 赛事：2020 欧洲杯半决赛 英格兰 VS 丹麦 比赛时间：北京时间 2021 年 7 月 8 日 画面截图显示时间：比赛第 5 分 9 秒

续表

镜 头 符 号	意 义
 特写镜头	特写镜头一般在进攻结束后出现，描述与上次进攻有关的运动员 赛事：2020 欧洲杯半决赛 英格兰 VS 丹麦 比赛时间：北京时间 2021 年 7 月 8 日 画面截图显示时间：比赛第 5 分 12 秒 特写球员：英格兰队 10 号球员斯特林（Sterling）
 中景镜头 此为回放镜头	中景镜头一般表达进攻组织阶段 回放镜头一般都暗示着一次精彩的进攻或焦点事件的发生 赛事：2020 欧洲杯半决赛 英格兰 VS 丹麦 比赛时间：北京时间 2021 年 7 月 8 日 画面截图显示时间：比赛第 5 分 25 秒 特写球员：英格兰队 9 号中锋凯恩（Kane） 丹麦队 3 号左后卫韦斯特高（Vestergaard）

对照表 2-2，我们来分析 CCTV-5 的解说员和嘉宾的语言表达形式。

中场区域远景镜头：进攻酝酿阶段。此时解说员和嘉宾的语速适中，语势起伏不明显。

解说员洪钢：还是这球，还是卢克·肖拉边之后交给肋部插上的斯特林，但是克里斯滕森面对斯特林并不怕。在英超比赛里边，切尔西面对曼城的时候，其实总成绩是占据上风。

嘉宾宫磊：是，刚才韦斯特高想抢断，虽然没有断下来，但是破坏了英格兰队在中场的控球。

球门区域远景镜头：进攻组织阶段。此时解说员语速明显加快，在有射门机会时语势以上山类为主。

解说员洪钢：这一次拉边儿，踢平球传到门前后点！

球门区域远景镜头：进攻组织阶段。在错失射门机会后，解说员语速即刻降速，语势以下山类为主。

解说员洪钢：球速还是比较快，斯特林没有能够追上。

回放镜头：一般都暗示着一次精彩的进攻或焦点事件的发生。嘉宾点评刚才焦点事件中的关键球员。

嘉宾宫磊：所以看，现在凯恩呢，不光是当了一个 9 号高中锋来使，他经常中路边路都跑，要换位以前是，这时候应该是斯特林传给凯恩的，但是凯恩同样，同伴到这个位置就是凭快往里扫。

不同的体育项目特点决定了电视转播镜头语义的差异。例如 10 米跳台跳水项目，运动员入水时瞬时速度达到每秒 15 米，整个入水过程以全景镜头呈现，镜头时间不足 2 秒。正因为镜头时间短，所以解说员一般只在跳水运动员入水前的准备阶段介绍动作，一旦运动员进入起跳阶段则解说员禁声，让观众安静地欣赏跳水运动员的飞行阶段，在运动员完成全部动作后解说员再播报比分。

客观条件决定了跳水项目留给解说员发挥的时间段是极其有限的，足球比赛 90 分钟时间留给解说员发挥的时间段相对宽松，马拉松项目超过 2 小时的比赛进程需要解说员用语言填补大量的时间空白，而夏季奥运会开幕式时长一般大于 4 小时要求解说员事先准备足以应对如此巨大时间体量的资料。

3. 解读符号间的关系

符号学牵涉文化，严格来说，符号是载体的感知与这个感知携带的意义之间的关系。[1] 索绪尔曾提出一个重要见解：由于关系的存在，概念才具有了意义。他认为语言中只存在差异，"喜"只有在与"悲"相对时才有意义，决定意义的不是"内容"而是系统中的"关系"。从符号学分析方法的角度来审视体育解说，研究体育解说文本中的意义，可以得出一个结论：意义源于关系，特别是符号间的关系。

例如上文中提到的英格兰队与丹麦队比赛，解说员洪钢提到"克里斯滕森面对斯特林并不怕。在英超比赛里边，切尔西面对曼城的时候，其实总成绩是占据上风"这句话时，两位球员的名字已经成为符号，切尔西和曼城两支球队也成为符号。克里斯滕森作为一名高大的控球中卫，是切尔西一线队的重要成员。斯特林作为边锋球员效力于曼城。2020 年 6 月—2021 年 4 月，切尔西对阵曼城取得 2 胜 1 负。因此，解说员才会梳理出符号间的关系"克里斯滕森面对斯特林并不怕"。

在体育解说过程中，比分是所有人都关注的变量，但如果只看数字符号而不看数字符号背后的关系，未免浅尝辄止。早在 2015 年 11 月 7 日，新华社与搜狗公司合作开发的机器人记者"快笔小新"就上线了，它应用于体育赛事和财经信息稿件的写作，开启了央

---

[1] 赵毅衡：《符号学原理与推演》，南京大学出版社 2016 年版，第 25 页。

媒机器人写稿的先河。公开报道称，"快笔小新"在中国足球超级联赛报道的写稿测试中表现出色，能够生成中、英文数据消息，包括每轮比赛的成绩公报和积分排名。这对于新闻传播学类的学生来说是一个极大的挑战：AI 人工智能的应用是否会取代一部分媒体就业岗位呢？技术的发展和应用是必然趋势，我们应该把注意力放在机器无法取代的"人类主观能动性"部分。"快笔小新"目前应用的领域都与数字数据密切相关，因此那些只会简单播报比分的体育解说员迟早面临淘汰。阿拉伯数字符号本身的意义可以有多重解读，数字背后的变量越多，关系越复杂，越能留给体育解说员巨大的发挥空间。

以 CCTV 体育频道《陈言网事》节目为例，制片人兼主持人陈怀杰及其背后的团队非常善于解读体育符号之间的关系，将筛选出来的资讯围绕共通点串联起来，将碎片化的信息聚合为整体。该节目在 2016 年 1 月 18 日澳大利亚网球公开赛的第一个比赛日播出了《跨不过的坎》，围绕"一轮游"这个略显尴尬的词做足了文章。以下为节目文稿。

网罗新鲜事儿，今晨听我言。2016 年网坛的开年大戏，澳网正赛一会就要开打了。对所有选手来说愿望只有一个：那就是赢。在小德、小威这些人身上，赢一场又一场，甚至直到夺冠都不新鲜。但对一些人来说，只要能赢一场就是一件了不起的事。

先说说咱们自己人——张帅，她曾经被称为中国新一代网球小花的领军人物。08 年美网，她第一次闯进大满贯正赛首轮，那场比赛她的对手是三号种子库兹涅佐娃，张帅输在情理之中。当时人们对她的网球前途充满了期待，毕竟那时她还不到 20 岁。可哪知接下来这 7 年半，她 14 次闯进四大满贯的正赛，结果全部都是"一轮游"。当"期待"一次次变成"失望"后，有人自认为幽默的给她取了一个绰号——"早餐"并传扬开来。

之所以叫她"早餐"，因为她最后的局分常常是 0 或者 1。0 代表"蛋"，1 代表"油条"。这份压力一度让张帅开始怀疑自己："为什么别人吃饭、睡觉的时候我都在练球，可最后赢球的是他们，我却连进个排名前 100 都那么难？"都说天道酬勤，可 2012 年开始单飞后，张帅就告别了另外一个词儿"张弛有度"。经济上的沉重负担让她只能拼命地多打比赛挣奖金，来支付旅途的费用和教练的工资，哪怕有小伤都不敢歇。张帅在进步，也拿过冠军，但是进步的幅度不足以成为"后李娜时代"的网球接班人。

这次澳网首轮，她的对手是二号种子哈勒普，一直到本周四她 27 岁生日那天还能不能留在赛场上？曾经"一轮游"后她一次次哭泣，可如今她说："或许我永远达不到大家想要的高度，但我只想做我自己。"

这是本次参赛的中国 6 名选手在中央球场外和李娜的合影。两年前李娜在几十米后的场地中央捧起了澳网冠军。两年的时间不算长，但似乎离我们已经很远了。

中国网球的现在属于她身边的这些笑着的年轻人，她们一直在路上前进，尽管路边一直有声音说她们是"丢人现眼，捧不起的阿斗"，等等，教练希望旁观者能少一些谩骂，多一些尊重。照片左边第二位的王蔷说："这个冬训累到每天感觉有地儿躺着就能睡着，我们能做的只有努力，其他就等着老天来决定吧。"

罗德拉沃尔中心球场就在她们的身后，她们一直在努力走进去。

今年的澳网还是休伊特的告别赛，他离开人们的视线似乎已经很久了，尽管他一直都在。20 年前 16 岁的休伊特第一次站在澳网的赛场上面，当时没人能想到这小家伙后来能创纪录的连续 20 年不缺席。2005 年的澳网是这个澳大利亚人离冠军最近的一回，可决赛，他输给了巅峰状态的萨芬，此后两人的网球生涯都急转直下，萨芬直到 2009 年退役，再也没有拿过大满贯。

休伊特这位曾经连续两年的年终第一，甚至连四大满贯的半决赛都变得遥不可及。同时期的那些人早就走了，可这位"澳洲野兔"尽管不再能飞奔，尽管满是伤痕，却一直坚持到了 35 岁的年纪。如今没人再奢望他能胜利，大家随时都做好准备，在他被淘汰后和他告别。

坚持到今天，休伊特只想在家乡优雅地收起网球拍，转身离去。还有人不断提醒自己，不要回头看，因为曾经太累，曾经也太惨了。

布莱恩贝克，我半年前介绍过，青少年时代的他风光无限，小德、特松加、巴格达蒂斯都曾是他的手下败将，可是转入职业网盘后，6 年 5 次手术戳破了他所有关于网球的梦想。

2008 年小德和特松加会师澳网决赛的时候，曾经战胜过他俩的贝克，已经变成了一所学校的网球助教了。2012 年他曾经短暂付出，可前面等待他的不是重新崛起，而是又一次手术，然后告别。之所以今天说他因为澳网首轮的名单里出现了他的名字，这只打不死的"小强"又回来了。

2001 年休伊特捧起美网冠军的时候，说"接下来自己最大的愿望就是澳网夺冠"，如今这成了他职业生涯最大的遗憾。

2015 年元旦那天，布莱恩贝克在网上说，终有一天我会再回来的，一年后他做到了。

Zero 与 Hero 只差一个字母。今天说的这几位，或许接下来澳网的第一场就是最后一场，在其他新闻里对一轮游的选手们可能就是一笔带过，但是哪怕胜利是 0，他们不也同样是英雄吗？

竞技体育的奇妙之处就在于未知的结局总是令人充满遐想。上文提到的张帅，不但在 2016 年 1 月 20 日澳网首轮战胜了二号种子哈勒普，职业生涯首次闯进大满贯女单第二轮，并且最终获得澳网七连胜进入八强，成为继李娜和郑洁之后第三位晋级澳网女单八强的中国选手。三年之后，张帅夺得 2019 年澳网公开赛女双冠军，成功收获个人职业生涯中首个大满贯赛冠军。而莱顿·休伊特在 2016 年澳网第二轮结束后宣布退役，就此结束了长达 20 年的单打职业生涯。

解读符号间的关系，实质是讲话者确定想要表达的意义。竞技体育本身绝非冷冰冰的数据，在比赛解说的过程中，合理拆解与重组符号间的关系，是解说员在实际工作中经验和能力的体现。

第二节　心理语言学视角下的体育解说

体育解说员是如何流畅地运用口头语言表达复杂的思想的？播音主持学界从传播的整体环境入手，将有声语言在一定语境下所具有的声音形式界定为"话语样式"。在广播电视领域最典型的话语样式是：朗诵式、宣读式、讲解式、谈话式。根据笔者的统计，每一种话语样式与汉语普通话的发音速度之间的关系如表 2-3 所示，这种归纳仅能描述言语的外在形式，并未涉及言语产生的内在机制。

表 2-3

话语样式	汉语普通话发音速度
朗诵式	每秒钟小于或等于 3.5 个汉语普通话音节
宣读式	每秒钟少于 4 个汉语普通话音节，大于 3.5 个汉语普通话音节
讲解式	每秒钟大于或等于 4 个音节，小于或等于 5 个汉语普通话音节
谈话式	每秒钟大于 5 个汉语普通话音节

人类需经思考才可以产生语言进行交流，因此言语产生是一个涉及复杂认知加工的过程。由于言语产生的快速性和复杂性，人类对言语产生过程的研究极其困难，至今仍了解甚少。20 世纪 60 年代以来，认知心理学的兴起使得人们对语言产生的过程有了较为深入的了解。20 世纪 90 年代，认知神经科学的诞生和先进的技术手段的运用，使得人们对语言产生的脑机制有了初步了解。关于言语产生过程的研究大多集中于词汇产生过程，而研究句子产生的难度较大，目前的实验技术还不能控制句子产生中的各种影响因素。①

体育解说员的语言产生（Language Production）主要包括三个过程：概念化过程、言语组织过程、发音过程（见图 2-1）。

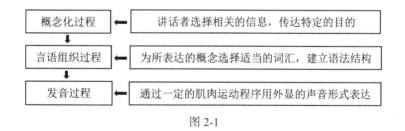

图 2-1

弗罗姆金（Fromkin）于 1971 年在其论文《反常话语的非反常本质》（The Non-anom-

---

① 张清芳：《语言产生：心理语言学的视角》，华东师范大学出版社 2019 年版，第 38 页。

alous Nature of Anomalous Utterances）中提出了言语产生的六阶段模型。套用这个模型，体育解说员的句子产生过程可以描述为以下 6 个阶段（见表 2-4）。

表 2-4

阶段	言语加工过程
1	首先解说员确定需要表达的意义是什么
2	选择句法结构：利用特定的词汇构建句子
3	产生句子的语调：将重音分配到不同词汇上
4	插入内容词：从心理词典中提取名词、动词、形容词并插入对应位置
5	添加功能词：添加功能词（连接词和介词）
6	最后解说员基于语言学结构确定正确的发音特征

以 CCTV 体育频道直播 2020 欧洲杯半决赛英格兰 VS 丹麦的比赛为例，解说员洪钢在正式比赛前对丹麦队做了介绍，主要表达的核心意义是：丹麦队不是弱队。紧接着，解说员开始选择词汇，如图 2-2 所示。

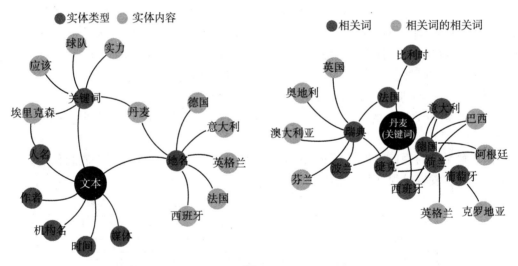

图 2-2

解说员将重音位置放在"四强"和"不意外"上，并从自己的心理词典中提取了一些内容词，如图 2-3 词频统计所示，其中横坐标轴代表词汇使用的次数。

最终，解说员洪钢形成了一整段语流：

另外这两支球队呢，其实彼此之间应该算是非常熟悉的。因为丹麦其实走到四强这个位置，应该我们回头一看并不意外，他所有场上的队员都是来自五大联赛。尽管

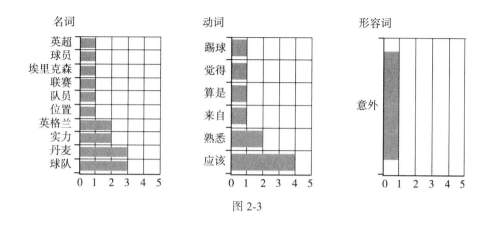

图 2-3

少了埃里克森，但是所有的球员都是在英超、意甲、法甲，而且作为球队的主力。所以他的实力应该是在，除了我们所熟悉的像英格兰、意大利、西班牙、德国、法国这样的球队之外，应该是实力非常强的。而且呢，它队中有 12 人都在英超效力，您觉得这对于丹麦和英格兰来说，丹麦有这么多人在英超踢球，那对双方来说利弊各在什么地方？

从话语情感分析的角度来统计一下这段解说词的情感态度，可以得出解说员整体处于客观中立的状态，以正面情感为主（见表 2-5）。

表 2-5

分类	情感分析		情绪分析						
	正	负	乐	好	怒	哀	惧	恶	惊
得分	9	1	0	5	0	1	0	0	0
权重	90%	10%	0	83.33%	0	16.67%	0	0	0

对于初学者来说，在概念化阶段多扩充一些体育领域的知识，能有效避免说"外行话"。在言语组织阶段，将概念上的表征转译成语言形式，包括词汇化过程、句法计划过程、音韵编码过程，这需要具备充足的语言知识。在发音阶段，应至少达到汉语普通话一级乙等以上水平。

第三节　认知语言学视角下的体育解说

概念语义学认为语言表达的概念结构（或称语义结构）是人们的各种认知能力（这些认知能力统称"识解"）作用于语义内容的结果。语义内容是由认知域提供的，而识解（Construal）指的是人们具有的认知能力（见图2-4）。①

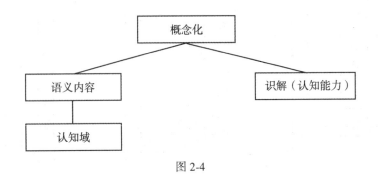

图 2-4

语言表达的意义是识解对认知域作用的结果。下面以第54届世界新闻摄影比赛（荷赛）体育专题类单幅一等奖作品为例（见图2-5），探讨识解方式的差异导致相同概念内容的不同识解结果。

图 2-5

这张照片的内容是"踢到人的球员"，或者说是"被人踢到的球员"。根据观察者注意力焦点的不同，也就是由于识解方式不同，我们对这同一张照片至少有2种不同的识解结果。

如果你对足球的认知域足够丰富，能够识别出图片中穿橙色球衣的是荷兰队，穿蓝色球衣的是乌拉圭队，或者更进一步，你知道橙色球衣运动员是荷兰球员 Demy de Zeeuw（14号德米·德泽乌），蓝色球衣球员是乌拉圭队 Martin Cáceres（22号马·卡塞雷斯），

① 李福印：《认知语言学概论》，北京大学出版社2008年版，第263页。

那么你能够表达的语义内容就会更加深入。

这张照片的背景是 2010 年 7 月 7 日南非世界杯半决赛，卡塞雷斯在荷兰队禁区倒钩射门时，一脚踢中德泽乌面部，受伤的德泽乌满口是血。双方球员顿时剑拔弩张，险些酿成冲突。最终，卡塞雷斯领到了一张黄牌。德泽乌坚持踢完了上半场比赛，中场时（第46 分钟）被队友范德法特换下。双方上半场 1：1 战平。这场比赛荷兰 3：2 胜乌拉圭，这是荷兰队自 1978 年后历经 32 年重返世界杯决赛，最终获得亚军。

识解（Construal）指的是人们的认知能力（Cognitive Abilities），不同的认知方式作用于同一情景，导致了不同的语言表达和不同的意义。同一场比赛，体育解说员站在主队立场和客队立场上的认知差异，将会塑造出完全不同的语义内容。

还有一类识解差异是由翻译造成的。在译名方面，国内最权威的机构是新华社译名室，所有外语译名都以新华社为标准。译名室在 1993 年出版过《世界人名翻译大辞典》，2006 年又出版了修订版。根据该标准，塞尔维亚籍网球运动员 Novak Djokovic 应翻译为"诺瓦克·焦科维奇"。在新华社发布的网球新闻中都使用"焦科维奇"。而很多初次涉猎网球的人在微博、朋友圈、各大体育论坛中看到的多数是"诺瓦克·德约科维奇"。其实，这两种翻译都是指同一位运动员，但完全能让"网球小白"感到困惑。

本章分别从符号学、心理语言学、认知语言学的角度对体育解说员的言语产生过程进行了分析，希望读者也能以多元视角审视体育解说。

课后作业 话题讨论

1. 你知道"凝形、撞气、龟甲、双虎"分别是什么意思吗？请你借助手中的文献搜索工具，查询并且解释这些符号的意义。

2. 寻找一段跳水比赛的视频片段，借助本章提到的跳水动作代码，尝试对视频进行解说。

第三章　体育解说员的语言策略

案例

赛事：里约奥运会射击女子 10 米气步枪决赛

解说员：沙桐

嘉宾：杨凌

杨凌： 喔，杜丽这枪也是打得不理想。现在处在第六的位置，跟第五名的选手差 0.2。

沙桐： 落后了 0.2，这一枪她必须赢下这名选手。

杨凌： 伊朗的选手。

沙桐： 现在是两人的对决，画面左侧的是杜丽，画面右侧的是艾哈迈迪。

杨凌： 杜丽是排在第六位，艾哈迈迪排在第五。

沙桐： 这一枪一定要赢过 0.2，才可以留下来。我的手心都出汗了。

杨凌： 啊！9.7，伊朗选手打出了 9.7，看看杜丽。

沙桐： 杜丽，杜丽，杜丽！

杨凌： 杜丽稳住。

杨凌： 没问题！漂亮！

沙桐： 10.8！

杨凌： 杜丽是一名非常抗压的选手。

2016 年里约奥运会的射击比赛采用更适合电视转播的淘汰制：资格赛成绩不带入决赛，决赛阶段所有 8 名运动员从零开始，前六枪成绩为基础分，之后每打两枪淘汰一名末位选手，直至决出冠军。在女子 10 米气步枪决赛过程中，中国选手杜丽一度排名第六，濒临淘汰。此时，解说员和观众一样紧张，都为杜丽捏了一把汗。关键时刻，竞争对手先扣响扳机但仅打出 9.7 环，评论嘉宾惊讶又略带兴奋地喊了一声"啊! 9.7"。在杜丽冷静地打出 10.8 环后，解说员和嘉宾尽情地释放内心的激动之情。

采取什么样的方式组织语言才是最好的呢? 这一章我们一起来讨论一下体育解说员的语言策略。

第一节　体育解说的言语交际原则

体育解说员的工作就是运用有声语言来传递信息、表达感情、交流思想。作为位居公共平台的有声语言传播者，除了需要遵循汉语普通话语音规范外，还需要遵守言语交际原则。因为解说员始终处于一个传播的过程中，要时刻思考"我要对谁讲?""受众想听什么?""我能解释清楚什么?"即使是单人独立解说，也不能自说自话。

1. 合作原则

美国语言学家、哲学家格赖斯（H. P. Grice）在 1967 年首次提出会话含义（Conversational Implicature）理论，他认为人们在进行语言交流的过程中，不仅有字面意义还有隐含意义。会话含义是指人们在交际过程中每一句话的隐含（Implying）意义，这其中既包括说话人话语意思的暗含，也包括听话人对说话人暗含意义的理解。解说员的工作状态实际上是一个和受众交际的状态，而任何交际过程都涉及交际意图，任何成功的交际都取决于听话人对说话人交际意图的准确理解。为了保证交际的顺利进行，双方必须遵守一定的原则，即"合作原则"（Cooperative Principle）。合作原则主要由数量准则、质量准则、关联准则和方式准则构成。

（1）数量准则

为了达到交谈的目的，所说的话应该包含本次交谈所需要的足够信息，同时信息量又要适当，不必多余。如果会话的一方提供的信息不够充分，另一方就有可能无法理解或产生误解。2016 年 3 月 10 日韩国棋手李世石与谷歌机器程序 AlphaGo 进行第二回合挑战赛，在比赛直播过程中，评论员说："大家都比较关注，因为上一盘没想到李世石简单地败给了电脑。"这句话说得不够明白，于是主持人立刻追问："什么叫'简单地败给了'?"如果该评论员在话语中提供了充足的信息，就会让人更容易理解。

有的时候，提供的信息过量，反而有可能出现言多必失的情况。在 2014 年 6 月 20 日巴西足球世界杯英格兰对乌拉圭的比赛中，因为英格兰队主教练霍奇森和乌拉圭队主教练塔巴雷斯同为 66 岁，解说员感慨道："这两位都是 66 岁的老人，明年他们就会 70 岁了。"观看比赛的网友纷纷吐槽："你以为我们没学过数学吗?"其实，解说员的本意可能是想表达"到下一届世界杯，两位教练就会 70 岁了"，这样的口误实质上属于提供多余信息，如果不提 70 这个数字而直接表达"两位教练能率队征战世界杯的机会已经不多了"，就不会出现尴尬。

（2）质量准则

在交谈过程中，解说员要努力使自己说的话真实，既不能说虚假的话，也不能说缺乏足够证据的话。中国第一代体育解说员张之在《体育比赛实况广播的特点》中提出，"体育比赛实况广播基本上属于新闻报道，它必须符合新闻报道的真实性原则"。体育解说是一个无稿播音过程，需要解说员根据自己准备的资料进行即兴口语表达，因此出错的概率非常高。英国《侦探》（Private Eye）杂志，专门以讽刺揭发各种丑闻为己任，曾专门刊出"体育解说员口误集"（Colemanballs）以及系列书，嘲笑体育解说员不知所云的语言。但有时，出错的原因是资料准备不充分。在 2016 年澳网女单决赛的解说中，央视解说员说道："在澳网开始之前呢，两名选手呢，还是选择了一些热身，小威是报名参加了霍普曼杯，但是因为身体的关系，她并没有打比赛。"而事实是小威廉姆斯于 2016 年在霍普曼杯美国队第二场迎战澳大利亚队的比赛中登场，首盘 5：7 失利，第二盘 1：2 落后加多索娃时宣布放弃。

中央电视台体育频道和新闻频道在直播 2016 里约奥运会开幕式时采用了不同版本的解说。然而在这两个版本中均出现了一些错误，甚至出现了互相矛盾的地方（见表 3-1）。

表 3-1

CCTV 体育频道解说词	CCTV 新闻频道解说词	笔 者 备 注
布基纳法索代表团，旗手是他们的柔道运动员斯蒂贝。他们一共有 5 名运动员，将会参加田径、游泳和柔道三个项目的比赛	虽然参加开幕式的人很多，但布基纳法索只有 1 名柔道运动员拿到了奥运会入场券，那么其他的朋友都是来做什么呢？教练和后勤的团队会非常之多吗	布基纳法索是第 32 个入场的体育代表团。里约奥运会的官方秩序册上显示该团有 11 人参加开幕式
西班牙代表团，309 名运动员，旗手是网球名将纳达尔。纳达尔是西班牙历史上最伟大的网球运动员之一，也是 4 个拿到 4 个大满贯冠军和奥运会金牌成就金满贯的网球运动员之一。 本届奥运会网球比赛，西班牙派出了最强阵容，男子方面是纳达尔领军，女子方面则是新科法网冠军穆古拉扎领衔，而且两个人还搭档打双打。 西班牙的整体体育水平相当不错，在很多项目上都拥有顶级运动员。其中很多人恰恰就是中国运动员夺冠的对手，比如男子竞走运动员洛佩斯，比如跆拳道女子 48 公斤级的亚古恩，还有羽毛球女单的马林，两届世锦赛女单冠军，本届奥运会女单头号种子，力压两名中国运动员李雪芮和王仪涵。运动员在镜头前尽情地宣泄他们的快乐	西班牙的旗手是大家非常熟悉的网球运动员纳达尔。其实上一次奥运会就选择他作为旗手，但他受伤没有参加，而这次他终于成为旗手，但不知道他的伤症不会影响他的比赛，他可是国际体育赛场上少有的金满贯的得主啊！网球界只有 3 个，男运动员当中只有 2 个。 希望纳达尔健康，因为网球世界不能只有小德啊。 或许是听到我说男子网球运动员不能只有小德啊，结果，穆雷现在就在体育场外正在挥动国旗，然后推特已经发出了穆雷挥动国旗的画面。一会儿我们就会看到这个旗手，他可是在上届奥运会上，在英国本土拿了冠军哪，而且温网当中他也拿了冠军。他一个人圆了英国人好多的梦	在奥运会的历史上，格拉芙、阿加西、纳达尔、小威廉姆斯是网球单打的金满贯得主。获得澳网、法网、温网、美网、奥运会五个赛事单打冠军的网球运动员被称为"金满贯"得主。 安迪·穆雷（Andy Murray），英国著名网球运动员。 诺瓦克·德约科维奇（Novak Djokovic），塞尔维亚著名网球运动员，全满贯得主。 洛佩斯，在 2015 年北京世锦赛上就力压主场作战的中国运动员摘得金牌

续表

CCTV 体育频道解说词	CCTV 新闻频道解说词	笔 者 备 注
瑞士参加了所有的夏奥会和冬奥会。1920 年奥运会以来每届都能获得奖牌。1992 年奥运会以来每届都能获得金牌。整体实力比较平均，在没有任何大球集体项目获得资格的情况下运动员人数依旧超过了一百人。本届奥运会瑞士的焦点首推网球，尽管费德勒因伤最终放弃了参赛，但是瓦林卡的实力也相当不俗，瓦林卡与辛吉斯的组合也相当让人期待。虽然大满贯冠军次数不如费德勒，但是瓦林卡夺取的两座大满贯都是最近两年的事情，可谓状态正佳	瑞士天王费德勒在奥运开幕前的 7 月 27 号宣布退出即将开赛的里约奥运会，他的金满贯梦想几乎破灭。不幸的是，瑞士另一位著名的网球运动员瓦林卡也因为背伤的原因退出了奥运会	瓦林卡于北京时间 8 月 3 号宣布退出里约奥运会。

（3）关联准则

指言语交际的发话者提供的信息内容必须跟语境中的实际情况密切相关，同会话的话题有关，与会话的话题无关的言语一般不要说。解说员必须深入了解赛事的相关情况，了解参赛运动员的相关情况，了解教练员的资料，得到更多信息，以便更好地和评论员沟通，和受众沟通。以中央电视台 2016 年澳网男单第三轮罗索尔对瓦林卡的比赛直播开场为例，当直播画面开始播映时，比赛已经开始几分钟了。解说员童可欣开门见山，快速进入比赛情境，并在解说过程中适时穿插了选手背景资料（见表 3-2）。

表 3-2

解说词内容	笔者备注
中央电视台，您现在看到的是瓦林卡和罗索尔的比赛	简明扼要的开场白
现在罗索尔是 1∶4 落后了，这个发球局 15∶15。比赛的主裁判来自于美国。判断准确，罗索尔这个发球出界了，瓦林卡挑战成功	首先向观众报告场上情况。此时球员瓦林卡对裁判的判罚有异议，正要求挑战
罗索尔也是 1 米 95 的身高，但是他和拉奥尼奇这种 1 米 95 的身高球员相比，他的整个身形非常瘦弱，他的最快球速到这场比赛目前为止是 195 公里每小时，比对面的瓦林卡要慢，所以球员的肌肉类型所造成的击球发力效果是不一样的，并不和身高成正比，一般而言，身高更高的球员发球速度快，主要是重力加速度的原因，但是从目前来看罗索尔这样的选手，他并没有能够充分发挥出它在高度方面的优势	顺势引出球员卢卡斯·罗索尔（Lukase Rosol）的资料。与相同身高的球员进行对比
单手的下切，还是出界了，需要直线打法	比赛出现关键情节，因此停止讲解球员背景资料

解说词内容	笔者备注
很多人对罗索尔有印象是因为，他在 2012 年温网打败了纳达尔，在 2011 年的红土打败了一位高手尼尔德	关键情节之后，继续讲述刚才戛然而止的话题
躲过破发点，今天罗索尔在之前遇到过 3 个破发点，挽救了其中的 2 个。 运气不好这一球在网带上弹了以后确实是出界了	关键情节，及时描述场上实况，并给出阶段性小结"罗索尔今天遇到过 3 个破发点，挽救了其中的 2 个"
这个发球局第三次回到平分	比赛字幕显示
如果这场比赛罗索尔真的战胜瓦林卡的话，他将是在大满贯比赛中第一次杀进 16 强	预测性小结

（4）方式准则

解说员的话语内容应该清楚明白，要有条理，避免啰嗦、晦涩、歧义。话语的表达方式应该让受话者易于理解。广播影视语言是面向大众的语言，过于晦涩难懂的语言并不符合广播影视语言的需求。2010 年，原国家广电总局下发通知，要求中央电视台非英语频道在播音员主持人口播、采访、影视记录字幕等方面，不要使用英语及其缩写词。例如不直接念 CBA，而使用"中国男子职业篮球联赛"，不说 FIFA，而使用"国际足球联合会"或"国际足联"。这样做的目的是规范使用外来语译名，同时促进民族语言文字的发展。

体育解说员的解说方式是随着媒介技术的进步而不断改变的。在广播时代，解说员要充当听众的眼睛，为听众描述比赛现场的情况。张之特别善于运用中国古诗词的白描手法，把供人看的球赛用形象有趣的语言传达给听众，把他们引到特定的环境里，就像坐在体育馆里看比赛一样。① 因此这种方式体现为解说员一刻不停地说话。而在电视机普及以后，体育观众已经能够直观地看到赛场局面，所以体育解说员可以在比赛过程中适时"留白"，无需每分每秒都说话。2016 里约奥运会的开幕式文艺表演环节演绎了《来自伊帕内玛的女孩》《快乐的饶舌》《让生活带我走》《热带国家》4 首歌曲，央视新闻频道在现场直播过程中用字幕的方式向电视观众呈现歌词大意，而解说员白岩松只在歌曲的间奏和转场处说话，最大限度地保持了音乐的完整性，给观众留出了安静欣赏歌曲的时间。移动互联网时代，使用移动客户端获得体育资讯已经非常容易，体育解说员可以和观众在线交流，通过"弹幕"了解观众的实时反馈。白岩松在解说里约奥运会开幕式的过程中，大量引用了 BBC 和 NBC 等境外媒体在推特（Twitter）上的即时评论，丰富了解说内容。

格赖斯使用合作原则旨在描述人们在实际生活中是怎样交谈的，但是比喻、夸张、讽刺、反语、含蓄陈述等修辞手段的运用都可以看做对合作原则中"质量准则"的违背，所产生的言外之意需要人们根据不同的语境去分析理解。因此也有学者认为，说话时提供

---

① 中国体育新闻工作者协会：《体育记者谈体育新闻》，人民体育出版社 2006 年版，第 339 页。

足够的、真实的、与话题相关的信息并用简洁明了的语言传递只是语言使用的理想状态，不是必须学习的规则。① 因为生活中人们有时会无意或有意地违反这些原则。但广播电视互联网属于大众传播，是人际传播的延伸，其语言是各种语体运用的集大成者。体育解说员的工作语言不是生活语言的简单照搬，它应该具有更多理想状态下的规范性。虽然体育解说中的各种口误在所难免，但尽量减少失误仍然是每一个解说员应尽的义务。

2. 礼貌原则

1983 年英国学者利奇（Leech）提出言语交际的"礼貌原则"，作为"合作原则"的补充，用于解释为什么有人故意违反合作原则。会话礼貌原则作为对会话合作原则的补充，包括六项准则：得体准则、慷慨准则、赞誉准则、谦逊准则、一致准则、同情准则。这些准则要求参与谈话的人在言语中要尽可能损己利人，尽可能毁己誉人，尽可能力争一致、给予同情。

例如在里约奥运会开幕前，央视体育频道播出了《属于里约的奥运假期》。记者来到里约市蒙塔尔沃小学采访。一名叫蒂亚戈的巴西男孩酷爱乒乓球，他最崇拜的偶像是张继科。面对来访的中国记者，天真的蒂亚戈非常想和中国人打一次乒乓球。记者是这样描述这场乒乓对决的：

> "知道我们是来自中国的记者，蒂亚戈也兴奋邀请我们上台切磋一番。盛情难却，我也只能人生中第一次拿起了乒乓球拍。我用自己的行动告诉蒂亚戈，就像巴西不是每个人踢球都像内马尔一样，在中国也不是每一个人都叫张继科。"

这段解说词完整呈现了记者本人不会打乒乓球但不得已拿起球拍的事实，语言平实得体。运用礼貌原则，观众能感受到记者对巴西小朋友的尊重与鼓励。

利奇认为礼貌原则是对合作原则的拯救，因为在会话过程中，很多现象是合作原则无法解释，但礼貌原则却能圆满回答的。因此可以说，在会话中，合作原则起着调节说话人说话内容的作用，它使说话人在假设对方乐于合作的前提下进行交际，但礼貌原则具有更高一层的调节作用，它维护了交谈双方的均等地位和他们之间的友好关系，只有在这样的前提下，交际才能进行。② 除了慷慨准则之外，其他五项准则都适用于体育解说。

（1）得体准则

要求解说员在使用语言时尽可能与交际对象的个性特征相符合，准确地、恰如其分地选择好内容、方式，运用好语气，声情并茂，最终能吸引和感染交际对象。对解说员而言，交际对象如果是电视机前的观众，则需要假象观众的心理需求。白岩松在解说里约奥

---

① 黄鸣：《格赖斯会话含义理论与语用推理》，载《西南科技大学学报（哲学社会科学版）》2011 年第 6 期。

② 曾婕、李利克、熊一民、谢立文、彭福希：《广播影视语言传播与社会影响力研究》，湖北人民出版社 2014 年版，第 216 页。

运会开幕式后被网民封为"自带弹幕的段子手"，究其原因是他合理假定了受众的心理，时刻都处在和受众交流的语言状态中。

> "此时，您还是在躺着或者坐着看电视的话，那您站起来，来融入世界上最大的夜店——马拉卡纳。您还坐着吗？现在应该站起来啊，应该响应号召，跳起来吧！马拉卡纳夜店，此时达到了高潮。"
>
> "这次中国体育代表团一共来了416人，旗手雷声改变了长期以来男篮运动员作为旗手的中国代表团的传统，有一点亮剑的精神存在。其实下一次，中国女性的运动员取得了那么多枚的金牌，而且运动员的人数也超过了男性运动员，为什么不能在东京奥运会上让女性运动员来当旗手呢？比如说女排或者怎么样？您要同意这个创意的话，请在家里鼓掌。"

运动员的入场仪式相对漫长，白岩松的这两段解说词都顾及了观众的感受，尽量寻找一些有趣的信息点，不断抛给观众，避免枯燥乏味。

（2）赞扬准则

要求尽量减少对他人的贬低，尽量增大对他人的赞誉。尽管体育解说围绕竞技体育，免不了直面成王败寇的残酷竞争，但是体育精神是健康向上的精神，所以解说员不能在语言中带有负能量。现代奥林匹克精神是指"每一个人都应享有从事体育运动的可能性，而不受任何形式的歧视，并体现相互理解、友谊、团结和公平竞争"。在解说过程中首先应该尊重事实，客观描述，在此前提下可以多使用褒义词来赞扬每一个公平竞争的运动员。白岩松在解说奥运入场式时也尽量寻找每一个代表团的亮点。

> "向哈萨克斯坦致敬，他们也是一个喜欢奥运、喜欢体育的国度。大家应该印象很深。他们的阿拉木图是和北京张家口共同竞争2022年的冬奥会，最后只是以非常非常微弱的票数输给了我们。起码服装非常非常漂亮，对吗？哈萨克斯坦的服装。"
>
> "库克群岛的服装绝对可以打一个很高的高分了。"
>
> "吉布提跳起了属于自己的舞蹈，他们的服装也非常有特色。我都不知道为什么我今天在这个运动员的入场式上会格外地关注很多代表团漂亮的服装。"

（3）谦虚准则

要求解说员面对受众时放低姿态，对他人的赞扬持感谢的态度。宽宏准则，要求交际双方在言谈中主动提供帮助，无论是在帮助别人或被帮助时，都尽量说客气话。

以乐视体育自行车频道2016年7月1日播出的"环法自行车赛车队亮相仪式"演播室部分为例，赞扬、谦虚和宽宏准则被频繁使用。

> **李陶：**观众朋友们，车迷朋友们，大家晚上好，欢迎收看由乐视体育自行车频道为大家带来的2016年第103届环法自行车赛的直播节目，我是主持人李陶。今天在

演播室里除了有我和大家的老朋友乐视体育自行车频道的主编萧深之外，还有一位特别特别特别特别重磅的嘉宾在这儿，可能大家已经知道是谁了，但是还是要隆重地介绍。通过一个短片来看一下今天我们在座的这位嘉宾是谁。

李陶：鼓掌欢迎！鼓掌欢迎！虽然演播室里人很少，只有我们两个人在积极鼓掌，计成礼貌性地鼓了一下掌，但是感觉隔着我们的镜头之外，全中国的车迷们人山人海、红旗招展、锣鼓喧天、鞭炮齐鸣地在欢迎计成的到来。这个我们应该也是从去年环法，咱们一起解说比赛之后，也挺久没见了。特别高兴在今年的环法又迎来了计成在我们的演播室里面陪我们来看 2016 年的环法大赛。当然实际上刚才我们通过一个短片来看一下计成，可能浮光掠影，我们很多的老车迷可能对计成比较熟悉，但是很多的新车迷可能并不是特别的了解，尤其是计成一直以来的一个故事，所以我想首先请萧指导给我们介绍一下计成究竟是一个什么样的伟大的人物。

萧深：首先向大家问好。非常荣幸地能跟计成一起来解说比赛，我跟他解说比赛还是第一次，非常高兴有这样一个机会。为什么非常荣幸呢，因为计成是一个对于我们中国自行车运动来说，我们认为是非常非常重要的一位车手。他是第一个参加并且完成了三大环赛的中国人，第一个参加并且完成了五大古典赛之一的中国车手，中国的环法的第一人。我觉得仅仅凭借这三句描述大家就能看出计成在于整个中国自行车运动当中的位置，在推广中国自行车运动当中的作用，所以借着环法这样一个世界顶级的自行车的赛事把计成请到我们的演播室，作为我来说真的是一个热泪盈眶的事情。非常高兴和计成一起来度过这一次环法的征程。

李陶：计成，时隔一年又回到演播室这样一个环境，你现在是什么样的一个心情？

计成：相比去年或多或少有一些紧张吧，因为毕竟从车手的位置换到这样的演播室作为解说嘉宾，对我来说是第一次。但是今年有过这样一次经历之后，相比来说，相当于我第一次大环赛到第二次、第三次，逐渐把心态放开。按照我的理解，或者我的认知，通过我的这些经验为大家奉上这样一个精彩的解说。

（4）一致准则

要求解说员的语言表达通俗传神，与受众取得心理一致。当解说员与受众在心理上建立起彼此间的共同价值观和共同目标时，即可达到理想的和谐状态。

例如在本章开头案例中，当杜丽和艾哈迈迪两位运动员当中要淘汰一人时，央视解说员和中国观众当然偏向本国选手。此时，解说员和受众的心理期望值是一致的，都希望杜丽能赢。因此，当艾哈迈迪射偏时，即便解说员发出了略带幸灾乐祸嫌疑的"啊"声，也不会引起观众的反感，因为这是"情到深处自然浓"。严格来说，解说员只是使用了一个叹词而已，"一声叹息"也不为过。同样，白岩松用"番茄炒鸡蛋"来形容里约奥运会中国代表团的服装，也能和中国观众建立心理认同。

"我觉得中国体育代表团的'鸡蛋炒西红柿'的入场服装还可以吧。毕竟很多中国人学会的第一个菜就是西红柿炒鸡蛋，还真有点儿代表特色，另外也比较低调不去跟别人抢风头，西红柿炒鸡蛋，中国人的国民菜。"

（5）同情准则

要求在交际过程中尽量增加互相之间的同情，减少双方之间的反感。解说员要尽量在言语中表现得感同身受，使受众觉得是在听"自己人"说话。体育比赛过程中，当解说员对每一位参赛运动员表现出尊重与祝福时，都能显著提高语言的客观性和礼貌性。在里约奥运会男子举重 62 公斤级决赛中，解说员和嘉宾采用同情准则解读了巴布亚新几内亚选手的表现。

> **周英杰**：来看一下来自巴布亚新几内亚的巴鲁，第二把加了 4 公斤。巴鲁这次能够拿到奥运会的席位，因为他是环太平洋地区锦标赛的冠军。
>
> （巴鲁成功举起 126kg 杠铃）
>
> **周英杰**：他（巴鲁）超越自我了。
>
> **张国政**：所以说在我们举重（运动员）当中，（如果）各位观众有机会去练的话，（就能体会）每一次超越自己的极限，增加的这个重量，这种快感也是无与伦比的。
>
> **周英杰**：也许今天看到这个成绩（126kg）在几位选手当中只能是垫底，但是他在比赛当中一次又一次自我的超越，确实是一种伟大的胜利。
>
> **张国政**：精神可嘉，精神最重要。

体育比赛的魅力建立在遵循规则、公平竞争、不断超越的基础上，比赛进程的激烈性、冲突性、悬念性能给观者带来感官享受。体育赛事的国际电视公共信号制作原则也要求持权电视转播机构（Rightholding Broadcasters，RHB）通过视听语言做到尽可能的公平、公正。例如，奥运会足球转播"时长对等"原则要求电视转播机构给予比赛双方相同的画面播出时长。上一个镜头介绍 A 队的主教练 5 秒（近景），下一个镜头紧接着要介绍 B 队的主教练同样 5 秒（近景）；在介绍双方队长、守门员等球员时都要全景镜头时长 3 秒；在字幕、双方的球迷同样予以精确到秒的介绍；在 A 队进球时及时反映 A 队球员、教练及球迷的欢庆画面，在 B 队进球时同样反映 B 队球员、教练及球迷的画面。[①] 体育解说作为体育广播电视工作流程中的一个环节，也需要遵循公平公正。但是解说员毕竟是血肉之躯，在解说过程中有情绪的起伏很正常。本节的言语交际原则并不排斥"情感"，因为语言的作用就是传情达意，然而"有情感"和"有偏向"是截然不同的两种表达方式，前者能让受众感受到解说员的真性情，后者只能让受众感觉到解说员的歧视和敌意。

第二节　体育解说的语境要素

语境，是自然语言使用的环境。语境在言语表达中具有重要的作用，它决定着言语的

---

① 丘国安：《足球比赛电视公共信号制作的原则与权变》，载《南方电视学刊》2016 年第 2 期。

表达方式、真实意义以及表达效果。句子的生成和理解都离不开语境，判断一个句子是否得体也要联系语境。① 体育解说语言的运用会受到特定语境的制约。语境可以分为宏观语境、中观语境、微观语境三种。宏观语境是指民族文化传统语境，中观语境是指情境语境，微观语境是指上下文语境。适应语境，是提高体育解说语言表达效果的一个基本原则，也是现代修辞中的一个基本原则，在修辞学、语体学、风格学、语用学中具有重要地位和作用。

1. 宏观语境

宏观语境主要指具有民族文化特色的社会环境和价值观等。现代传播活动的强势话语，离不开政治、经济、文化、制度、心理等多种宏观语境因素的共同影响。

从播音主持的角度看，体育解说属于播音主持在体育领域的实践。在中国播音学中，播音主持正确创作道路的首要要求是"站在无产阶级党性和党的政策的立场上，以新闻工作者特有的敏感，把握国内外形势的发展变化和人民群众的思想实际"。② 体育解说是播音主持创作的一种专门类型，也应该遵循正确的创作道路。宋世雄认为体育解说是一个人思想状况、文化修养和专业知识的综合反映，而这些要素都受到民族文化特色和社会价值观的影响。

从体育的角度看，战争和政治的因素从未停止过对体育的干扰。在世界足球史上，1969 年萨尔瓦多和洪都拉斯两国间因世界杯资格赛的暴动而引发边境的紧张局势。现代奥林匹克运动会也不断经历着政治问题的考验。苏联在 1979 年圣诞节前夕出兵入侵阿富汗，践踏国际法准则，导致 1980 年第 22 届莫斯科奥运会被大规模抵制，约五分之二的体育代表团拒绝参赛。1984 年的第 23 届洛杉矶奥运会，苏联为报复美国，以安全问题为由抵制，其他抵制和因故未参加的国家和地区达 19 个。英国作家乔治·奥威尔（George Orwell）认为体育是"没有硝烟的战争"，这个观点已经被普遍接受，不过他同时认为"国际间的体育竞赛是军国主义和民族主义的显现"，这个观点倒是杞人忧天。

体育解说员如果不能正确把握宏观语境，就会在语言组织过程中出现严重问题。人类的语言本来就蕴涵情感，播音主持的要求是运用恰切的思想感情与尽可能完美的语言技巧的统一，达到体裁风格与声音形式的统一。解说员当然可以有情感，也必须有情感，但是一定要注意分寸。在政治因素的制约下，解说员在工作状态中的个人情绪宣泄一定不能触碰底线。

遵守规则公平竞赛应该是每个人观念中的公理，当人们感觉不公平时，一定会有情绪并采取措施维护利益。体育解说员如果看到了赛场上的不公平现象，一定不会视而不见，那么应该如何遵循礼貌原则表达观点呢？这里提供一个案例供参考。在 2016 年 3 月 29 日

---

① 曾婕、李利克、熊一民、谢立文、彭福希：《广播影视语言传播与社会影响力研究》，湖北人民出版社 2014 年版，第 220 页。

② 中国传媒大学播音主持艺术学院：《播音主持创作基础》，中国传媒大学出版社 2015 年版，第 1 页。

举行的 2018 年俄罗斯世界杯亚洲区预选赛 40 强小组赛最后一轮中国队与卡塔尔队的比赛中，下半场卡塔尔阵型前压，中国队持续冲击连获角球机会。但是场上也出现了马来西亚裁判组内部纠错的情况，将错误取消的中国队角球机会还给了中国队。在最初误判时，解说员和嘉宾都不由自主地产生情绪波动，但是他们巧妙地把握住了语言分寸（括号内文字为笔者注）。

> 贺炜：看看中国队的角球。还是前点。
>
> 徐阳：唉，这个球（裁判）为什么（判）给了一个门球啊？
>
> 贺炜：这个球裁判员（判）给门球的话，问题比较大。
>
> 徐阳：噢，又……又判回来了。
>
> 贺炜：裁判阿米卢尔今年 30 岁。
>
> 徐阳：30 岁……（语气略有变化）
>
> 贺炜：我不认为他的年龄和他的判罚有直接的关联，我只是介绍他的资料。这个球应该是明显的角球。
>
> 徐阳：我觉得……也是正当年嘛！

在这一段对话中，解说员贺炜及时并且快速地声明立场"我不认为他的年龄和他的判罚有直接的关联，我只是介绍他的资料"，所以嘉宾徐阳也转变语调说"我觉得也是正当年"。但是这段对话明显是话里有话，至于深层次的含义，全交由球迷自己联想。

经济方面，商业因素已经对体育电视转播产生深刻影响。以奥运会为例，从 1964 年东京奥运会采用卫星电视直播开始，电视转播权成为奥运会最主要的经济支柱。

美国全国电视广播公司（NBC）自 1964—2016 年已有 52 年奥运会转播历史。NBC 于 2014 年斥资 77.5 亿美元将奥运会的独家报道转播合同延长至 2032 年。国际奥委会（IOC）为了满足持权电视转播商（Rightholding Broadcasters，RHB）的需求，已经有调整比赛项目的决赛时间以适应电视转播的先例。2008 年北京奥运会期间，游泳和体操项目的大部分决赛时间都安排在北京时间上午进行。由于美国与中国有十几个小时的时差，游泳和体操这些深受美国观众喜爱的项目决赛如果放在北京时间的上午举行，便正好赶上美国国内晚上的黄金时间。如果比赛安排在北京时间晚上进行，无疑将大大影响现场直播在美国的收视率，也直接影响到 NBC 的经济利益。此前 NBC 以 35.5 亿美元的价格买下了 2000—2008 年奥运会北美地区的独家电视转播权，所以尽管澳大利亚和欧洲等国此后一直试图说服 IOC 不要一味跟着 NBC 走，但最终还是未能挽回败局。作为对澳大利亚的补偿，国际奥委会将他们相对较强的跳水项目的决赛都安排在下午 1 时 30 分举行。而为了照顾 2012 年奥运会的举办地英国，国际奥委会又将北京奥运会的赛艇决赛由通常的比赛时间上午改到了下午。①

---

① 蒋波. 北京奥运美国时间？奥委会更改 08 赛程惹争议 ［N/OL］. http://sports.sina.com.cn/s/2006-10-28/22301010145s.shtml，2006-10-28.

解说员在比赛开始前或者在场间间隙插播商业赞助商名称的现象已经非常普遍。只要保证不念错广告内容就可以了。

2. 中观语境

中观语境主要指具体的交际环境，包括交际时间、交际地点、交际场合、交际话题，以及交际参与者的身份、职业、思想、教养、心态等要素。体育解说员的交际目的是为受众服务，交际任务是带领受众更好地欣赏比赛。

体育解说过程中的交际场合具有固定性，都是通过传播媒介进行大众传播。交际话题具有趋同性，例如"更快、更高、更强""努力超越""为荣誉而战"等普世价值观。但是交际环境却会发生变化，大致可分为国际赛和国内赛两种交际环境。

在国际赛环境中，解说员在尊重比赛双方选手和裁判员的前提条件下适度偏向自己国家一方是不会引起非议的。比如里约奥运会共设 28 个大项，306 个小项的比赛，然而中央电视台并不会直播全部项目的比赛。有中国选手参加的项目更容易成为央视直播的首选。电视台在体育赛事节目表的安排上尚且有偏向性，体育解说员在解说本国运动员参与的赛事时具有偏向性也无可厚非。宋世雄在谈到 1961 年第 26 届世界乒乓球锦标赛的解说经验时提到了"烘云托月"的方法。他认为，"这么多国家和地区的代表和运动员要一视同仁，我们不能倾向于哪一方，特别是对中国运动员要留有余地。烘云托月，就是你越讲外国运动员好，你胜了他，你就更好"。从这段话来看，烘云托月其实就是欲扬先抑。解说过程中表扬外国运动员反而能衬托出中国运动员的实力，其核心目的仍然是赞扬中国运动健儿，是一种适度的立场倾向。

在国内赛环境中，不论是主场还是客场，解说员必须尽量做到一视同仁。本章前述的一致准则，要求解说员的语言表达要通俗传神，与受众取得心理一致。当解说员与受众在心理上建立起彼此间的共同价值观和共同目标时，即可达到理想的和谐状态。

3. 微观语境

微观语境包括口语中的前言后语和书面语中的上下文。从认知心理学的角度看，人的记忆是由一些结点（Nod）和链结（Connecting Link）组成的网络。结点表示脑海中存储的信息，而链结代表信息间联系的强度。当受到特定的刺激诱导时，外在刺激可以激活与该刺激相关联的旧有认知结构，因而能影响当前的判断。传播学借用认知心理学的研究，形成铺垫效果（Priming Effect）理论，用来描述前设情境对新信息的诠释所造成的影响。研究证明：经过某项铺垫（Prime）刺激后，个人在后续所呈现的相关事件中，倾向于采用与先前刺激相关的属性进行评估。较频繁接触的铺垫信息具有"习惯易得性"（Chronic Accessibility），而较近接触的铺垫信息具有"短暂易得性"（Temporary Accessibility）。由于人们对事物下判断时经常会不自觉地依赖于脑海中最易得（Accessible）的信息，信息的易得性便决定了记忆是否会在近期被激活，进而影响态度的形成。铺垫效果的强弱取决于被启动刺激的发生频率和发生时间。较频繁和较近的铺垫刺激比不频繁和较远的刺激能产生更强的铺垫效果，这是因为这样的信息潜在活力更大，更能对新的信息产生影响。①

　　体育解说员会在比赛开始前做大量的资料准备，这些资料信息在解说员的记忆中构成了易得性更强的信息。而解说员的资料搜集工作往往是一个浸泡在大众传媒资讯海洋的铺垫过程，被大众传媒强调的议题更容易出现在解说员面前成为较近的铺垫刺激。例如在里约奥运会之前，国内媒体频繁报道宁泽涛、菲尔普斯、博尔特等人的资讯，因此相对于其他运动员来说，频繁曝光的运动员更容易成为舞台的焦点。身处传媒行业的解说员也会格外关注已经成为媒介议题的运动员，不由自主的忽视冷门运动员。里约奥运会女子10米气手枪决赛中，在赛前完全不为人知的情况下，25岁的张梦雪成为中国代表团首金的获得者。解说员沙桐在直播金牌颁奖仪式时以媒体从业者的角度为张梦雪创作了颁奖词：

　　　　"有人会感到非常惭愧，在准备资料的时候，像郭文珺，像杜丽，像易思玲，她们的资料有好几页A4纸，非常多。但要查一查张梦雪的，A4纸只有5、6行字，非常简单的身高、体重简历。但是就希望，希望张梦雪，她的未来，她的奖牌，她的履历就像我们准备她资料的时候，将来会越来越长，越来越多，而且成色越来越好，越来越高。"

　　这段解说词很精彩，在解说员自我批评的同时，也期许了张梦雪的未来。

　　在2016年里约奥运会期间，澳大利亚的一名游泳运动员在接受媒体采访时因对中国运动员进行言语攻击而引发中国观众和媒体的强烈不满。男子4×200米自由泳接力决赛中，其恰好成为澳大利亚队的最后一棒，解说嘉宾、前游泳世锦赛冠军周雅菲的现场点评爆红中国网络，成为2016年8月10日的新浪微博热门。

　　　　周雅菲：日本队游最后一棒的是松田丈志。
　　　　韩乔生：这是一位老将，我们看到英国队现在是上升到第三位。
　　　　周雅菲：松田丈志今年也32岁了。英国队最后一棒是盖伊。澳大利亚队呀，要想追到前三名的话……难度也比较大。
　　　　韩乔生：菲尔普斯正在向他的第21枚奥林匹克的金牌发起冲击。
　　　　周雅菲：澳大利亚……
　　　　韩乔生：第四道的英国队现在在迅速赶上来，现在在争夺银牌，美国队第一。
　　　　周雅菲：从现在的情况来看哪，澳大利亚最后一棒……大概是他们队伍中游得最慢的选手，排在了……本来澳大利亚队是排名比较靠前的，现在他的身位是越落越后。

　　单纯看这段解说并没有什么特别，但是放在上下文语境中，联系整个事件的发展脉络，不难理解为什么中国观众纷纷为周雅菲点赞。毫秒必争的游泳比赛决定了解说员没有太多时间闲谈，在这种情况下，澳大利亚最后一棒的运动员成为了为数不多被解说员点名

---

① 林功成、李莹：《铺垫效果研究：发展与问题》，载《国际新闻界》2013年第7期。

的幸运儿。铺垫效果此时影响了解说员的语言。周雅菲为解说奥运游泳比赛花了半年时间准备了一本资料册，这些信息在不知不觉中成为相对较远的铺垫刺激，而运动员的言论争议成为较近的铺垫刺激，不仅刺激了体育观众的认知，也刺激了解说员的认知。

第三节　体育解说的语言节律

迄今为止，从播音角度对节奏有过较详细论述的著作只有张颂教授所著的《朗读学》中的第十四章"节奏""中国播音学"中由吴郁老师编写的第三十二章"节奏"。"在播音中，节奏应该是由全篇稿件生发出来的、播音员思想感情的波澜起伏所造成的抑扬顿挫、轻重缓急的声音形式的回环往复。"① 然而，这只是针对"有稿播音"节律的一种总结，并不完全适用于足球实况解说这类"无稿播音"的节律。在足球解说中掌握正确的节律，才能使语言的艺术性最大化的融入足球解说当中，让观众在观看足球赛事的同时也能够聆听到契合与比赛的解说。

1. 节律的概念界定

古籍《礼乐记》中有过描述："节奏，谓或作或止，作则奏之，止则节之。"苏联戏剧家古里耶夫也曾经定义过何为节奏：任何一种运动为了完成它自己的使命，都必须有规则、有秩序。运动中的这种秩序，也就是节奏。

语言节律是语音组合关系所构成的声音高低、轻重、长短、快慢、间歇等因素的变化律动模式。我国语音学界经常使用的"节奏"这一概念，在许多时候实际上指的就是"节律"，或者是节律的体现方式。

首先，节律是以思想感情运动为依据的声音运动形式。播讲主体应有"由衷而发"的主观意向，这是指播讲主体能动地接受稿件刺激，使自己的思想感情处于积极的运动状态，产生生理节奏的适度变化，唤起心理节奏的相应变化。情真意切，才会有"思想感情的波澜起伏"。而这"波澜起伏"的体验越是精确，它们从口头上表达出来时就越需要节奏这种表现形式来体现。

其次，节律的外部表现形式为有声语言的抑扬顿挫、轻重缓急。有声语言，除了语音序列外，还有一个附着在语言上的"超音段成分"，即"横跨一个音节或词，或一个短语、句子的语言成分，如声调、语调"②。实际上，"超音段成分"就是我们常说的语流中声音抑扬顿挫、轻重缓急的表现。那些附着在语音形式上的声音高低、强弱、快慢、断连等方面变化，也正是组成播音节律的基本要素。

2. 体育解说的外在节律

在任何艺术创作当中，节律都是非常重要的一环。朱光潜先生曾说，节奏是一切艺术

---

① 张颂：《播音创作基础》（第 2 版），北京广播学院 2003 年版，第 109 页。
② 陈明远：《语言与现代科学》（第 2 版），四川人民出版社 1984 年版，第 151 页。

的灵魂。汉语普通话自身的语音结构决定着中文体育解说的外在节律。

体育解说具有节律明快的特点，主要是指语言的节奏感很强。解说的节奏感就来自对语言节律的把握。节律的构成有两个因素：

一是对语节时域的掌控。大体相近的时域重现是构成节律的基础，足球解说中常见的语节，多是一些概念词，从音节数量来看，主要包括二音节、三音节和四音节，而二到四音节的语节在体育解说的节律形成中起着决定作用。所含音节较少，所以语节时长就较短，同时，语节之间音节变化较小，自然就会造成相近时域的反复重现，也是节奏感明显的一个成因。

二是语节的相同时长模式（即轻重格式）的循环往复，声音长短变化有规则地反复呈现才能构成律动。二音节组合的"中重格""重轻格"，三音节组合的"中中重格""中重轻格"，四音节组合的"中轻中重格"等。这种轻重格式的存在，表明二音节到四音节的语言结构是比较稳定的，所以其在内部时长结构是具有比较相似的特征。以黄健翔在2006年世界杯八分之一决赛意大利对阵澳大利亚的"激情三分钟"为例，当时在比赛的最后时刻，意大利获得了一粒点球，黄健翔激情高呼："点球！点球！点球！格罗索立功啦！不要给澳大利亚人任何的机会！……意大利万岁！"这一段解说中节律单元内的音节组合关系有的紧密，有的疏松，这就为声音的律动打下了基础。

黄健翔的这段解说使用了大体相近的时域重现和相同时长模式的回环往复构成节律。语句、小层次、段落、在语流中呈现的相似语势、相似语气，相似转换构成了回环往复的形态。相似语势是指语势类别、语气色彩的相似，不是句句相似，而是重点句的相似，非重点句可以不同甚至相反。除此之外相似转换也是题中之义，需要我们在语句之间、小层次之间、段落之间、部分之间，有某些差不多的转换，像扬转抑、抑转扬、快转慢、慢转快等，像明暗转换、虚实转换，这样既保证了解说中时时有变化，又会有某种相似态势的回环往复的呈现。

3. 体育解说的内在节律

内在节律是指解说节奏的内在表现包括两点，解说的内容节奏和情感节奏。电视体育解说的主体主要由同步说明、背景介绍和现场评论构成，体育解说员如何处理这些内容之间的关系就构成了解说时的内在节奏。在足球比赛当中，解说中声音和语言首先要符合它的规律。① 当一场关乎前途、荣誉的大赛进行时，除了外在的节奏需要把握，内在的节奏则更能带动观众。

例如，对于电视足球解说来说，节律就是充分掌握和利用足球比赛当中特有的规则和秩序，把足球运动特有的节拍、美感通过解说来进行合理的宣讲和准确的评述。足球是非常激烈的团队运动，而和篮球、排球等其他团队运动不同的是，足球场地更大，进球更困难，往往一场比赛有大部分时间是在传球、犯规中度过，并不像篮球需要关注场上的每一

---

① 张德胜：《足球现场直播的解说艺术》，载《南方电视学刊》1998年第5期，第121页。

秒的变化，所以对于足球解说语言节律的把握就更加关键。

其实内在节奏的另外一种解读就是电视足球解说员要具有画面感，这和詹俊的观点不谋而合，詹俊曾经说过，解说最为重要的能力之一就是要读懂"镜头语言"。

当然，做到把握比赛的内在节奏要比找准外在节奏更加困难，因为这不仅要在语言技巧上注意，更要对比赛的历史和资料有着详尽的理解和掌握。

以2011—2012赛季英格兰社区盾曼联VS曼城的下半场比赛为例，截取北京电视台体育频道（以下简称北京台）和ESPN亚洲频道（以下简称ESPN）对同一赛事的解说，比较两者不同的解说节奏。

下半场开赛哨声吹响以前，北京台解说全文如下：

> "北京电视台，这是赛季前的前哨战，而这一场的前哨战也特别引人注目，是曼彻斯特德比（Manchester Derby）在温布利的上演，曼联对阵曼城，联赛冠军对阵上个赛季的足总杯冠军。除了英超的前哨战非常引人注目之外，其实欧洲几大联赛本赛季所谓的前哨战对阵都很豪华，比如说意大利超级杯昨天刚在北京打完，米兰德比，国际米兰对AC米兰，AC米兰最后是2∶1获得胜利，那下周还会有西班牙超级杯的比赛，到时候会是西班牙国家德比的上演，巴萨对皇马……换人了，而且一下换三个，哦，埃文斯（Jonny Evans）应该是替下费迪南德（Rio Ferdinand），那这个35号克莱维利（Tom Cleverley）……克莱维利是上场，埃文斯上场……这还不止三个人吧？一会儿看一看啊，核对一下名单。弗格森是大面积调换了阵容，那么在0∶2落后的情况下，弗格森这么做一是想在场上有一个扭转，如果说扭转不了的话，那换下一些主力球员，即便是以这个比分结束比赛士气上也不会有太大的损伤……年轻的琼斯也是……菲尔琼斯，这是他代表曼联参加的第一次正式比赛，这个弗格森真是动了大手术，真是把两个中锋位全换上，完全出乎意料，把维迪奇和费迪南德全部换掉，换上了琼斯和埃文斯这两个新的搭档。"

这段解说很明显充满了太多不确定性，解说员的心理节奏快于赛场画面节奏，没有看清楚换人形势就脱口而出。比赛画面显示：4号后卫菲尔琼斯（Phil Jones）替换5号费迪南德（Rio Ferdinand），23号埃文斯（Jonny Evans）替换15号维迪奇（Nemanja Vidic），35号Cleverley替换16号Carrick。解说员给出错误语言信息"埃文斯应该是替下费迪南德"后没有纠正，承诺"核对一下名单"却没有在语言节律中用重音加以体现，给观众造成混乱：到底换了几个人？谁替换谁？

在同样的时间段里，ESPN詹俊解说全文如下：

> "那么在曼联队方面，中后场的保护在第二个丢球已经可以看到了，两名中卫前面，那么负责在中场里面打后腰的安德森和卡里克并没有能够进行及时地保护，结果是让对方的哲科远射破门了，而在进攻方面维尔贝克和鲁尼、阿什利杨，这两名进攻线上的搭档配合还不是特别的默契，所以曼联队肯定在下半场比赛进攻线上要进行人

员方面的替换（此时恰好是换人画面特写）。那么这脚球，哲科攻进以后对他的信心的提升应该是有很大的帮助，我们看到克莱维利、埃文斯和菲尔琼斯要替补上场。哇，反倒曼联队方面是要换中后场的球员。（此时是克莱维利特写镜头）那么克莱维利上赛季是被租借去到了梅根队，前一个赛季租借去到了沃特福德，他也是英格兰 U21 队的成员，在中场是可以胜任多个位置的，可以打边路也可以打中前卫。那么埃文斯原本是打中卫的北爱尔兰球员，要替补上阵……菲尔琼斯已经上来了，看看菲尔琼斯是不是会安排在打后腰的位置，虽然他自己习惯的还是打中卫的位置。那么埃文斯上来看看是不是在中卫的位置或者是左边卫的位置要进行一些调整。弗格森下半场就一口气换了三名球员，而且换的都是中后场的球员。那么在进攻线上，曼联队还是上半场比赛的原有人马：阿什利杨、鲁尼和维尔贝克，我们看到都还在场上。"

这一段解说中，詹俊的语言节律完美贴合了画面信息。在换人画面出现之前，他从自己的角度分析"曼联队肯定在下半场比赛进攻线上要进行人员方面的替换"。当发现预测错误以后，最后一句话及时纠正，并用节律重音提示观众注意进攻线上的球员还是原班人马。

以上两者的区别在下半场比赛的前两分钟表现得更为明显（见表 3-3）。

表 3-3

场上时间	电视画面	北京电视台体育频道解说	ESPN 亚洲频道解说内容
45：00	裁判吹哨	这是一个备选搭档或者说在两个主力维迪奇和费迪南德都不能上场的情况下，可能才会轮到这两个人。那这个实际上对弗格森来讲是一件很冒险的事	好了，双方的球员已经就绪，下半场比赛开始了，詹俊继续为您送上 2011 到 2012 赛季英格兰社区盾的现场评述。上半场比赛曼城队 2 比 0 领先，看看下半场比赛曼联队如何反戈一击
45：17	纳尼（Nani）传球	万一你这个要是大比分失利的话，可能对球员的自信心有影响，那么现在等于你的中后位加上门将全是一个全新的搭档，那么能不能顶得住曼城的进攻？另外中场后腰卡里克也是被克莱维利换下。那这个换人倒是不出人意料	纳尼在右路拿球直接想找锋线上的鲁尼，传球力量稍微大了一些，在上赛季的足总杯半决赛上，鲁尼是因为停赛而缺席了那场关键的半决赛，所以对他来说也是非常的遗憾。那么上赛季那场足总杯半决赛里曼城队也缺少了当时是英超之盾的特维斯。我们看到卡里克也被替换下场，另外费迪南德也是被取代
45：44	曼城球员莱斯科特断球	因为确实呢，一个是中场的防守呢也是有一定的问题。另外一个呢，克莱维利在前一段的几场热身赛里面表现也不错	

续表

场上时间	电视画面	北京电视台体育频道解说	ESPN 亚洲频道解说内容
45：50	莱斯科特镜头特写	但是完全把两个中后卫换了，确实我觉得冒险	上半场比赛的进球功臣莱斯科特，这次是先把球破坏出了边线
46：01	克莱维利接球	这也恰恰是我们在中场休息的时候说到了，就是在上半场表现来看，这三个人确实在上半场的表现都不太令人满意。但不令人满意是不是全都要换掉，又是一个另外的问题。其实我们还在谈到在这样重要的比赛当中，德赫亚首秀是不是有些冒险。毕竟他是个年轻的球员，他不像一个久经沙场的这种老将，你比如说像范德萨，他加盟曼联之前，本身就已经在英超呆过一段时间，而且效力过豪门，打过尤文图斯，对他来讲什么事都见过，到了这也就无所谓了。可是你年轻的球员呢，本身心理压力是有一定的	斯莫林还是在右路，那么这一下克莱维利没有能够在边路上突破过去。那么现在后防线上的一对中卫组合下半场比赛曼联队已经进行更换了，撤下了维迪奇和里奥费迪南，现在中卫是埃文斯来配搭菲尔琼斯，克莱维利是取代了卡里克的位置，那么克莱维利看看更多的是在中路还是在边路活动了。现在的情况来看更多的是在中路保护一下才行。上赛季克莱维利被租借去到韦根队的时候，弗格森也亲自去到代夫会兰球场来观察克莱维利的表现
46：34	克莱维利镜头特写		
46：53	传球过程	那么这么重要的比赛当中，把这么重要的担子交给他确实是，我还是觉得有些冒险	安德森转移球。这次科拉罗夫抢在斯莫林前面把球顶出了边线
47：01	斯莫林镜头特写		斯马林也可以打中卫的
47：05	斯莫林发球	斯莫林还是打右后卫的位置	那上半场比赛他在右路的防守也算稳定，所以弗格森在换人的时候……

4. 体育解说节奏的把握应顺应"受众心理"原则

体育解说的服务对象是广大受众，在解说语言创作中，始终有一个是否和受众心理贴近的问题。体育解说的节奏与"亲切感"相关，贴近的关键是内容。但内容的主次和重点非重点的处理，除受到不同赛事本身制约外，还受到受众心理反应的影响。对受众容易理解的已经熟知的事实，播讲速度快时，则受众并不觉得快，因为他们将听到的有声语言转换成自己理解、熟知的概念、形象之进程也快；而内容新、受众暂时还不易理解的东西，讲得快，就影响观众的接收、消化能力。因此，体育解说节奏的表现形式之一的语速快慢是相对的，而它的运用标准则是受众心理和受众的认知程度。

　　例如受众所熟知的概念就不需要做重音处理，不需要拖长，反之应该将其"归堆抱团"，非重点化零为整。而受众之前陌生，不熟悉的概念和信息，则需要将其做重音处理。

　　体育解说实践中坚持顺应受众心理，调整节奏，是达到传播效果的必然要求，一个足球解说员，如果不能根据受众的需要和接受特点，调整讲话速度、内容节奏，那么观众要么就会听得很累，要么就会错过重要的球赛信息点，而这两种情况都会影响节目的传播效果。

　　综上所述，我们可以看到，对体育解说的节奏如何把握并不是随心所欲的，而要遵循一定的原则，而这些原则往往都是与足球比赛环境气氛密切相关的，首先节奏涉及停连，必须遵守语言的语音、词法、句法等规则，不可瞎停乱连；其次，遵循感而不入的原则，解说过程中要对比赛资料有具体感受，然后联系政策实际，把握分寸、火候；最后，适应观众的接受能力，以观众的对信息的认知程度作为把握和调整节奏的标准之一。只有遵循了以上原则，体育解说才能真正做到节奏明快、连贯流畅。

话题讨论　课后作业

　　1. 什么是合作原则？合作原则包含哪些方面？

　　2. 阅读以下材料，结合体育解说的语境要素相关知识，准备一分钟，然后面对全班同学做30秒的评论。

　　北京时间2018年7月15日晚间23点，2018年俄罗斯世界杯决赛在卢日尼基体育场开打，法国对阵克罗地亚。这场举世瞩目的决赛，在莫斯科当地时间是下午18点，英国伦敦时间是下午16点，欧洲中部时间（法国、西班牙等国家）是下午17点。美国《纽约时报》撰文指出，世界杯决赛特别照顾亚洲，尤其是中国观众。若是在过去，欧洲举办的世界杯，决赛本应该在欧洲的黄金时间开打，但现在，国际足联、世界杯组委会，将中国观众放在更重要的位置上。

　　3. 上网搜集"解说门"事件，运用体育解说的言语交际原则加以分析。

　　4. 运用体育解说的语言节律相关知识，分析为什么体育解说员很少使用长句？

第四章　体育解说员的叙事策略

案例

解说员：贺炜

赛事：2010 年 6 月 23 日南非世界杯 B 组阿根廷 2-0 希腊

叙事内容：讲述对马拉多纳的情愫

贺炜：（当比赛进行至 48 分 10 秒）上一次面对希腊队，他（马拉多纳）还是场上的队员，还有进球，不过在打完希腊之后，第二场 2：1 击败了尼日利亚。就在打完尼日利亚那场比赛之后，马拉多纳接受了药检，结果被查出麻黄碱阳性，从而被国家队开除，阿根廷队在失去马拉多纳之后军心涣散，第三场小组赛 0：2 输给了保加利亚。在八分之一决赛中 2：3 输给了拥有哈吉的罗马尼亚。我记得在 1994 年的时候，我还是个中学生，在家里看比赛的时候，看到马拉多纳的进球，我非常地兴奋，过后几天就传出马拉多纳服用禁药被开除出国家队的消息。我当时认为马拉多纳总有一天还会回来的，但是生活当中往往是这样，一件看似不经意的小事往往就是命运的转折，一次看似普通的再见其实就是永别，缘分就在那一个瞬间戛然而止。马拉多纳那场比赛，也就是 2：1 打尼日利亚的比赛，居然是他代表国家队的最后一场比赛。

贺炜在 2010 年的世界杯解说中大放异彩，成为很多球迷心目中的"诗人"。唐朝的白居易响亮地提出了"文章合为时而著，歌诗合为事而作"的口号。流传千古的名诗佳作都包含叙事，而贺炜正是一位讲故事的高手。优秀的体育解说员一定要善于叙事，本章将重点讨论叙事策略。

第一节　竞技体育是一个故事

说到"竞技体育"，你最先想到的词是什么？你的答案可能和职业运动员的想法完全不一样。对于资深体育迷来说，体验来自赛场的大悲大喜似乎已经是家常便饭。然而，体育迷只能算是竞技体育的"见证人"，职业运动员才是"当事人"。体育观众不只是在看赛场输赢的剧情，还会津津乐道于赛场外的花边新闻，而职业运动员用自己的真实的人生演绎着每一个场景。对于职业运动员来说，体育是他们的生活，对于电视观众来说，体育只是一段故事。体育解说员需要掌握"概述性叙事"的文本建构方法。概述性叙事是以第三人称描述多个场景之间的连接，叙述者处在故事之外拥有全知全能的视角。

下面列举一段以中国女子网球运动员郑钦文为主人公的概述性叙事。

2022 年 1 月 13 日，在墨尔本体育公园的 13 号球场，身高 180cm 的 19 岁湖北少女郑钦文初次站上澳大利亚网球公开赛成人组赛场，这是她首次出战大满贯资格赛。5 天前，她在 WTA250 级别墨尔本站女单半决赛负于前世界第一、两届大满贯冠军哈勒普。哈勒普对郑钦文的评价是"非常有力量，发球很强"。面对这样一位新人，澳网官方网站对她的介绍几乎为零，就连头像也是空着的。4 天后，从三轮资格赛中突围的郑钦文迎来了自己职业生涯大满贯正赛首胜，即时世界排名首次进入前 100 位。

郑钦文 2002 年 10 月出生于湖北十堰，2010 年来到武汉就读小学并进行网球训练，2015 年进入职业化训练。郑钦文的击球比较有旋转，这让她的球风更偏攻击性。在成长历程中，郑钦文先后接受过李娜的启蒙教练余丽桥和李娜职业巅峰期的教练卡洛斯的指导。2019 年，她在 ITF 青少年年终总决赛中以 1 胜 2 负的战绩止步小组赛，赛后采访中她对自己转入成年赛场表示出自信，她说："我与 WTA 前 100 名的球员已经有过交手，总体感觉胜负与技术关系不大，关键球、关键分的把握，以及对比赛的掌握有时候会起到很大的导向作用。"

2020 年 8 月，郑钦文成为在海外征战成人巡回赛的最年轻的中国球员，当时她的世界单打排名仅为 650 位，凭借着在 2020 和 2021 赛季中七次打进 ITF 决赛并且七次夺冠的成绩，她的排名在 2022 赛季开赛前已升至 126 位。

网络上，伴随着优异成绩而来的关注度像潮水一样涌向郑钦文。网民给她取了一个名字叫"淘米姐"，为什么叫这个绰号呢？原来，在 2021 赛季斯塔勒斯普拉维女单决赛赛后采访中，记者问郑钦文是否知道 2019 年该项赛事的冠军——芭芭拉·克雷茨科娃，郑钦文表示不认识并对记者说："跟我讲讲吧（tell me）。"此时，主持人亮出底牌说："她刚刚获得 2021 法网冠军。"网友根据 tell me 的谐音给郑钦文取名为"淘米"。这显然是戏谑之名。人们对刚刚崭露头角的郑钦文有各种各样的称呼，郑钦文自己表示："我知道有些人叫我 King Wen，有些人叫我 Queen Wen，还有些人叫我 Qin Wen，你觉得怎么舒服就怎么叫，我只要知道你在叫我就行了。"

年轻的郑钦文也无法逃离伤病的困扰。在 4 月 7 日的 WTA500 级别赛事查尔斯顿站第二轮，郑钦文错失领先一盘外加一次破发的优势，无奈因伤退赛无缘 16 强。同时，这也引发了网民对她的质疑。

2022 年 5 月 27 日，排名已攀至 74 位的郑钦文在法国网球公开赛第二轮比赛中以 2-6/6-2/6-1 的比分逆转战胜哈勒普，不仅取得了自己对阵 TOP20 球员的首胜，还首次跻身大满贯第三轮。最终她在这项赛事中出人意料地闯进 16 强，成为 2022 年度法网"最令人惊喜的 4 名球员"之一，创造了属于自己的两项纪录：首进大满贯 16 强时最年轻且参赛次数最少的中国女网选手。带着火热手感，郑钦文在 6 月 13 日夺得 WTA125 级别赛事瓦伦西亚站女单冠军，世界排名突破 TOP50 大关，升至第 46 位，在创个人排名新高的同时也超越前辈张帅成为新的中国一姐。6 月 29 日，在温布尔登网球锦标赛首轮，郑钦文本赛季第二次战胜前美网冠军斯蒂芬斯挺进次轮，最终收获 32 强的成绩。紧接着，在 WTA1000 级别赛事多伦多站的第二轮，郑钦文战胜世界第五贾巴尔，职业生涯首胜 TOP5 选手，收获首个 WTA 皇冠赛正赛两连胜。第三轮比赛中，她击败前美网冠军安德莱斯库，晋级 8 强。而上一个在该项比赛中打入 8 强的中国球员，还要追溯到 9 年前的李娜。

李娜是郑钦文的偶像，在法网第三轮赛后采访中，郑钦文说："李娜是第一位在罗兰加洛斯获得冠军，第一个拿到大满贯的亚洲人，是她给了我信念，让我看到原来亚洲运动员一样可以在网球领域有所成就。第一人总是最特别的，这对年少时的我产生了重要的影响，正是因为她，我更加坚定了我的网球梦。"

2022 年注定将是郑钦文坐上"火箭"的一年，她完成了四大满贯公开赛首秀第一轮全部过关的壮举，一年之内连续三项大满贯至少挺进 32 强，一年之内五次战胜大满贯冠军球员，人们甚至发现郑钦文首次征战四大满贯的成绩单与小威廉姆斯一致。即便仍有不足，即便仍需进阶，郑钦文的整体实力仍在肉眼可见地不断提升中。终有一天，郑钦文的每一分努力都将绚烂成花。

读完这段文字，对于你来说也许只是了解一段运动员的故事，合上书本，过几天可能就会遗忘。但对于当事人郑钦文来说，这是她正在经历的人生。体育解说员要带着意义解读比赛和人物，这种解读是一种概述性叙事，即以置身事外的状态来讲述别人的故事。用郑钦文的例子来分析概述性叙事的特征。

表 4-1

概述性叙事的特征	材 料 原 文	分 析
重视抽象	哈勒普对郑钦文的评价是"非常有力量，发球很强"。 记者问郑钦文是否知道 2019 年该项赛事的冠军——芭芭拉·克雷茨科娃，郑钦文表示不认识并对记者说："跟我讲讲吧（tell me）"	这里没有具体的细节描绘。比如，哈勒普的表情如何，语气如何，态度如何，记者是在什么样的具体语境中发问的。如果是戏剧性的叙事，就需要提供每一个细节。但是体育解说的时间有限，因此叙事往往很抽象

续表

概述性叙事的特征	材料原文	分　析
压缩时间	凭借着在 2020 和 2021 赛季中七次打进 ITF 决赛并且七次夺冠的成绩，她的排名在 2022 赛季开赛前已升至 126 位	叙事时间跨度很大
使用直接引语	郑钦文说："李娜是第一位在罗兰加洛斯获得冠军，第一个拿到大满贯的亚洲人，是她给了我信念，让我看到原来亚洲运动员一样可以在网球领域有所成就。第一人总是最特别的，这对年少时的我产生了重要的影响，正是因为她，我更加坚定了我的网球梦"	这里没有使用对话，没有让故事的主人公相互交谈。因为概述性叙事不需要对话
按话题组织材料	网络上，伴随着优异成绩而来的关注度像潮水一样涌向郑钦文	为了佐证"关注度"这个词，列举了一系列事件。同样，为了显示郑钦文的杰出战绩，也列举了一系列荣誉。按话题组织材料是概述性叙事的特征
全知全能视角	2022 年注定将是郑钦文坐上"火箭"的一年，她完成了四大满贯公开赛首秀第一轮全部过关的壮举，一年之内连续三项大满贯至少挺进 32 强，一年之内五次战胜大满贯冠军球员，人们甚至发现郑钦文首次征战四大满贯的成绩单与小威廉姆斯一致	此时的叙事者宛如上帝一般俯视人间，一个词汇、一句话就可以总结人生。因为解说员置身事外，讲述的是已知的、别人的故事
作者在场景之上	人们对刚刚崭露头角的郑钦文有各种各样的称呼，郑钦文自己表示："我知道有些人叫我 King Wen，有些人叫我 Queen Wen，还有些人叫我 Qin Wen，你觉得怎么舒服就怎么叫，我只要知道你在叫我就行了"	解说员不需要亲历事件，可以站在场景之外说话
处理结果而不是过程	在 4 月 7 日的 WTA500 级别赛事查尔斯顿站第二轮，郑钦文错失领先一盘外加一次破发的优势，无奈因伤退赛无缘 16 强。同时，这也引发了网民对她的质疑	不需要详细的描述，只列举了各种结果。根据已有的结果推演出一些结论
在抽象阶梯的较高台阶	在成长历程中，郑钦文先后接受过李娜的启蒙教练余丽桥和李娜职业巅峰期的教练卡洛斯的指导	戏剧性叙事有更多的细节，更多实时发生的过程，显得更具体。概述性叙事相对更简单抽象
由漫笔、背景、说明组成	郑钦文 2002 年 10 月出生于湖北十堰，2010 年来到武汉就读小学并进行网球训练，2015 年进入职业化训练。郑钦文的击球比较有旋转，这让她的球风更偏攻击性	整段文字都是由郑钦文不同时期的背景资料组成。如果是戏剧性叙事，则需要按照故事的行动主线构成。比如郑钦文为了争取参加网球职业化训练做了哪些具体的努力，细节如何。 当解说员解释比赛规则时，也是一种抽象说明

体育解说员不是体育故事的缔造者，但可以成为体育故事的转述者。体育解说是对运动员的祈祷。解说员带着对体育的敬意，带着对运动员的尊重，带着对不断挑战人类生理极限的赞许，期待运动员能带来精彩的比赛。体育解说是寓意之言。解说员要带着意义去讲述体育故事、整理体育故事，让受众感受更多的喜怒哀乐，体味更多的人生意义。体育解说是体育史记。解说员讲述的每一句话都要准确、真实、客观，因为历史不容虚假。体育解说员要带着自己的理解，清楚地给出语境，为受众讲述有灵魂的故事，而不只是念无灵魂的比分和枯燥的赛事规则。

在第 31 届夏季奥林匹克运动会期间，中央电视台体育频道派出了近 400 人的报道团队。频道总监江和平表示这次央视的报道理念是"全程故事化"，即"利用奥运的素材来讲述中国故事"。因为体育本身就是精彩的故事。

第二节　叙事与戏剧五元分析法

"叙事"从普遍意义上说，是一种信息的交流方式，是人类认识和反映世界的一条途径。罗兰·巴特说过，"叙事普遍存在于一切时代、一切地方、一切社会"，"对人来说，似乎什么手段都可以用来进行叙事"。叙事是一种思想表达的过程和行为，因而它也应该是体育解说研究中不可回避的重要内容。

1. 叙事内涵

叙事（Narrative）是意义生成机制，解说员通过有声语言符号不断构建意义。对于视听语言来说，叙事占据着显赫的地位。具体地说，视听语言的这种叙事行为集中体现在诸如叙事者、叙事活动、叙事方式（包括叙事人称、叙事角度和叙事结构）这些核心要素及其关系方面。

体育解说员是叙事活动的承担者，即叙事行为者。通常情况下解说员以第一人称叙事方式成为赛事转播的画外音。叙事活动指的是叙事者实施叙事的一系列过程，涉及叙事时间和叙事空间。体育解说员的叙事时间即赛事的发展过程，叙事空间是赛事展开的相关场景。叙事方式是叙事研究的核心论题。它所包含的叙事人称、叙事角度、叙事结构等方面都直接关涉叙事的本质——"怎么说"的问题，集中了叙事艺术的精华。叙事方式与体育解说员及体育赛事的发展过程和相关场景是一个有机组合的逻辑序列。叙事方式包含了叙事者和叙事活动的呈示形态（人称、视角、时空、结构等），从各个不同的角度构成了具体的叙事行为。

体育解说行为可以被视为一种目的性很强的叙事行为，其目的是把受众带入一段充满戏剧性的描述中去，让受众去感受和认同体育赛场上的各种行为的动机，这些动机既包括赛事过程中运动员和裁判员的行为动机，也包括体育解说员自身的语言动机。

以 2016 年 3 月 10 日李世石与谷歌 AlphaGo 进行第二回合挑战赛的解说片段为例，解说员许戈辉和嘉宾刘小光的语言互动目的是带领观众感受和认同李世石的行为动机，从中也能体会到解说员和嘉宾本人的语言动机（见表 4-2）。

表 4-2

解 说 内 容	动 机 分 析
刘小光：很多职业的（棋手）都认为李世石会赢，也可能电脑有机会，但是昨天的棋他下得不对劲，主要是跟以往的比赛不一样，因为他对战的是电脑	"他下得不对劲"这段话表明嘉宾刘小光认为李世石的第一局棋没有发挥出应有的水平
许戈辉：说的是对电脑，但是他事实上，对面还是坐了一个人	解说员许戈辉描述了现场情况，李世石对面确实坐着一个人
刘小光：不一样。电脑它是没有感情的，（对面）坐的是一个代言人。李世石你看他现在闭目养神，我觉得他应该能调整过来，昨天那盘棋没有发挥，离他的真实水平我觉得差得很多	通过李世石的表情解读他此刻的心理活动。"离他的真实水平，我觉得差得很多"进一步表明刘小光支持李世石
刘小光：（比赛）开始了	提示观众
许戈辉：每个人的两个小时开始倒计时	让观众了解比赛时间
刘小光：各走一个星	
许戈辉：这个布局应该是早就在心里想好的，所以开局的时候，大家的布局应该是在按照既定方针办吧？	从棋手布局的动机角度发问，提示观众注意"他为什么这样开局"
刘小光：就职业比赛吧，第二天，比如说不管是对李昌镐或者聂卫平，我不管对谁，我之前会先构思一下。看看他最近的棋谱，然后走一个自己熟的，大概会构思一下	嘉宾刘小光（围棋九段）根据自己的职业经验解释布局动机
许戈辉：从昨天的那个比赛看，其实李世石他擅长的不是开局，是这样吗？	从棋手布局的动机角度发问，提示观众注意"他为什么这样开局"
刘小光：也不能这么说。有些人可能觉得他的布局不是最佳的那种下法，但是后面他对处理那种形状比较熟，后半盘的处理他有办法	嘉宾根据自己的职业经验推测李世石的行为动机
许戈辉：今天您看出什么	提示观众注意嘉宾的动机
刘小光：对手，今天是机器人拿黑棋，他的对手，走一个星小目，这个星小目下步可以走中国流，这都比较专业，这个都没关系，我觉得胜负都不在这里	嘉宾专注解读李世石的行为动机
许戈辉：应该把关注点放在	提示观众注意嘉宾的语言动机
刘小光：应该找准对方的弱点	嘉宾为李世石提供个人建议
许戈辉：这个我觉得真是说到点儿上了。在我们看来，机器是很难有弱点的。因为它精密，它严谨，它每一步都有预先的，涉及后边的几十步、上百步	提示观众注意：机器人没有感情，没有动机，只有程序逻辑

2. 戏剧五元分析法

美国当代修辞学家坎尼斯·伯克（Kenneth Burke）在《动机修辞学》（A Rhetoric of Motives）中首次提出了戏剧五元分析法（Pentadic Analysis）。伯克认为人们描述某个环境时，不外乎是回答以下五个问题：谁（行动者），在什么时候或什么场合（场景），以何种方式（方法），为何目的（目的），做什么（行动）？行动者（Agent）、场景（Scene）、方法（Agency）、目的（Purpose）和行动（Act）。一起构成了"戏剧"的五个基本要素。如何排列这五个要素的主次轻重，既可以反映出叙述者的语言动机，又可以搭建不同的意义框架。

在竞赛时间较短的快节奏体育项目中，解说员应当把"行动者"即运动员置于话语中心的位置，其他要素可以置于从属的位置。例如堪称"飞人大战"的田径男子 100 米比赛，比赛用时仅 10 秒左右，解说员在 10 秒内只能说 50 个字左右。在刘翔雅典夺冠时，解说员杨健在 12 秒 91 的时间内说了 48 个字。如此短暂的时间里，"刘翔"两个字重复出现了四次，特拉梅尔和奥利加斯分别出现一次，代词"他"出现一次。和运动员相关的字符达到 17 个，在 48 个字中占比超过三分之一。由此可见，竞赛时间决定着解说员的叙事时间。在时间紧张的情况下，描述现场是解说员唯一的选择。

在花样滑冰、花样游泳等以优美著称的艺术体育赛事中，体育解说员不应该在表演过程中插话，应当让观众安静地聆听音乐并欣赏画面。以 2009 年世界花样滑冰锦标赛女单自由滑为例，央视解说员陈滢和嘉宾王玉民在选手表演过程中一直保持静默，只在出场前和表演结束后说话。

> **陈滢**：现在出场的就是两届世锦赛获得者，韩国选手金妍儿。短节目排名第一，而且她领先排名第二的选手短节目，是 10 分。可以说金妍儿的这套自由滑将决定今年的这块女单金牌的归属。
>
> （金妍儿开始表演）
>
> **陈滢**：（表演结束）韩国花样滑冰历史上最优秀的选手金妍儿，刚才表演的这是来自于俄国作曲家柯萨科夫的管弦乐组曲《天方夜谭》。尽管有一些瑕疵但瑕不掩瑜。虽然比赛还没有结束但今年这块女单金牌的归属相信大家心里都有数了。
>
> **王玉民**：我想说的第一句话就是金妍儿成熟了，在前两年的比赛当中，她也有获得金牌的实力，但是都是因为自由滑出现一点点失误，然后金牌擦肩而过。今天的表演，可以说她是表演得非常非常好。只有一个跳跃出现了一点失误没有跳起来之外，其他的动作可以说在裁判员的心目当中，裁判员按照规则的尺度加分是肯定的，而且加的不只是一分。

这段解说中"行动者"要素也处于重要地位，但由于时间比较宽裕，解说员可以从容不迫地在叙述中纳入"目的"要素。

在竞赛时间较长的慢节奏体育项目中，解说员应当把"场景"因素放在和"行动者"因素同样重要的位置。比如2016年第103届环法自行车赛的赛程长达23天，共分为21个赛段。乐视体育自行车频道的前主编萧深认为解说自行车比赛的主要难点在于比赛多数时间相对无聊，解说员需要在这些时间中讲出有技术含量的东西来留住观众，同时又不脱离赛事本身。同样的情况还出现在马拉松比赛中，赛程较长，时间宽裕。此时在叙述中大量加入"场景"因素往往是不错的选择。在2016年武汉马拉松赛的解说中，解说员罗路对场景的描述宛如导游词，达到了推介城市的目的。

> **罗路：**到16公里之前应该是始终在武昌江滩这一侧来行进。第一方阵跑丢了一只兔子，不知道为什么有一只兔子提前退赛了，现在只剩下一个领跑的选手。现在是14.5公里。之前说到武昌人文很厚重，但是现在伴随着经济不断发展，现在武昌区政府在这块儿，在经济上作了很大的文章。现在立足于设立一个滨江文化商务区，而其中的核心叫绿地中心，这个也是目前中国在建的第一高楼，高度达到了636米，是世界第三高楼，也是代表中国的新高度。它是由迪拜塔的主创设计师史密斯担纲设计的。

在篮球、足球、排球赛事解说中，"方法"和"行动"要素常常是解说员的重点叙述内容。因为这类赛事并不是每分每秒都血脉偾张扣人心弦，总有相对平淡缓和的时刻，需要解说员寻找相关材料填补冷场时段。有的时候比赛场面会让受众昏昏欲睡，在2015年11月4日凌晨皇家马德里VS巴黎圣日耳曼的欧冠小组赛直播解说中，乐视体育频道解说员在下半场比赛进行到76分钟时睡着"打鼾"就够得上直播事故了。著名体育解说员詹俊曾在采访中表示"一场非常沉闷的比赛，怎么讲都不能改变一场球的本质"。也许正是因为这个原因，"鼾声事件"后许多球迷在该解说员的微博中留言表示理解。尽管球迷们态度宽容，但从职业道德的角度来说，想从事体育解说工作的新手绝不可冒险效仿。描述场上球员的行为或传球方式，能填补大量的时间。以2016年举行的2018年俄罗斯世界杯亚洲区预选赛为例，解说员贺炜与嘉宾徐阳合作完成了"方法"和"行动"的解读。

> **贺炜：**李学鹏，把球控制住交回来。卡塔尔队的队员速度比较快，他们的围抢在局部迅速形成兵力优势，这个还是很明显。中国队攥球了。武磊把球控制住，等待队友接应。姜宁、赵明剑。对方的解围没有顶远。双方在拼。这个球武磊倒地，主裁判观察了一下并没有鸣哨。今天的裁判组是来自马来西亚的主裁判阿米卢尔·伊兹万。
>
> **徐阳：**我们赛前也是谈到一点，今天中国队"三条线的阵型"一定要保持好，给对手以足够大的压力，尤其是由攻转守的时候，在前场要注意展开反抢。

叙事是意义生成机制，主要在"时间"和"组合"两个维度上起作用。体育解说是一种典型的非虚构叙事，解说员提供的一切语言材料都必须保证真实性。体育解说叙事的"时间"维度受制于比赛过程"发生—发展—高潮—结局"的线性发展顺序，是有始有终的闭合式叙事模型。对于观众感知来说，这种叙事结构线索清晰、情节紧凑、模式简单，具有明显的时间链和因果链，因此有着普遍的适用性，较为符合观众的收看习惯。

"叙述"活动本身是单向、线性的，在特定的时间段内，它只能向人们呈现一个时空内发生的事情。而任何一场体育赛事，任何一位运动员，任何一次胜利或失利都是客观发生的故事。客观故事的发生、发展则是在时间的流动中、多重线索的共同作用下徐徐展开的，事件本身固然有前因后果，但事件的多重原因和多重后果却有可能发生在同一时空中。因此，体育解说叙事的首要任务就是如何以线性方式将复杂的多线索故事呈现出来。解说员仍然可以在比赛节奏较慢、时间允许的情况下采取对偶、排比、反复、顶真、回文等形式化修辞方法和比喻、借代、比拟、夸张、双关、移就等意义化修辞方法将生动的体育故事讲述出来。

体育解说是一个"组合"语言材料的过程。在"组合"维度上根据因果关系法则或联想法则，解说员把事先储备的各种材料和赛场上即时发生的事件理性地联系在一起。无论使用哪条原理，它都把事件联系起来，使它们之间的关系具有意义，便于理解。

第三节　寻找叙事主题　搭建意义框架

每一个精彩的故事都有叙事主题，体育解说也不例外。著名体育解说员王泰兴曾写过这样一段话："体育解说有没有主题？可能有人认为这个问题提得太玄乎，体育解说嘛，胜负就是主题，热烈、振奋就是基调，这有什么可讨论的？我认为，这是认识的肤浅。在我们的解说员队伍中，有不少人也有这种糊涂认识，这正是我们的解说不够深刻的症结所在，虽然有时解说员口若悬河，累得够呛，乍听起来热闹非凡，结果却是言之无物，不能给观众留下值得回味的东西，大大减弱了宣传效果。"[①]

对于运动员来说，每一次参加比赛的竞技状态都会不同，心理状态都会有差异；首次参赛和重复参赛的目标可能不同；成绩能否突破和能否卫冕冠军的意义不同。这些差异都会直接导致体育故事的主题呈现多样化态势。

解说员叙事时需要带有一个普适性的真理，这个真理并不需要很复杂，例如"足球是圆的"。当解说员在普适真理的层面上进行思考的时候，就容易把主题放到一个框架之中，而有了这个框架，主题就能变成某种人人都能理解和体会的象征或者符号。

著名足球解说员贺炜被称为"诗人解说员"，他特别善于在解说中构建意义框架，升华主题。他在 2010 年南非世界杯的多场赛事解说中表现优异（见表 4-3），很快受到球迷热捧。2014 年巴西世界结束后，重庆晨报公众调查中心联合大渝网和重庆晨网，对 1152

[①] 岑传理、宋世雄：《金话筒的诉说——电视体育节目的解说与主持》，中国经济出版社 2000 年版，第 33 页。

位球迷展开的在线调查显示，贺炜被评为最受欢迎解说员。

表 4-3

赛事及比分	2010 年南非世界杯贺炜解说内容
巴西 2：1 朝鲜	而 44 年后重回世界杯怀抱的朝鲜队在本场中虽然输了比赛，但是他们有一个最大的收获，就是他们打进了一个球，面对着实力强大的巴西，朝鲜就像《大卫与歌利亚》故事中的大卫一样，在现实当中朝鲜队没有击倒巨人巴西，但是他们却留给巴西深刻的印象
意大利 2：3 斯洛伐克	（第 45 分 25 秒 斯洛伐克 1：0 意大利）目前的这个比分不能保证斯洛伐克队出线，但是一定保证意大利队出局。 （比赛结束）再见，意大利！让斯洛伐克队尽情地庆祝吧，足球就是如此，一方的欢喜衬托着另外一方的忧伤，人类的极端情感，在小小的绿茵场上，在 90 分钟的时间内，就能够得到充分的体现。这就是足球！这也是我们为什么爱足球的原因
德国 4：1 英格兰	（第 39 分 32 秒）比分现在还是 2：1，上半场的比赛踢了 40 分钟，这也是本届世界杯开始之后最为紧张、最为牵动人心的 40 分钟。虽然从理论上来讲，在本场比赛之后，总有一支球队要离开本届世界杯，但是从比赛开始的第一秒，这两个多小时的时间将成为我们记忆当中永恒的精神财富。观众朋友们在以后自己老去的时候，坐在壁炉边上，抱着自己的孙子给他讲世界杯故事的时候，一定不会错过 2010 年南非世界杯的这场八分之一决赛
乌拉圭 5：3（点球）加纳	（点球，乌拉圭 1：1 加纳）其实踢到点球大战，双方已经不再是对手，所有的罚点球的队员和门将，他们都是在跟自己的内心在做战斗。这个时候双方其实都是站在同一边的，都是作为人类在和自己的内心做战斗。 （最后一粒点球，乌拉圭 4：3 加纳）勺子点球！勺子点球！40 年后乌拉圭人再一次进入了世界杯的四强，最后用如此轻巧的方式结束点球大战。如此残酷的时刻，用如此轻巧的方式结束，这就是足球！如此紧张、千钧一发的时刻，最后以一个轻描淡写四两拨千斤的勺子踢球而结束。谁说这个世界是冰冷而残酷的？像乌拉圭人一样，只要你胸怀坚定的信仰，做好充分的准备，保持高昂的斗志，这个世界说不定就会揭开它冰冷的面纱，向你露出灿烂的微笑。吉安不用哭泣，他今天两次站在点球点上，他战胜了自己，他有的是光明的未来

　　以贺炜在南非世界杯期间的解说为例，仔细分析后可以发现，解说词中贯穿着大量普适性价值观，放之四海而皆准，但是非常打动球迷的心。比如在朝鲜队负于巴西时，构建的意义主题是"当弱者面对强者时，只要弱者积极努力，虽败犹荣"；意大利负于斯洛伐克时，构建的意义主题是"足球比赛有输有赢，几家欢喜几家愁"；德国队对阵英格兰队，构建的意义主题是"狭路相逢勇者胜，总有一支球队要离开本届世界杯"；乌拉圭

队对阵加纳队，构建的意义主题是"每个人最大的对手就是自己（人类在和自己的内心做战斗），有志者事竟成，天助自助者（像乌拉圭人一样，只要你胸怀坚定的信仰，做好充分的准备，保持高昂的斗志，这个世界说不定就会揭开它冰冷的面纱，向你露出灿烂的微笑）"。

在营造解说主题方面，我国台湾 FOX SPORTS 频道的中文体育解说做得很完善。以2014 年和 2015 年澳网女单决赛为例，解说员许乃仁和评论嘉宾刘中兴在开赛前都会提炼出主题，使比赛的看点更加清晰。

赛事：2014 年澳网女单决赛
主题：事不过三，李娜能赢吗？

许乃仁：另一方面，我们看到李娜。李娜在今天如果能够获胜的话，将是澳网公开化年代以来年纪最大的澳网冠军，她已经 31 岁了，即将要满 32 岁。世界排名第四，当然今天这场比赛她只要获胜，她的世界排名无论如何在澳网过后都会上升到世界第三。那当然，她在今年年初的时候，曾经在深圳女网赛卫冕成功，那也是她生涯第 8 个 WTA 的单打冠军。当然在过去，她在澳网啊，是 2011 年跟 2013 年的决赛。2011 年她输给了克里斯特尔斯，已经退役了，比利时名将。去年她是力拼了三盘之后最终不敌阿扎伦卡，让阿扎伦卡卫冕成功，所以老话说"事不过三"，看看今天李娜能不能应验这一句。

赛事：2015 年澳网女单决赛
主题：小威能追平格拉芙的纪录吗？

许乃仁：我想在今天这场比赛中焦点在小威廉姆斯身上，小威在四大公开赛中除了法网之外其他的公开赛都至少赢了 6 次，今天如果她赢的话，将要追平格拉夫公开化年代第 22 个大满贯纪录。

刘中兴：绝对没有错，今天我们看到当今世界职业女子网坛的实力也是大幅提升，以她的 34 岁的年纪能够拿下 21 座大满贯已经很不容易。不过严格讲她在去年的美网应该是有机会追平格拉芙纪录的，但是意外在决赛中输掉后，延伸到今年我们看到 2016年澳网她再度以她的实力站到了澳网决赛，而且今天是真有机会来追平格拉芙的纪录。

叙事里必须要有某些正在展开的情节，必须要有某些正在发生的事情，这样才能确保故事从一个点过渡到另一个点。解说员经常需要配合电视画面进行过渡，跟随镜头的转换从一个讲述点转移到另一个点，构建不同的意义。当解说员找到了主题框架内的意义，并将这种意义和赛事情节联系在一起的时候，就能产生一个故事的讲法（见表 4-4）。

表 4-4

赛　　　事	解　说　内　容	备　　注
俄罗斯世界杯亚洲区预选赛 中国队 VS 卡塔尔队	**贺炜**：我们看到，在替补席上坐着的哈桑，哈桑也同时是卡塔尔国奥队的成员，在今年年初卡塔尔本土进行的 U23 亚洲杯的比赛当中，他给中国球迷应该也留下了深刻印象。中国队曾经和卡塔尔队有过一场比赛，小组赛的第一场，我们先进一球的情况之下最终 1∶3 告负，哈桑在那一次卡塔尔队的绝地反击当中起到了非常关键的作用	镜头聚焦到卡塔尔队的替补席，贺炜重点讲述哈桑的资料，因为他和中国队之间有故事。此时构建的意义是：哈桑曾导致了中国队的失败
2016 年澳网男单第三轮 罗索尔 VS 瓦林卡	**童可欣**：瓦林卡今天获胜的话，将是他职业生涯中第 400 场，巡回赛当中的胜利，也将是他第四年连续在澳网打进 16 强。瓦林卡虽然贵为两届大满贯冠军，他在 2015 年法网比赛决赛中在中击败了德约科维奇，阻止了后者的全满贯梦想。但相对来讲，瓦林卡确实没有明星气质，之前我在皇冠酒店的商场里看见他和他的女朋友逛街身边没有带保安人员，假如是费德勒的话，这种局面是不可想象的	电视公共信号播放了瓦林卡发球的慢动作回放。童可欣解读画面："在击球的一瞬间瓦林卡的球拍发生了一定的转动。"然后自然过渡到瓦林卡的背景资料。此时构建的意义是：对于瓦林卡来说，能否赢得职业生涯第 400 胜具有里程碑意义。"没有明星气质的大满贯冠军"资料也使人物性格复杂化。在所有的故事里，人物都会经历一些变化
2015 年 NBA 总决赛第二场 金州勇士 VS 克利夫兰骑士	你看两个队一开始来打呢，命中率还不是很高。包括詹姆斯，现在还是以个人单打，也是没有进。在今天这是詹姆斯的第一次个人单打。在上一场比赛当中，总共是有 37 次个人单打，关于他持球的数字，我们待会会逐一为大家介绍。大家能看到上一场他究竟有多疲劳。克雷汤普森这是一记骑马射箭往里突，这实际上是他从小在家里的时候，在后院的时候，跟他三兄弟啊，天天练这个。就是说，一个脚在这个三秒区里面，然后这得分得算 11 分才算赢。天天从小练这个。詹姆斯在开局的三次进攻当中，两次都是打得非常失常，可见他的疲劳程度还没那么容易恢复	镜头分别给詹姆斯和克雷汤普森特写，解说员的叙事从詹姆斯过渡到克雷汤普森。此时构建了两段意义：①詹姆斯上一场消耗太大还未恢复，本场能否重整旗鼓？②克雷汤普森的球技是从小练就的，技术炉火纯青

第四节　设置叙事悬念　推波助澜

"悬念"一词最早出现于文学领域之中，随着侦探文学和悬疑文学在20世纪20年代被越来越多地改编为电影剧本，悬念逐渐成为一种电影叙事类型。《现代汉语词典》对悬念的解释是"欣赏戏剧、电影或者其他文艺作品时，对故事的发展和人物命运的关切心情"；尹鸿认为悬念是"为了吸引观众注意和引导观众观看而设计的悬而未决的一种冲突，就是一种将要但是还没有出现的观众所关心的事件的结果"。① 这两种解释都认为悬念是一种心理状态。竞技体育最大的特色就是"非赢即输"的严格二元对立结构，对于体育赛事的欣赏者而言，最大的悬念是赛事结果即"谁会赢"，另一个悬念是比赛过程即"怎么赢"。赛事结果虽然只有"输赢"两种，但是比赛过程却五彩缤纷、万紫千红。各种体育职业联赛也呈现"年年岁岁花相似，岁岁年年人不同"的状态。这决定了体育解说员可以在叙事过程中围绕赛事结果一步一步为受众设置不同的心理期待。中央电视台新闻评论部编导刘楠认为"讲故事一个重要的技巧，就是前面的篇幅完成一个水坝的筑坝过程，让观众心里的水位越提越高，不断提高，到最后的环节堤坝一下子倾塌下来，所有的悬疑得到消解的时候，获得那个瀑布的飞流直下的落差。这就是心理宣泄的快感"②。

贺炜在解说2018年俄罗斯世界杯亚洲区预选赛时确定了明确的叙事主题，设置了叙事悬念，很好地唤醒了受众的心理期待（见表4-5）。

表4-5

解说词内容	叙事分析
还要寄希望于其他一些场次的比分，符合我们的出线有利条件，才能够决定是否可以最终进军到亚洲区的下一阶段比赛，也就是12强的比赛当中。但是我们所说的所有条件成型的前提是中国队在今天的比赛当中要在主场击败卡塔尔	首先确定主题基调。这既是主题，也是该场次比赛最重要的悬念——能否击败卡塔尔
再加上卡塔尔队有4名主力，也是中国球迷比较熟悉的，给我们很多痛苦回忆的队员，因为种种原因不能参加本场比赛，他们补充了4名归化球员。所以说这是对中国队来讲，一个新的情况的变化，而中国队也在今天的首发阵容当中做出了一些变化，看看双方的变化，谁可以给对方更大的意外	其次强化主题，设置悬念"双方的变化，谁可以给对方更大的意外"
今天中国队依旧是身穿着红色的比赛服，队长冯潇霆。对于卡塔尔队的主帅卡雷尼奥来讲，他的球队提前获得了晋级下一阶段的资格，所以这场比赛，就取胜欲望来讲肯定不如站在悬崖边上的中国队。但是呢，卡雷尼奥在比赛之前的新闻发布会上也说"我们来这里，目标也是拿到3分"	通过引用卡塔尔队主帅的语言，进一步强调竞争性，增加悬念

① 尹鸿：《当代电影艺术导论》，高等教育出版社2007年版，第207页。
② 刘楠：《新闻撞武侠》，中国人民大学出版社2013年版，第351页。

解说词内容	叙事分析
通过开场的这 20 多分钟的全场紧逼的踢法之后，中国队这段时间体能进入一个小小的极限期。所以这段时间被卡塔尔队在中国队的半场形成围抢的时候，中国队队员出球有点不容易，希望他们赶紧度过这个节骨眼儿	及时总结上一阶段的赛况，提出"体能极限"话题，增加悬念

悬念不仅适合出现在比赛开场和中段，越是临近尾声，悬念反而越重要。因为不到最后一分钟，一切皆有可能。在 2012 年伦敦奥运会和 2016 年里约奥运会的赛艇项目解说中，来自清华大学赛艇队的刘星宇得到了观众的好评。以里约奥运赛艇轻量级女子双人双桨决赛尾声阶段为例，刘星宇不断通过语言制造悬念。

刘星宇： 最后阶段的冲刺！进入到最后 250 米冲刺区，这个时候荷兰队也有点儿累了，看她们 1 号位啊，已经开始咬着牙顶了。中国队现在已经保持在了第三的位置，最后 200 米，潘飞鸿，把桨频再领起来一些，前把入水再快一点儿！好的！看看能不能再上一些，加拿大这个时候只领先我们不到一个桨位了，最后阶段的冲刺啊！看桨频，看最后阶段的调动！还差最后一百米，加拿大队仍然划得非常拼，这个时候加拿大队已经到了将近 43 桨的桨频，中国队还能不能再提升一点儿？中国队再冲两把！

对于仪式性的运动会开幕式来说，虽然没有激烈的竞技，但是文艺表演环节的解说也可以设置悬念。白岩松解说的奥运会开幕式之所以显得特别，其中一个重要的原因是他善于在叙事中设置悬念（见表 4-6）。

表 4-6

里约奥运会开幕式倒计时阶段

白岩松版解说词	张斌、沙桐版解说词
观众朋友们，大家上午好！ 我现在是在巴西里约的冬季为大家带来第 31 届夏季奥运会开幕式的现场直播。 虽然身处南半球的里约，现在是冬季，气温却依然像夏季，此时 25℃，湿度 57%，微风吹拂，没有雾霾，身体的感觉好极了。巴西人有一句名言，万事走到尽头都会尽如人意，如果还不能尽如人意，一定是未到尽头。那么还有不到两分钟时间就是里约奥运会准备的尽头，这是不是意味着尽如人意的视觉盛宴将呈现在世界面前	沙桐：中央电视台 张斌：中央电视台 **沙桐：** 现在是里约时间 8 月 5 号晚上的 19 点 57 分，北京时间 8 月 6 号早上的 6 点 57 分，那再过一会儿呢，里约奥运会的开幕式即将进行。 **张斌：** 这里就是让您牵肠挂肚的里约热内卢。奥林匹克将在这里创造历史。奥运会将第一次来到南美洲，来到巴西。七年前，里约热内卢经过三轮投票战胜了马德里、芝加哥和东京，赢得了第 31 届夏季奥运会的主办权

里约奥运会开幕式倒计时阶段

里约与北京的时差是 11 个小时，此时北京时间 8 月 6 号上午 7 点，是里约时间 8 月 5 号晚上接近 8 点。夜幕已经完全笼罩了这个非常美丽的城市，多年以前巴西一位诗人写过这样的诗句：白天世界上没有巴西，夜晚巴西就是世界。这简直是有预见的诗人为多年之后里约这个夜晚专门写就的诗行。

举办里约奥运会开幕式的场地是里约的地标马拉卡纳体育场，远处似乎已经传来阵阵狂欢将要开始的声音。这座体育场自带传奇，1950 年世界杯决赛，巴西队 1∶2 负于乌拉圭，记录了巴西的痛，而球王贝利在这座球场打进了自己职业生涯第 1000 个进球，又记录了巴西人对足球的爱。那么，今夜这座球场又将为巴西与世界留下怎样的记忆呢？

现场内的观众似乎都开始期待、好奇和欢呼了。这座球场建成的时候可以容纳 15.5 万人，最多进过十七八万的人去看比赛。在举办 2014 年世界杯的时候，应国际足联的要求，为了安全考虑，座位缩减到了 8.2 万。今天场内观看开幕式的人数将超过 6 万人。当然，今夜将有 30 亿人通过直播走进这座体育场。曾今有人问球王贝利，你最漂亮的进球是哪一个？贝利回答说：下一个。今夜，是巴西人攻进的下一个进球吗？会是一个世界波吗？

从空中看里约，这将是怎样的一座城市？如果说很多奥运场馆并没有如期交工，那里约却是一座早就竣工的巨大的运动场。这里的人们一天 24 小时都在运动，进入马拉卡纳体育场之前，里约人先给您送上一首歌《那个拥抱》，代表着里约欢迎你。

镜头已经带我们走进了马拉卡纳体育场内。巴西人善于化腐朽为神奇，一个火柴盒，一个小纸片就可能被艺术化并且玩出花样，现在您看到的序幕表演就是以一个方纸片为灵感，呈现出巴西、印第安、非洲、葡萄牙不同的色彩和图案。纸块一共有 250 个左右，甚至在舞动当中，它会自我充气，变成可以敲击的鼓，为倒计时来助威

沙桐：空中俯瞰灯火辉煌的马拉卡纳体育场。促进世界和平是奥林匹克的精神体现，里约奥运会的开幕式将会聚焦未来，超越国家与地区的界限，在欢庆的时刻一同向地球发出人类的箴言。与以往不同的是，里约奥运会的开幕式将不会追求高科技、大型道具的使用，而是将通过巴西丰富的音乐与舞蹈元素来共同营造一个盛大的欢庆的聚会。现在现场是越来越热闹。以上这些呢，主要是受制于开幕式预算的限制，里约奥运会的开幕式预算仅仅是伦敦奥运会十分之一，但是积极乐观的巴西人将用另外一种方式来展现自己的历史、自己的文化。

张斌：现场正浸润着巨大的能量，我和沙桐也能感受到现场凉爽的天气，这里是南半球，现在正处于初冬的天气。我们也知道巴西奥运会在筹备的过程当中经历了非常多的困难，至今还在被人们诟病和唱衰，但是奥运会还是给里约带来了巨大的变化，而随着奥运会的开幕，里约将成为历史上一座崭新的奥林匹克之城。

沙桐：我们现在所在的里约热内卢的马拉卡纳体育场建于 1948 年，在这里，她曾举办过 1950 年的世界杯和 2014 年的世界杯的决赛。那么今天，她将会迎来南美洲的第一届奥运会的开幕式。不过与和以往不同的是，马拉卡纳体育场在本届奥运会期间只举行奥运会的开幕式和闭幕式，田径比赛则会在奥林匹克体育场来进行。

张斌：还有不到一分钟开幕式就要开始了，在这个世界体育的传奇之地上，奥林匹克的生活将再一次点燃。我们知道，开幕式的整体运作团队是 500 人，表演者 6000 人，但是大家今天可以充分地想象现场每个观众每个运动员，都将成为一位合格的表演者。现场的掌声已经为我们带来倒计时了，让我们一起期待开幕式的精彩吧。

沙桐：这就是里约热内卢，天生的奥林匹克之城。伴随着优美的歌声，让我们从另外一个视角，从空中俯瞰里约。从空中，你能够看到这座运动城市的灵魂，看到这座自然风光与都会繁华和谐共存的城市的独特之美。这一刻全世界共同听到的歌曲名叫《这个拥抱》，演唱者是在巴西家喻户晓的著名歌手

续表

里约奥运会开幕式倒计时阶段

这是巴西乃至南美洲第一次主办奥运会，这是继2014年世界杯之后两年内，巴西第二次主办世界大赛。这是整个南半球第三次举办夏季奥运会，前两次是墨尔本和悉尼。

本次奥运会开幕式导演组有三个主要的创意导演，其中包括电影《上帝之城》的导演梅里尔斯，这是继2008北京的张艺谋、2012伦敦的《贫民窟百万富翁》导演之后第三次指导奥运会开幕式的电影导演，显然电影导演完成了开幕式指导的帽子戏法

梅洛迪。这首歌曲的原作者名叫吉尔，20世纪60年代成名的巴西流行乐的歌手，2003年担任过巴西文化部的部长。

沙桐： 运动是这座城市的生命，是这座城市的灵魂。那么乘着歌声来到了里约奥运会的开幕式的现场，马拉卡纳体育场。接下来，巴西人要用今天开幕式的所有演出教我们所有人一个葡萄牙语的单词，意思有点儿类似于咱们中国的事半功倍，要花很少的力气取得不错的效果，有点讨巧的意思。其实在生活中巴西人也是这样的，他们用木棍敲打就能创造音乐，现在要用手中普通的纸张为我们开启开场表演。

张斌： 演员手中的方型纸体现了巴西与几何图形的特殊连接，巴西有非常悠久的利用几何图形进行艺术创作的传统，从山洞里的壁画到原住民的图腾，再到现代主义的抽象艺术。这段表演的灵感就来自于生态里约的建筑大师阿多斯默尔康，他的作品很好地融合了巴西文化的三个元素：原住民几何图形、非洲图腾以及葡萄牙的波浪。

沙桐： 现场再一次倒计时。

张斌： 倒计时同时演员手中抖动的纸张掀起破浪，随着起伏，这些纸张慢慢膨胀逐渐形成了气垫。

沙桐： 倒计时结束了。演员们拍打着气垫，此时他们手中的纸张已经化为战鼓，响声震天，以纸代鼓，在奥运会的开幕式表演，就是一个巴西人口中的事半功倍。在接下来的演出当中，我们还有机会领略到他们的这种处世哲学

在这段解说词中，白岩松使用了很多疑问句，语势起伏也相对明显。每一个问题实质都是唤起观众思考，构筑观众心中的心理预期。例如，"今夜这座球场又将为巴西与世界留下怎样的记忆呢？"这个问题需要观众看完整场开幕式后才能做出评价。而沙桐却在仪式开始前"剧透"——"与以往不同的是，里约奥运会的开幕式将不会追求高科技、大型道具的使用，而是将通过巴西丰富的音乐与舞蹈元素来共同营造一个盛大的欢庆的聚会"，用总结性话语削弱了观众的期待。张斌和沙桐的解说词里没有出现任何问句，通篇是陈述句，由于句式相对单一而造成语势平淡。

课 话
后 题
作 讨
业 论

　　1. 上网搜索美国射击运动员马修·埃蒙斯（Matthew Emmons）的资料，请你根据他的个人经历，自拟主题，自定角度，做一个限时 1 分 30 秒的演讲。

　　2. 运用戏剧五元分析法，分析本书解说词附录中的赛艇项目案例。

　　3. 2018 年 7 月 15 日，温布尔登网球锦标赛男单决赛由安德森（Kevin Anderson）对阵德约科维奇（Novak Djokovic）。请你查询相关资料，为这场比赛设计解说主题。

第五章　体育解说员的情感策略

![案例图标] **案例**

2016 年里约奥运会女排决赛颁奖典礼（节选）

解说员：洪钢

嘉宾：冯坤

洪钢：中央电视台，各位观众，欢迎大家继续跟着我们的转播镜头，再次来到巴西里约热内卢小马拉卡纳体育馆的比赛现场。接下来我们将会看到本届奥运会的女排颁奖仪式。夺得金牌、银牌和铜牌的分别是中国女排、塞尔维亚女排、美国女排。这一幕对于我们的这次转播嘉宾冯坤来说，应该也是多少有些熟悉的感觉。在 12 年前，你和中国女排其他队员一起作为一个强大的集体，站上了最高领奖台的位置。

冯坤：对！这次，其实我非常的幸运，在 12 年前自己亲身经历过这个瞬间，在这一次，12 年之后，我自己以另外一种身份——解说嘉宾的身份，在现场见证这个时刻，我觉得自己真的很幸运。所以我能够感受到他们现在，运动员心里的一种心情。其实她们这个时候可能就是忘我的欢呼，一种忘情地释放。这时候她们脑子里什么伤病的痛苦全部都没有了。就是一种释放，所以我想今天晚上，马拉卡纳真的在为她们绽放，也因为中国女排而璀璨绽放。

洪钢：因为排球呢，在我们所有的大球项目里，相对于足球这样的项目来说，排球是一个比较年轻的项目。包括它进入奥运会，排球在 1964 年才正式成为奥运会的比赛项目。但是就是在这半个多世纪的时间里面，我觉得中国女排从 20 世纪 80 年代变成一支世界强队开始，已经塑造了 30 多年来世界排坛的一种风格。一个是在技战术上，中国女排全面快速、快变的风格，在世界排坛独树一帜，走出了自己的一条路，最终成为世界冠军和奥运冠军。再一个对于我们中国人来说永远铭记的，在过去 30 多年中，最重要的是女排拼搏精神。这种精神不仅在 80 年代能够鼓舞一代人，我相信在新世纪，在现在同样也能鼓舞一代人。因为大家一次一次的感受到，在奥运会上，中国虽然能够拿到很多的金牌，但是最能鼓舞人的还是集体球类项目的这些队伍、这些冠军、这些奖牌。

冯坤：我相信今天晚上也是一样的。我觉得感动不仅仅是这个结果，可能更感动的是我们中国女排一直在努力，一直在坚持这种特别熟悉的"中国女排精神"。

冯坤：我觉得中国女排，她不仅仅是夺得了这么多的冠军，更重要的是她传承了一种精神，怎么让这种精神感染到更多的人，尤其是我们更多的青少年。有更多人能够参与到体育当中来，有更多人能够从事排球项目。

洪钢：刚刚冯坤说到女排精神，在过去这些年，"精神"可能让人觉得相对来说"虚"一点儿。这些天我也在想，包括我转播排球这么多年，我一直在想"女排精神"的实质是什么。我觉得我正好有几个答案，可能不是很全面，但是我觉得有几点。一个是"拼搏"，这是大家都知道的。你无论在任何困境下，要去拼每一分球。而拼每一分球，对于我们平常人来说，就是在平时去拼每一天，把每一天的当下做好。这应该是符合现代社会的一种精神。再一个就是"自信"。你看咱们在小组赛打到第四，但是包括冯坤你，还有我们跟其他很多的老运动员交流的时候，都觉得我们面对东道主——卫冕冠军巴西，还是有机会赢。这就是一种自信。因为过去这么多年的经历，让中国女排在大赛的关键球上能够自信。

中国女排奋力拼搏，再一次登上了奥运之巅，引发了国人强烈的情感共鸣，受到了广泛的赞扬。女排决赛当天，除了传统媒体直播之外，央视网、央视新闻等新媒体也在同步直播，中国女排夺冠的消息更是刷爆了微博和微信朋友圈。网友感叹：女排把观众"打哭了"。体育观众可以忘情释放情绪，但是体育解说员却不能肆无忌惮地宣泄情感。本章将重点讨论情感策略。

第一节　坚持正向心理引导

吉尔特·霍夫斯泰德在《文化与组织》中提出："文化通常是一种集体现象，因为它至少部分地被现在或过去生活在相同社会环境中的人所共享，而这种社会环境正是人们习得文化的地方。"[1] 在他看来，文化差异是通过符号、英雄、仪式和价值观这四个方面表

---

[1]　吉尔特·霍夫斯泰德：《文化与组织》，李原、孙健敏，译，中国人民大学出版社 2012 年版，第 4 页。

现出来的。许多国家介入电视市场以确保重大事件传播的国家意义——几乎这样的事件都是体育。① 体育赛场上诞生的英雄形象本质上是被一个群体的人所共享的价值观念。

在霍夫斯泰德进行的个体主义指数调查中，中国属于集体主义文化国家。中国体育解说员频繁使用代词"我们"，而尽量减少使用"我"，就是集体主义文化的体现。白岩松在解说里约奥运会开幕式的过程使用了 65 次"我们"、28 次"我"，而张斌和沙桐在同场解说中使用了 89 次"我们"、13 次"我"。

霍夫斯泰德在《文化与组织》中使用"阳刚"与"阴柔"这两个概念来表述文化，从国家"阳刚——阴柔气质文化"调查得出的指数排序来看，中国是典型的具有阳刚气质文化的国家。阳刚气质社会中，挑战、收入、认可、提升很重要，运动员应该果断、坚韧、雄心勃勃，通过"强者获胜"的方式来解决冲突。这些特质与正向心理学（Positive Psychology）的研究内容不谋而合。正向心理学所关心的主题为"有价值的主观经验"，包括：幸福（Well-Being），满足（Contentment），满意（Satisfaction），希望与乐观（Hope and Optimism），心流与快乐（Flow and Happiness）、正面个人特质、公民道德（Civic Virtue）等议题。②

体育解说员应该将积极的正向情绪传递给受众，在解说中植入正向心理，有助于塑造共同的社会价值观，形成文化社会认同。Denham 认为人们喜欢观赏转播球赛的原因之一为可以和喜好相同的朋友一起收看节目，因此增加社会认同感。McDonald 和 Fredin 应用心理学情绪传染（Emotional Contagion）的概念研究共视环境。他们认为，当人们互动时，会在无意识的情况下，被对方的情绪所传染。因此在观赏体育赛事时，人们除了对体育赛事内容产生反应外，也会被同伴的笑声影响而觉得开心。③ 体育解说员需要在"正向心理"的限定下使用语言符号和非语言符号。

体育解说是对有声语言的应用，而在有声语言的传播中伴随着非语言符号的传播。美国乔治·麦森大学的安妮塔·泰勒等人在《交际》一书中将非语言符号划分为三类，其中是通过听觉接受的非语言符号：包括音色、语气、节奏、类语言（如笑、叫、喊等）、环境的响声。伯德惠斯·戴尔认为人际交往中 65% 的含义是通过非语言符号传播的。体育解说员传达的信息除了客观的赛场形势和体育资讯外，更多的是情感、态度、立场。当后者体现为正向心理时，即便偶尔有不客观、不中立、不冷静的嫌疑，社会的接受程度仍然很高，同时各种"解说门"事件又提醒着我们：传播负向心理是绝对禁止的。

第二节　控　制　情　绪

体育赛事直播可以根据文字符号、声音符号、图像符号分为网络文字直播、广播直播、视频直播三种。只关心竞赛结果的受众可以选择只看比分数据，但需要欣赏比赛过程的受众则不会满足于知道计分器上枯燥的阿拉伯数字。你可能听过城市公共交通系统的电

---

①　大卫·罗：《体育、文化与媒介》，吕鹏译，清华大学出版社 2013 年版，第 105 页。
②　洪浚浩：《传播学新趋势（上）》，清华大学出版社 2014 年版，第 259 页。
③　洪浚浩：《传播学新趋势（上）》，清华大学出版社 2014 年版，第 259 页。

子语音报站，单调、冷静、重复、枯燥，毫无感情。如果由电脑语音来替代人类体育解说，那一定很奇怪。然而，计算机取代体育记者的事情已经发生了。20 世纪 90 年代早期，美国密苏里的《门罗城新闻报》（The Monroe City News）利用电脑程序"合成人脑体育记者"（Zybrainic Sportswriter）成为世界上首个用电脑取代记者写作体育报道的报纸。2015 年 11 月新华社正式启用机器程序"快笔小新"写稿项目。"快笔小新"在中国足球超级联赛报道的写稿测试中表现出色，能够生成中英文数据消息，包括每轮比赛的成绩公报和积分排名。基于一定的数据，"快笔小新"只需要 0.3 秒就可以生成一篇新闻报道。但是机器程序的写作是模式化的，无法表达复杂情感。

体育本身包容了太多人类美好的情感和思想，体育能带给人们无与伦比的审美享受，体育比赛是人类理性与激情的完美统一。因此，体育解说员也应该将积极的正向情绪传递给受众。央视游泳项目解说员周雅菲认为："我觉得只有我的感情投入进去了，我才能带动更多的人真正的用感情、用心欣赏比赛。如果你很平淡，我觉得这并不是正确欣赏比赛的方式。"在央视主办的《一起说奥运》解说大赛上，前乒乓球世界冠军邓亚萍表示："因为你投入了，你的语言，你的语速，甚至你的用词，你会有激情。你要把别人代入进来，他才会跟你一起紧张。"Kerr 在《理解足球流氓行为》（Understanding Soccer Hooliganism）一文中指出："今日体育文化所富的特征——胜利时刻的狂喜、自己支持的队伍获胜时的盲目自豪感以及从高度兴奋到暴力冲动的人类最原始的情感。"① 学界对于情绪定义并没有一致的共识，但是普遍认为情绪为短暂的、对于外在刺激所产生的反应。②

体育解说员在比赛现场进行工作时，一定要采取正确的情感策略，对情绪加以控制。要以清晰的职业感来面对赛事，不能因赛事现场环境的感染而丧失理性。当现场观众情绪亢奋时，解说员一定要冷静，而当观众情绪失控时，解说员一定要保持中立。

2008 年 8 月 23 日，在北京科技大学体育馆举行的跆拳道女子 67 公斤以上级四分之一比赛中，卫冕冠军、中国名将陈中因裁判的误判而"获胜"，"失利"的英国选手史蒂文森当场向仲裁委员会上诉。经过重新审议，裁判长现场宣布取消陈中的胜利，改判英国选手史蒂文森胜利。虽然这是体育竞赛公平的体现，但是主场观战的中国观众由于无法接受这样一个结果，情绪越来越激进。当史蒂文森与墨西哥选手开始进行半决赛时，现场所有的中国观众都齐声高喊："墨西哥加油！"在所有观众的嘘声中，史蒂文森真的输了。

解说员在这样的场面中，不能被观众的情绪带跑，必须坚定地站在中立的角度进行解说。当解说员情绪激动时，语速会相应加快，气息急速上浮到胸腔，容易导致吃字现象，增加"破音"几率，极大地损害了声音的清晰度和美感。

在中国运动员取得重大突破或遗憾落败时，中国体育解说员往往会情不自禁地感慨。但此时一定要把握分寸：可以感慨，但不能宣泄；可以感怀，但不能完全释放个人情绪。

2008 年 8 月 23 号，中央电视台转播花样游泳集体比赛的决赛。中国队在《黄河》的伴奏中顺利完成了成套动作，最终成绩 97.334 分。解说员张萌萌曾是花样游泳运动员，因此，她深刻地了解这个分数的重量。当竞争对手日本队的成绩尘埃落定后，中国队历史

---

① 大卫·罗：《体育、文化与媒介》，吕鹏译，清华大学出版社 2013 年版，第 18 页。
② 洪浚浩：《传播学新趋势（上）》，清华大学出版社 2014 年版，第 258 页。

性地获得铜牌。张萌萌由于激动，声音已经哽咽，但她极力控制着情绪说了结束语："为了今天的这场胜利，所有中国花样游泳队的成员都付出了艰苦的努力。运动员每天训练10个小时以上；新的配乐《黄河》是中方教练与中央音乐学院的老师经过一年多的时间专门制作的。努力的还不止她们。从1983年到2008年，中国花样游泳只走过短暂的25年，可几代花样游泳运动员用自己的努力铺成了一条通向奥运殿堂的路。今天我们终于站在了铜牌的领奖台上，这是属于全体中国花样游泳人的荣誉。"① 如果情绪失控，是难以组织出完整的语言段落的。生活中常有"激动地说不出话"的现象，但是解说员在直播过程中一定不能出现失语、失声、失控的状态。

运动场上瞬息万变，一切皆有可能。如果运动员"爆冷"取胜，则皆大欢喜，但是如果夺冠热门运动员突然失利，解说员也不能过度陷入悲伤之中，更不能对裁判员进行语言攻击。

北京时间8月9日06：00，里约奥运男子举重62公斤级别的较量打响，但最终的结果让人意外，夺金热门谌利军两次抓举失败，最终弃权出局。中央电视台现场解说员周英杰和嘉宾张国政在解说过程中虽然有明显的情绪起伏，但是控制得当，冷静地做出了评论。

> **张国政**：谌利军出来了，143公斤。对，没必要那么高开。
> **周英杰**：原定是145公斤开把。
> **张国政**：对，降两公斤。
> **张国政**：欸，怎么啦？
> **周英杰**：怎么有点儿晕呢？
> **张国政**：他怎么晕啦？
> **周英杰**：什么情况这是？一个小时前，我去后场问他怎么样，他说没问题非常好啊，看得出很自信。
> **张国政**：是不是降体重降得有点多啊？抽筋了，可能。
> **周英杰**：哎哟，那这样的话，两分钟时间，要赶紧处置。他现在是一个连续试举。今天降体重也降得确实是……61.97kg。
> **张国政**：我感觉降到这个体重挺好啊。
> **周英杰**：半小时之前我去现场看了，他吃了一根香蕉。不要多想啊，这就是第一次参加奥运会，有时候怕运动员想法太多。谌利军加油吧。
> **张国政**：加油！加油！谌利军！这时候是考验意志品质的时候。
> **周英杰**：欸，没过膝盖啊。
> **张国政**：啊，杠铃没过膝盖可以再来一下的。
> **周英杰**：怎么了，到底？
> **张国政**：天哪，他这是……
> **周英杰**：遇到这种情况真是让人意想不到。

---

① CCTV-5伦敦奥运会评论员组：《2012剑指伦敦》，长江文艺出版社2012年版，第281页。

张国政：对，这个级别原来是我们内定的最稳的一个级别啊！啊，身体出现状况了。

周英杰：还是在抽筋。

张国政：对。

周英杰：完了！

张国政：我刚刚听到……

周英杰：哎呀！

张国政：天哪。这原来是我们最稳的一块金牌呀。

周英杰：现在莫斯克拉……有夺金的希望了。这就是奥运的赛场啊，风云莫测。

张国政：唉，我不知道该说什么。

周英杰：感觉被当头一盆冷水啊。

合理地运用情感是体育解说员的基本功，无论比赛发生了什么，冷静、客观、公正都是进行解说的基本原则。参与北京奥运会解说的陈滢在《我的奥运解说之路》中讲述了自己控制情绪的故事："我的第一场直播是女子资格赛，搭档是中国第一位奥运体操冠军马艳红。由于是主场，中国女队夺冠呼声很高，我们又都是比较容易受周围环境感染的女性，第一场解说我和马姐都无比亢奋，话说得比较密。事后领导提醒我要注意留白，话要适当少些，情绪要控制点，不能因为中国队比得好就太兴奋。之后的女团、女子全能和单项决赛，我把'控制情绪'几个字写了个纸条，贴在评论席的监视器上，随时提醒自己。关于情绪把握这个问题，我一直认为，赛事评论员除了专业过硬以外，最重要的就是理性的思维。"[1]

第三节　寻找情感共鸣

在播音发声的训练中，"共鸣"可以起到美化音色的效果。表现性美学认为，艺术即通过为自己创造一种想象性经验或想象性活动以表现自己的情感。审美情感是人们进行审美活动时必不可少的中介，如果没有情感的加入，审美活动是不完整的。所以，电视受众之所以能够从看电视这一行为中得到审美享受，很大一部分原因是能在看电视活动中得到情感满足。因此，电视观众的情感需求是电视观众以审美活动的态度来对待看电视这一行为的重要基础。在体育解说过程中，如果解说员能和体育受众达成一致情感，产生共鸣效果，无疑会使解说取得极大成功。

1. 情感共鸣有助于满足受众的情感需求

电视受众能够、也更倾向于有选择地接触那些能够加强自己信念的内容，拒绝那些与自己固有观点相抵触的内容；倾向于在观看电视的行为中寻找自己的感情共鸣，进而希望作品能够表现出切合自己意愿的审美趣味和情感境界，期待作品表现出合乎自己理想的人

---

① CCTV-5 伦敦奥运会评论员组：《2012 剑指伦敦》，长江文艺出版社 2012 年版，第 298 页。

生态度，期待作品流露出与自己相通的思想倾向。

体育有助于塑造共同的社会价值观，形成社会认同。观看体育赛事的观众能获得社会的归属感。体育受众的情感需求不是凭空出现的，它随着我国体育事业的发展而发展。1959 年的第 25 届世界乒乓球锦标赛上，容国团成为中国在世界性体育比赛中的第一个冠军，从此改变乒乓球项目在中国体育体系中的地位，乒乓球就此开始被奉为"国球"，渐渐成为民族情感的寄托；20 世纪 80 年代，女排五连冠后，全国掀起了排球热，"女排精神"成为中国人的骄傲；李娜夺得法网冠军之后，中国观众对网球的热情逐渐提高，国内举办的网球赛事也越来越多。

在中国体育解说史上，张之以他在第 26 届世界乒乓球锦标赛中出色的转播轰动了整个中国。当时的社会结构相对简单，社会价值观相对单一，这为解说员和体育受众达成情感共鸣提供了便利条件。改革开放以后，经济的发展促使社会结构转型，社会价值观呈现多元化发展的趋势，体育受众的情感需求也越来越复杂多变。

2. 受众的情感需求包含非理性因素

前国际奥委会主席萨马兰奇曾说："人类有 5 种通用语言，金钱、战争、艺术、性和体育，而体育能把前四者融合在一起。"体育赛事作为一种文化现象，突破了肤色、民族、国界、性别、年龄、宗教信仰、政治和经济地位的限制，很多人称其为世界的"现代宗教"。但正如宗教冲突难以消除一样，体育世界并不是绝对和谐的乌托邦。以"德比"大战为例，"德比"（Derby）一词来源于英语，原指英国德比郡。德比是举办赛马的地方，因为那里盛产名马，后来英国很多赛马都是出自德比，因而在英国的赛马场上，往往都是德比马在对抗。"德比"一词后被引申到职业化的足球、橄榄球、篮球和冰球等俱乐部赛事中，演绎成"同城之战"。德比双方出于争夺球迷、拉拢赞助商的需要，往往对比赛倾尽全力，媒体也尽力渲染。因此，历史上的德比大战，经常伴随着金戈铁马的火并。

在"互联网+"时代，解说员的语言极易引发网络舆情，因此在组织语言的过程中，必须顾及目标受众的心理倾向，同时把握宏观语境，不能随意宣泄个人情感。但体育观众从个人角度出发，可以随意表达情感，因此产生的心理倾向并不完全理智。

里约奥运会开幕之前的一个月，菲律宾单方面发起了没有法律依据的"南海仲裁案"，深深地伤害了中国人民的感情。在奥运会开幕式上，中央电视台新闻频道白岩松的解说词成为网络热议的焦点。因为众多网友发现，白岩松在解说各国参赛代表团时略过了菲律宾。而他本人在接受京华时报采访时直言："我几十个国家都没说。"无独有偶，4 年前的伦敦奥运会开幕式上，白岩松因为没有介绍日本代表团入场而受到中国网民热捧。

其实，里约奥运会开幕式中，菲律宾代表团确实不是唯一受到白岩松"冷落"的代表团。按照葡萄牙语字母的顺序，菲律宾代表团排在第 75 个出场，在其之前出场的 74 个代表团中，有 24 个代表团白岩松没有做任何介绍。中国网友的注意力显然只放在菲律宾身上。

开幕式结束后，一些微信公众号发布了外国观众在推特上吐槽 BBC 解说员的截图，并以此证明白岩松的睿智与成功。BBC 解说员在转播里约奥运会开幕式时，描述博茨瓦纳为"非洲最稳定的国家之一"（Botswana，one of Africa's most stable countries），介绍俄罗斯代表团时说"这些俄罗斯运动员很可能都没有服用兴奋剂"（some of the Russian competitors are probably clean）。然而类似的语言，白岩松也说了。在布基纳法索代表团出场时，白岩松说："虽然参加开幕式的人很多，但布基纳法索只有1名柔道运动员拿到了奥运会入场券，那么其他的朋友都是来做什么呢？教练和后勤的团队会非常之多吗？"这句话是对布基纳法索的褒奖还是嘲笑呢？没有人关心，网友仅仅觉得这是一个搞笑的段子。掌握公共领域话语权的解说员要尽量杜绝传播狭隘的民族主义、种族主义、锦标主义，不能被网络舆情绑架。

3. 解说员需区分"个人情感"和"受众情感"

很多具有运动员、教练员从业背景的解说员会在解说过程中产生过分强烈的情感代入，以至于难以抑制情绪。这是因为没有将"个人情感"和"受众情感"分开。

伦敦奥运会上，中国运动员焦刘洋打破奥运会纪录获得女子200米蝶泳冠军。作为央视解说嘉宾的周雅菲在看到焦刘洋触壁那一刻，激动地连喊六遍焦刘洋的名字，泣不成声。因为周雅菲在其21年运动生涯中的主攻项目是蝶泳，所以感同身受。在接受记者采访时，周雅菲表示："对于中国游泳队的成绩，让我保持冷静太难了，我在这个集体里待了10年，我永远都不会脱离它，它的每一份荣耀都让我欣喜和激动，所以我的泪水就止不住了。"

但是，体育解说员如果完全站在运动员的立场上，单纯从胜负输赢的角度解读赛事，就会造成人文关怀的缺失，甚至引起信息失实。在2012年伦敦奥运会男子400米自由泳预赛时，韩国某游泳选手因犯规无缘决赛，当时对其是否犯规是有争议的，周雅菲在解说时根据自己多年的职业经验做出判断，斩钉截铁地确定他是犯规。然而，经过韩国奥组委的多方核实、协调，其仍然获得了决赛的比赛资格。周雅菲在自己的硕士毕业论文中写道："这无异于'搬起石头砸自己的脚'，面对媒体的舆论，笔者在决赛的解说承受很大的压力。明星运动员离开赛场，解说比赛，自己的身份、立场已经发生改变，这时笔者完全站在运动员的立场，没有意识到现在自己的身份已经是解说员，也因为此，这场解说遭到受众的非议。"

在遣词造句方面，解说员如果把自己的个人情感和体育受众情感混同，会引起受众的敌对情绪。

在里约奥运羽毛球男单半决赛上，林丹和李宗伟狭路相逢，进行两人之间的第37次对决。据CSM统计，北京时间2016年8月19日21点01分，观看CCTV-5频道"林李大战"的实时收视率达到4.7732%。而为这场比赛进行解说的童可欣在微博、微信朋友圈中遭到大量网友的言语攻击。引发争议的内容是第一局比赛中童可欣和嘉宾龚伟杰的对话。

童可欣： 12∶18，李宗伟追回一分。李宗伟今年是里约奥运会马来西亚代表团的旗手，穿的是马来的民族服装，还挺有意思的。好多的朋友都拍下了那个画面。大家也非常的希望这名一代天王级的羽球运动员能够在他职业生涯的末期能够登上羽球的巅峰，在奥运会的殿堂上收获金牌。但是在……同时，他和林丹还有这样一个约会，我觉得也是对全球的羽毛球球迷的一个约会。

龚伟杰：我只想中国赢。

矛盾的焦点是解说员和嘉宾分别站在不同的角度对同一个事件进行解说。童可欣的语言逻辑是先描述现场赛况，再引入背景资料，最后引申评论"大家也非常的希望……李宗伟……收获金牌"。"大家"这个代词的使用是否恰当呢？能否代表广大球迷的心声呢？至少，当时坐在童可欣身边的嘉宾不认同这个说法。龚伟杰作为前世界羽毛球冠军，职业体育从业经历使他更倾向于站在林丹的角度，从中国体育代表团的利益出发思考竞技结果。童可欣站在体育情怀的角度，流露出对李宗伟多年职业生涯屈居亚军的遗憾，做出了"希望李宗伟获得奥运金牌"的评论。支持林丹的球迷多一些，还是支持李宗伟的球迷多一些，这个没有明确的调查统计。因此，"大家"一词最好不要轻易使用，很容易让观众感觉到"被代表"。

在国家竞争的背景下，体育解说员可以有适度倾向性，但只能偏向本国选手。根据《2012年中国人伦敦奥运关注行为与心态研究报告》，31.2%的被访者表示"只要有中国选手参加的比赛，都会观看"，而有29%的被访者则表示"我只观看中国队有实力冲金的比赛"，30.5%的被访者表示"我只观看自己感兴趣的比赛，不管有没有中国选手参加"，9.3%的被访者表示"我只关注篮球、赛跑等关注度较高的比赛"。前两类受众人数超过半数，证明适度倾向本国运动员的解说词更容易获得受众青睐，产生共鸣。

课后作业 话题讨论

1. 正向心理学涉及的议题有哪些？
2. 运用正向心理学分析本书解说词附录中的网球项目案例。

第六章　体育解说的仪式性

案例

解说员：白岩松

赛事：2016 年 8 月 6 日里约热内卢奥运会开幕式（节选）

在近几届的奥运会开幕式上，都有很多的规定动作，其中一个规定动作是必须要通过自己的创意，展现五环的标志。到现在为止，我们还并没有看到里约奥运会开幕式上这个环节的出现。

接下来是规定动作，欢迎 2016 里约奥运会组委会主席卡洛斯·努兹曼和国际奥委会主席巴赫讲话。努兹曼是巴西著名的排球运动员，为沙滩排球的推动扮演了重要的角色。法语、英语、葡萄牙语，开幕式再次呈现了这样的语言顺序。国际奥委会主席巴赫，是 1976 年的奥运冠军。

从这届奥运会的开幕式开始，有一个新的规定动作，增设了奥运桂冠这样一个环节，相当于"感动奥运"，第一个获奖者是基普·凯诺，肯尼亚的长跑选手。

白岩松在解说中多次提到"规定动作"，顾名思义是必备环节，众多必备环节组成了奥运开幕仪式。"仪式"这个词语中的"仪"字除了有礼节的含义之外，还有法度和准则的意思。据考证，早在战国初期至中叶间，儒家文化经典之一的《礼经》就已经成书，这本礼制汇编的出现代表了当时的社会文明水平。在体育文化的发展过程中，逐渐完善的仪式某种程度上体现了体育的内涵和深度。体育的仪式感也使体育解说工作产生了各种规定动作。

第一节　体育赛事是一场仪式

古希腊在婚丧、收获时期，常常举行庆典活动，祭奠万神之首宙斯。在庆典活动中，要举行诗歌朗诵、歌舞表演以及体育竞技，这也是古奥运会形成的重要原因之一。古代奥运会更像是盛大的宗教祭奠，不仅每场赛事都是祭献给宙斯的，而且敬拜宙斯的祭仪所花时间并不少于比赛时间。

依赖电视转播的体育赛事有严格的转播流程。以北京奥运会足球赛事开赛前、中场以及比赛后公共信号的制作流程为例，转播流程为当代体育赛事增添了仪式感（见表6-1）。

表 6-1

奥运足球比赛公共信号制作赛前 10 分钟镜头表①				
倒数时间	剩余时间	镜头长度	镜头内容	字幕内容
10：00	09：30	00：30	开场片头	
09：30	09：00	00：30	场馆大全景	赛事名
09：00	08：45	00：15	场馆大全景	比赛预告
08：45	08：30	00：15	全景	比赛场地
08：30	08：15	00：15	一组风景、观众镜头	
08：15	08：00	00：15	场馆大全景	天气标版
08：00	07：30	00：30	场馆大全景	上轮赛事结果
07：30	07：00	00：30	一组风景、观众画面	
07：00	04：30	02：30	球员入场	
04：30	04：00	00：30	球员和裁判列队出场	
04：00	01：30	02：30	两队球员出场镜头	
01：30	01：00	00：30	官员镜头，掷币选向	官员、裁判员名单
01：00	00：45	00：15	A 队首发球员列队	A 队首发名单
00：45	00：35	00：10	A 队替补球员列队	A 队替补名单
00：35	00：20	00：15	B 队首发球员列队	B 队首发名单
00：20	00：10	00：10	B 队替补球员列队	B 队替补名单
00：10	00：05	00：05	A 队主教练	A 队教练字幕
00：05		00：05	B 队主教练	B 队教练字幕

---

① 丘国安：《足球比赛电视公共信号制作的原则与权变》，载《南方电视学刊》2016 年第 2 期。

续表

| 00：00 | | | 准备开球 | |

奥运足球比赛公共信号制作中场 15 分钟镜头表

15：00	14：15	00：15	场馆大全景	半场比分
14：15	12：45	01：30	场馆大全景	技术统计
12：45	05：00	07：45	场馆大全景	
05：00	04：30	00：30	场馆大全景	比赛场地
04：30	03：00	01：30	半场精选和慢动作	技术统计
01：30	00：03	01：00	场馆大全景	
00：30	00：00	00：30	球员热身	
00：00		00：30	下半场开球	

奥运足球比赛公共信号制作结束后镜头表

倒数时间	剩余时间	镜头长度	镜头内容	字幕内容
00：00	01：00	01：00	比赛结果	比赛结果
01：00	01：30	00：30	场馆大全景	
01：30	02：00	00：30	全场比赛精选和慢动作	
02：00	02：30	00：30	场馆大全景	
02：30	03：00	00：30	结束片尾	

　　从上述表格中可以发现，赛事转播的镜头选择严格遵循规定动作。所有赛事的视频公共信号制作流程都受到相关规定的制约。

　　为了配合电视转播的流程，体育解说员的解说内容中也有一部分仪式性内容。以2016年澳大利亚网球公开赛女子单打决赛正式开赛前的电视转播为例，无论是中央电视台体育频道还是我国台湾省 FOX SPORT 频道，两家媒体的解说员都会根据公共信号画面的内容来安排解说内容。从这个意义上说，画面节奏决定了解说员的语言节奏。

表 6-2

比赛公共信号画面	画面持续时长	CCTV-5 解说词 解说员：童可欣	台湾省 FOX SPORT 解说词 解说员：许乃仁（X） 评论员：刘中兴（L）
字幕显示天气情况：现场天气情况、天气预报、风速	17 秒		X：小威在决赛这种场合失神的情况应该是几率蛮低的，她上一次在大满贯决赛中输球，要回溯到5年前在2011年美网决赛中输给澳洲的好手斯托瑟

续表

比赛公共信号画面	画面持续时长	CCTV-5 解说词 解说员：童可欣	台湾省 FOX SPORT 解说词 解说员：许乃仁（X） 评论员：刘中兴（L）
达芙妮杯特写画面	6 秒	科贝尔一共耗时 9 小时 26 分钟，她比小威廉姆斯在场上多打了 2 个小时 26 分钟的比赛	X：然后呢，我们今天看到冠军奖杯达芙妮–阿赫斯特纪念杯，它是纪念在澳网初期时，澳洲的一位女单传奇，今天冠军奖金可以独拿 340 万澳币，小威是史上赚取奖金最多的女子选手，去年小威单赛季拿下超过 1000 万美元的奖金
科贝尔候场画面	7 秒		
小威廉姆斯候场画面	6 秒		
挑边仪式嘉宾特写画面	14 秒	来自于昆士兰的一位小姑娘来参与到今天的挑边仪式。	X：今天这个小女孩笑容很灿烂，很可爱的一个小女孩子，她今天来担任猜铜板的嘉宾
小威廉姆斯候场画面	31 秒	在去年，小威廉姆斯就已经创下了年龄最大的澳网冠军的纪录，今年她是让这个纪录再继续的延续，对于像小威廉姆斯这么强势的球员来讲，年龄仅仅是一个数字，去年她夺冠的时候是 33 岁 127 天。如果今年再获胜的话时 34 岁 126 天，她已经是最老的冠军了	X：今天这位史上排名第一的最老的球后，在今年澳网之前，有很多人对她发出了疑问，因为她在去年美网半决赛输给意大利人文奇之后就再也没有打过一场正式比赛，而且在澳网之前，她在霍普曼杯还因为膝盖伤势和加多索娃打了一盘多后就受伤退赛。但是来到澳网之后，又展现了她的主宰，包括生涯连续 18 次打败了同样是大满贯冠军的莎拉波娃
科贝尔候场画面	10 秒	科贝尔率先来到了场地中央，而小威廉姆斯是非常从容沉稳地按照自己节奏，并没有因为挑边的小朋友和对手在球网那儿等她而加快节奏，我想在比赛还没有开始，女王范儿，她对（在）心理上的这种战术就已经开始了	L：我想今天这场比赛，我们可以看到，相当期待，呃，可以看到，不能说是新人，毕竟她已经是 28 岁，继格拉芙和贝克尔之后，德国最具代表性的一位女子球员，那从这一次在整个澳网的晋级过程中来看，的确，她是一个稳定性相当强，而且今天我们可以看到，在女子的职业选手当中其实左手的球员，我个人觉得顶尖的并不多，所以今天我们可以看一位左手的世界排名前 10 位的球员来挑战球后小威
小威候场画面	11 秒		
赛场全景	20 秒	在开放年代以来，表现大满贯晋级决赛的成功率最多的是美国的选手克里斯·埃弗特，然而她的获胜的纪录并不像小威廉姆斯那么强势，她是拿到了 18 次冠军，16 个亚军。分别面向两边的观众拍照	X：好，首先要先拍照，今天的主审是澳洲籍的资深裁判 John Blom，来先跟幸运的小嘉宾来个合照，然后呢两位选手在决赛之前照例要来个合照，小威的身高 175 公分，而科贝尔身高是 173 公分。小威呢，在下个礼拜，将是生涯连续第 155 周在世界球后的位置
赛场内主持人开始致辞	8 秒		
决赛球员与嘉宾合影	22 秒		

续表

比赛公共信号画面	画面持续时长	CCTV-5 解说词 解说员：童可欣	台湾省 FOX SPORT 解说词 解说员：许乃仁（X） 评论员：刘中兴（L）
决赛选手猜硬币	25 秒	今天这场比赛的主裁判是来自于澳大利亚本地的约翰·布鲁姆。也是 WTA 和 ATP 的金牌裁判。 科贝尔现在是赢得了双边，她选择了率先接发，今天比赛的过程当中，其实对于如果（可能）信心不是特别强的选手，先接发球来适应一下对方的节奏是一种很好的一个心理的铺垫和准备的过程	
科贝尔个人资料	1 分 05 秒	我们来看看，这是波兰裔的科贝尔，她的基本资料，28 岁，身高 1 米 73，目前世界排名是第 6 位，如果今天获胜的话，她的世界排名将会来到世界第 2。如果输球的话，她也将上升两位来到世界第 4。2015 年拿到职业生涯中的四个冠军，其中包括两个红土两个硬地。而且在香港站打进了决赛，在武汉、纽伦堡还有悉尼的比赛都打进了半决赛，所以呢，成绩是非常不错的。澳网呢，她是取得了 17 胜 8 负，也是在四大满贯当中自己的成绩最好的。2013 年和 2014 年两次打进到第四轮，此前呢，她也在温布顿和美网的比赛中打进过半决赛，但是打到决赛的场地当中这是第一次。这次她前进的历程当中，其中第一轮遇到土居美咲这场比赛是打满了三盘，刚才说两个多小时的比赛确实非常地辛苦，而且还面对过破发点和赛末点	X：好了，刚才我们听到了，科贝尔在猜了铜板之后，她选择先接发球。 L：通常一般在取得所谓决定权时，有些人觉得我宁可把第一局进入状态的情况下这种发球局，干脆让给对方，所以每个人的情况不太一样，但是也不代表她每一次的比赛都会做这样的决定。 X：好，我们来看科贝尔，这位 28 岁持拍的德国的好手，目前世界排名第 6，那她去年 53 胜 22 负也是相当好的一个赛季，那去年她总共是赢了四场比赛的冠军，包括在斯坦福，在美网之前的硬地网球赛，那另外还有查尔斯顿，在美国绿土的比赛，以及伯明翰草地网球赛，所以她的球技非常地全面，然后呢我们看到她在澳网曾经 17 胜 8 败，在过去最好的成绩只是达到第四轮，今年一口气首度杀进到决赛，特别值得一提的是她在第一轮面对日本的土居美咲，曾经化解过一个赛末点，在第二盘。所以呢，澳网在过去十年来看到几次，小威就有两次，在夺冠过程当中，曾经化解过一个赛末点，所以呢，今天来看一看，她会不会是下一个

续表

比赛公共信号画面	画面持续时长	CCTV-5 解说词 解说员：童可欣	台湾省 FOX SPORT 解说词 解说员：许乃仁（X） 评论员：刘中兴（L）
小威个人资料	1分02秒	这是小威廉姆斯的基本资料。出生在密西西比，住在佛罗里达，34岁，身高1米75。她不仅仅是今年的世界第一，去年夺冠她也是世界第一，一号种子。现在是比赛的卫冕冠军。在2015赛季中，除了美网的冠军没有拿到，她拿到了三个大满贯的冠军，除此之外还在两项重要的比赛中夺冠。其实在2015赛季来讲，如果从夺冠的次数来讲，小威廉姆斯是排在第一，而科贝尔的这四个冠军是排在第二的位置。她也同样是在晋级之路当中，比赛打的时间最长的是第一轮跟意大利选手吉奥尔吉的比赛，然后她的对阵单从8强开始，接连击败了两位世界排名前十的选手。跟莎拉波娃和A.拉德万斯卡的两场比赛其实都是打得还是比较轻松的。出现了6：1和6：0这样的比分	X：那刚刚提到小威呢，这位来自美国的传奇，她在今年下半年要满35岁，她1981年出生，身高1米75，世界排名第一，而且刚刚提到过，这个礼拜是她自从2013年再度回到世界球后的位置后，连续第154周在世界球后的位置，快要超过纳芙拉蒂诺娃。史上连续在位世界排名第一最久的当然是格拉芙。去年我们看到她（小威）打出了一个非常辉煌的赛季，只可惜在美网只差两场比赛就可以完成自1988年格拉芙以来第一个年度的全满贯。然后呢，我们看到在这次的第二轮，她打败了谢淑薇，6：1跟6：2，再次验证这位世界球后到底有多强。然后呢，在8强，她生涯连续18度打败了玛利亚·莎拉波娃，去年莎拉波娃在澳网的决赛，还有在去年温布顿的半决赛都是输给了小威（公共信号给出主裁判特写画面），然后呢今年这场比赛再输，等于是连输小威18场比赛了。 L：没错，而且比分还蛮悬殊的。 X：对。 L：基本上以莎拉波娃这样的实力，不论是技巧还是稳定性都相当高，居然被她以6：4和6：1给淘汰掉
主裁判（Chair Umpire）特写画面	10秒	今天的主裁判是约翰·布鲁姆，刚才我们跟大家介绍过。 通常呢，当值决赛的裁判将会在比赛结束以后，来获得一项奖励，以对他们在整个赛会期间出色的表现予以奖励	

续表

比赛公共信号画面	画面持续时长	CCTV-5 解说词 解说员：童可欣	台湾省 FOX SPORT 解说词 解说员：许乃仁（X） 评论员：刘中兴（L）
Head To Head	28 秒	此前两个人有过六次交手，小威廉姆斯是五胜一负，占据着绝大多数的胜利，唯一的一次胜利，科贝尔的比赛，还是在几年前的辛辛那提站 2012 年的八强战，科贝尔是 6：4，6：4 直落两盘的比分。而且她们打了这六次，只有一次大满贯的交锋，是 2007 年的美网，当时小威廉姆斯是 6：3 和 7：5，击败了科贝尔，两个人最后一次碰面是在 2014 年的斯坦福，7：6，6：3	X：我们看到两位选手之前，刚提到过，交手过了 6 场比赛，都是在硬地。然后小威是五胜一负，一面倒的绝对领先，不过科贝尔她如果能够打出之前面对向阿扎伦卡第二盘的那种状态，今天或许有机会，她上次打败小威是在 2012 年。好了，现在两位选手在做最后的赛前热身，我们也先去广告休息一会，回来就为您揭晓谁来捧起达芙妮-阿赫斯特
达芙妮杯特写画面	15 秒		
小威和科贝尔在场上热身	29 秒	在过去的几年当中，有很多女子球员闪现，但是她们都没有能修成正果，也就是最终拿到冠军。但是有不少的球员都能够打进到大满贯决赛，而且是异军突起，比如说我们之前介绍过的，齐布尔科娃、哈勒普，包括利斯基、穆古鲁扎、拉德万斯卡、萨法洛娃。还有去年的美网的冠亚军，无论是佩内塔还是文奇，都是比较的让人意想不到，都是杀入到大满贯的决赛，或者说最终击败了排名比自己高很多的种子选手来到这个阶段，让大家感到意外。但是她们也并没有走得更远，目前最强势的仍然是小威廉姆斯。小威廉姆斯的六个澳网的冠军，分别是在 2003 年、2005 年、2007 年、	X：好，各位观众，欢迎您在周六的下午的假日来收看由 FOX 体育台和体育三台。我们为您荣誉呈现今年第一个大满贯，也是唯一的在南半球举行的大满贯。澳洲网球公开赛今天第一个公开组的单打决赛

比赛公共信号画面	画面持续时长	CCTV-5 解说词 解说员：童可欣	台湾省 FOX SPORT 解说词 解说员：许乃仁（X） 评论员：刘中兴（L）
小威和科贝尔在场上热身	29秒	2009 年、2010 年和 2015 年获得的，这当中呢，2009 年和 2010 年是她卫冕成功，然后此前相隔一年获得一次，然后 2010 年之后到 2015 年，这是相隔了 5 年的时间。在她的职业生涯当中，已经完成过 Serena Slam，也就是在一年当中拿到过 4 个大满贯，但是不是在同一年当中，2002 年的时候，她曾经完成过一次连续的四个大满贯，但是她的这个并不在同一年度里面，还有一个 2003 年的澳网，算上这个，从 2002 年的法网开始一直到 2003 年的澳网，这是一个 Serena Slam，所以小威呢特别希望在 2015 年能够拿到美网的冠军，可惜她是在半决赛输给了老将文奇，这场比赛对她的打击是非常大的，所以她从去年的 9 月份就退出了下半赛季的比赛，包括在新加坡进行的年终总决赛。在澳网开始之前呢，两名选手呢，还是选择了一些热身，小威是报名参加了霍普曼杯，但是因为身体的关系，她并没有打比赛	X：好，各位观众，欢迎您在周六的下午的假日来收看由 FOX 体育台和体育三台。我们为您荣誉呈现今年第一个大满贯，也是唯一的在南半球举行的大满贯。澳洲网球公开赛今天第一个公开组的单打决赛

比赛公共信号画面	画面持续时长	CCTV-5 解说词 解说员：童可欣	台湾省 FOX SPORT 解说词 解说员：许乃仁（X） 评论员：刘中兴（L）
玛格丽特·史密斯·考特	3 秒	这位是玛格丽特·考特，也是一位来自于澳大利亚的传奇的球员，她在职业生涯中拿到过 24 个大满贯的冠军，但是在开放年代以来只有 11 个，所以呢，她的这个，因为跨年度，因为年纪的关系，1968 年呢，四大满贯都是同时对全球的球员开放，而不仅仅限于本土的球员。而且呢，这个职业和业余的选手都可以来参加，没有门槛的限制，所以竞争一下变得激烈。因此我们现在的数据统计很多都是从 1968 年开始算起的。就是从公开赛年代以来算起的纪录。今天呢，科贝尔她在进入澳网之前已经拿到了布里斯班的决赛机会，她在决赛里输给了阿扎伦卡，但是呢在今年的澳网晋级之路当中呢，她是报了一箭之仇。事实上阿扎伦卡作为两度的前澳网冠军，也是科贝尔今年晋级之路当中遇到的唯一一个种子选手，不过这名种子虽然是 14 号种子，但是呢，此前科贝尔还从来没有从阿扎伦卡手里拿到胜利，今年她在八强赛当中完成了这个突破，现在比赛马上，即将开始，科贝尔又是较早来到球场当中的一方，而小威廉姆斯还是在所有的程序上都一丝不苟，也许她是故意地来放慢这个比赛的节奏。然后现在拿着她这个女王范儿来到了现场，科贝尔可能还是多多少少有些紧张，虽然在这个大球场比赛此前已经不止是一两次了，不过今天呢毕竟是大满贯，职业生涯当中第一个决赛	X：那今天玛格丽特·史密斯·考特——澳洲的传奇也在现场观战，她这个礼拜来了好多天哦，而且前几天也都看到几次，罗德拉沃尔球场，这个球场是以罗德拉沃尔名字命名 X：然后我们看到塞雷娜（小威）去年只差两场比赛，就可以成为 1988 年施特菲·格拉芙之后第一位完成年度大满贯的名将。在这之后她没有再参加过任何一场正式的比赛，今年照样地、稳稳地，（在）未失一盘的过程当中杀入澳网的决赛，今天要来面对安杰利克·科贝尔。所以对于科贝尔来讲啊，在心态上面，中兴，你分析一下在心态上面，她昨天应该是经过蛮多次的转折。 L：其实我觉得她是一个成熟的球员。那她并不是我们所说的突然间的黑马，因为排名第七，而且女生 28 岁并不算是年轻的选手。我相信她可以知道这个机会是她职业以来最好的成就了。那打到这里得失心不要太重的话，放开来打，以她这种左手的球路，毕竟在整个适应上跟右手打还是有所差别。我觉得她只要把她的水准能有效发挥出来，最终她会更敢打，因为她今天面对的小威是一个速度极强的一个球员，如果你不敢放开来打，只是求取这种防守的话，我相信她今天这场比赛可以很快就结束。但是如果转守为攻的话，基本上先能够把前面的比数跟小威咬紧一点，我相信咬紧一点，不论是谁都会紧张。当有紧张的情况下，变数就会产生
球员包厢	12 秒		
小威候场	10 秒		
科贝尔候场	23 秒		
赛场全景	5 秒		
小威候场	12 秒		
球员准备上场	36 秒		

在上述案例中，两家媒体都使用统一的视频公共信号。声画对位是体育解说的传统习惯，因此两个版本的解说内容有明显的相同或相似之处，首先是解说词的编排顺序雷同，其次是两岸解说员提供的信息雷同。20 世纪 90 年代，一些学者和业界人士认为体育解说的核心是提供信息，而提供独家信息则是彰显解说质量的重要指标。随着移动互联网的普及和人工智能的发展，人们获取信息的渠道越来越多，体育粉丝搜集体坛明星的资讯是很容易的，因此解说员想要提供独家信息变得越来越难。

换个角度看问题，体育解说的初学者可以借助便捷的技术手段、高效的信息筛选、大量的时间投入，以信息和资讯作为突破口，快速上手体育解说。这种方法适用于有体坛大咖参与的重大赛事，不适用于体坛新人赛事。因为默默无闻的运动员，其信息很难通过网络检索。所以，不能仅仅满足于做"网络信息二道贩子"，解说员还是应该在赛前做田野调查。

将体育赛事当成一场仪式，便于归纳固定流程，从而总结出体育解说的规律。

第二节　体育解说中的固定流程

体育解说员在每一次面对解说工作时都要经过一系列流程，例如媒体呼号、赛事介绍、场次介绍、场地介绍、运动员介绍、裁判员介绍、比赛场面描述、比赛相关背景介绍。虽然具体情况千差万别，但是仍然可以从宏观上分为赛前准备阶段和临场解说阶段。

1. 赛前准备阶段

目前成熟的体育赛事主办方都会在赛前发放一定数量的媒体注册卡，在赛事运行期间只允许经过注册备案的媒体人员进行采访报道工作。奥运会运行期间发放给解说员的证件是 RTB，表示解说员是有转播权的广播电视记者。对于解说员来说，一定要仔细阅读赛事组委会公布的《媒体指南》，找到赛事媒体中心的具体位置，遵守组委会的一切规定。在赛事开始前需要了解交通情况，知道如何从驻地或主新闻中心（MPC）乘坐交通工具到达比赛场馆。如果组委会提供媒体专车服务，需要牢记发车时间和乘车地点。大型场馆有众多入口，但是出于安保原因，解说员只能通过专门的媒体入口才能进入评论席。因此，提前找到路线熟悉场地非常重要。在正式开赛前，观察运动员训练是获得第一手资料的重要方法。在现场发现的所有细节都可以作为解说时的依据。亲临现场提前考察的解说员可以获得网上查询不到的资料。评论席一般设有监视器和调音设备，解说员要仔细查看评论席附近是否有足够的电源插座和网络接口，必要时需自行携带多用途转换器，以便满足手机、平板电脑、笔记本电脑等设备的充电需要。

准备解说资料是一项系统且耗时的工作，无论准备得多么详细，都不可能尽善尽美。解说员需要了解目标项目的历史、赛事体系、文化环境、规则等信息，几乎没有穷尽。但是在实际工作中，囿于解说时间限制，很多资料都用不上。为了保证临场发挥的成功率，平时做足功课是十分重要的。著名解说员詹俊 1995 年进入广东电视台体育部，1997 年首次出镜解说。最初他在幕后从事体育新闻的翻译和英超赛事转播，因此积累了大量比赛的背景信息，逐渐对英超的球队和球员了如指掌，被球迷称为"英超活字典"。他在 ESPN

工作期间录制的《英超精华》非常受欢迎。录制《英超精华》虽然可以从网上下载资料，但是内容繁多，通常有四五十页 A4 稿纸。詹俊每次都在参考资料原文的基础上自我发挥，因此每期《英超精华》从准备到最后录音结束大概花费 3~4 个小时的时间。周雅菲在里约奥运会上为横跨 8 天的游泳项目赛事进行了 15 场全程解说，尽管她是游泳世界冠军，对项目了如指掌，但是仍然耗费半年时间准备了一本厚厚的资料册。

2. 临场解说阶段

王泰兴在广东电视台体育频道《飞跃亚洲》节目中曾说："解说员的责任是让观众欣赏，让观众娱乐。让观众不觉得你存在。"因此，解说员在直播过程中不能自我表现，不能喧宾夺主。目前为止出现的所有"解说门"事件无一例外是解说员太过抢眼、"抢戏"，让观众感受到解说员突兀的存在。解说员无需在比赛过程中一刻不停，只需为受众提供必要的信息。因此，信息的选择是需要仔细考虑的问题。

从准备资料的角度看，解说员在比赛开始之前至少应该对举行赛事的体育场馆有一个大概的了解，包括它的历史、设施、座位人数、建筑特色等。同时，解说员还可以到赛场上，或是通过前方的记者了解一下现场的氛围，例如观众人数、年龄结构、性别比例、赛场文化特点等。虽然资料的范围广泛，但是解说员受到各种时间限制，并不是所有的资料都能用得上。

电视转播的时间限制。有些赛事转播商为了商业利益，争分夺秒插播更多广告，掠过开场画面，直接从正式比赛的第一分钟开始转播，以致解说员在呼台号、报赛名之后要立即投入场上赛况的解说，没有时间按照公共电视信号的画面顺序播出背景资料。此外，局间休息、中场休息甚至教练员叫暂停的空隙都可能成为电视广告时段。相对而言，网络直播中插播广告的频率会少一些。

运动项目的时间限制。在 2010 年温网男子单打第一轮中，美国选手伊斯内尔和法国选手马胡的比赛进行了 11 小时 5 分钟；马拉松赛事的直播时间一般会超过 2 小时；奥运会跆拳道比赛分为 3 局，每局 2 分钟，局间休息 1 分钟；10 米跳台跳水项目中，运动员从起跳到入水大约只需要 1.7 秒。耗时较长的项目能赋予解说员更多的发挥空间。

选择解说信息时，可以从五个方面考虑。
（1）话语内容要和比赛直接相关。
（2）重点解读慢镜头回放。
（3）补充画面中看不到的信息。
（4）有规律地播报比分。
（5）适当介绍赛事规则。

第三节　体育解说中的常见话题

体育解说员常常讨论一些经久不衰的话题，看上去是"老生常谈"，但是并不会引起观众的反感，因为这些话题常提常新。首先需要注意的是，"常见话题"并不是"套话空话"。因为套话是完全固定的，不需要发自内心，不提供任何新鲜信息。而本节所指的常见话题是"旧瓶装新酒",必须有感而发,因人而异,因地制宜。总结常见的话题,既能为解说员的即兴口语表达提供逻辑思路,又能促使解说员在赛前资料搜集工作中找到方向。

1. 技术战术

比赛中讨论技术或战术话题不仅是解说员和嘉宾的首选,也是解说内容的重要组成部分。当解说员和嘉宾顾问一起配合时,最好将技术话题抛给嘉宾,让体育专家进行技术分析,显得更有说服力。如果嘉宾不善言辞,或者语言过于简短,只会使用短语,不能用长句表达,解说员就需要多说一些。

赛事:2016 里约奥运会羽毛球女子单打半决赛 马林 VS 李雪芮

比赛开始阶段,按照解说惯例,童可欣先是简单介绍了马林和李雪芮之前交手的胜负比率,并和观众分享了这位西班牙选手是如何走上羽毛球之路以及她与奥运会的不解渊源。随后由龚伟杰对两名球员做一个简单的技术特点分析。

(比赛第一局马林 7:4 领先李雪芮)

童可欣:头顶滑板对角。好,防守。反拍吊一个网前,危险!

龚伟杰:这拍球的连贯确实是快。

童可欣:对,我发现马林确实也是很聪明啊,她是一个转身位,实际上是李雪芮最难的一个位置,她反拍的转身放网前,然后这个球其实质量被她给抓住了,被马林抓住之后马上就是对角线的位置,这是一个运动员所能移动起来的最大范围。

(第一局马林 21:14 先胜一局,比赛第二局开始李雪芮先失一分)

龚伟杰:李雪芮今天杀球的成功率不高。

童可欣:感觉她并没有给自己留太多犯错的空间,没有这个余量,但是尽管如此,这个第二局她也应该是要加快速度,多加一些进攻,因为之前第一局打得情绪太稳。

龚伟杰:太平了。

童可欣:对,控球控得太多。当然了,在这个单打比赛里,如果你增加了进攻的量的话,对体力的要求必然会因此提升,它对于运动员能不能打持久战是一个两难的选择。

2. 心理因素

运动心理学是体育教育中的重要组成部分,在体育解说的过程中围绕"心理因素"展开话题,是一个不错的选择。

赛事：2016 年里约奥运会羽毛球男单半决赛
林丹 VS 李宗伟 第一局

龚伟杰：这场球更多打的还是双方的心态。

童可欣：我相信可能很多的观众都会将这场比赛录下来。

龚伟杰：对。

童可欣：之前就说奥运会这场比赛，大家就期待着林李相会，当然希望是在决赛当中，半决赛来到这里稍微有一点点早。两位选手也不负众望，因为签表的关系，这是（他们）最晚可以拖到的相遇阶段了。

龚伟杰：所以他们自己也说，在这个奥运会赛场我不能输，因为我和对方有一个约定。

童可欣：就一定要相会。

龚伟杰：对。

童可欣：但因为签表，两个人都在上半区，就是造成……林丹真是不轻易起跳杀球，控制曲线，两个人都是头顶位置，放一个网，两个人网前质量都很高。还是压底线。

龚伟杰：就看双方谁先急。

童可欣：噢，李宗伟这一……

龚伟杰：急于进攻，想要（赢）的这一个就容易出问题。

童可欣：没错。

龚伟杰：林丹的开局就是在和李宗伟打心理战。

童可欣：林丹是这样，他现在参加比赛的这个……几率要比以前低一些，因为他会有选择地来参加比赛，保证奥运会的最低积分就可以了。尽量地节省体力的消耗，同时呢，他的这个体能的训练也是跟进了很多，增加了很多。假动作，吊对角，跟到网前。李宗伟还是有点紧啊。相比林丹来说，今天李宗伟比赛的状态好像不如林丹进入得那么快速。林丹真的是有备而来。

龚伟杰：李宗伟的开局，现在的出球还是有点犹豫。

童可欣：我觉得他要求很高，他是想用那种非常精确的、到位的球，所以给自己带来了很大的风险。

龚伟杰：他现在还没有摸透林丹。

赛事：2012 年伦敦奥运会乒乓球男子单打决赛 张继科 VS 王皓

蔡猛：现在比赛开始。首先由张继科发球。第一球王皓接发球有点儿高。这个时候，为什么说心态重要，如果你的心态很好的话，那你的视觉、你的听觉、你的身体位置感觉都会很好。

3. 伤病

伤病是职业运动员无法回避的问题。当运动员带伤参赛或者伤愈复出时，解说员可以搜集一些伤病背景资料，在比赛过程中适时抛出，显得有人文关怀。

赛事：NBA 常规赛 爵士 VS 湖人 第一节 （科比谢幕战）
时间：洛杉矶时间 2016 年 4 月 13 日

解说员：刚才现场放了很多演艺界明星对科比的祝福。（镜头打给观众）王仕鹏、朱芳雨也来到现场，两人谈了谈 2008 年奥运会和科比交过手。手风不顺呀，科比断下来，变相晃动，进啦！后仰投篮和原来风范一样。科比三年前受伤动作就换了，随着年龄体能增长，技术也是心有余而力不足，伤病猛于虎，特别是跟腱的伤势。还是科比拿球，好球！你看第一个球进了，信心手感全回来了。科比就是有信心，虽然手感不好，但依旧进球。突破、反篮，2+1。好球！现场高呼科比！科比！科比！看一分钟少一分钟，赶紧享受。

4. 天气情况

所有的户外项目都会受到天气的影响。当天气影响运动员的发挥时，解说员有必要描述天气情况。

赛事：2016 澳网男单第三轮 罗索尔 VS 瓦林卡

童可欣：罗索尔已经有 12 个非受迫性失误。（画面中罗索尔用球拍挡了一下头）是下雨了吗？今天这种多云的天气可能某片云层厚度达到了积雨云的厚度，会零星出现一些雨。正常情况下球场的顶棚如果在刚开始的时候保持打开的状态，就会尽量一直保持开的状态，保持比赛的完整性。

> **课后作业 话题讨论**
>
> 1. 阅读本书解说词附录中的足球项目案例，归纳其中出现的话题。
> 2. 假设你即将为学校举办的运动会开幕式做解说，应该做哪些准备呢？请列一个详细的准备计划。

下编：技巧篇

第七章 解说员话语的叙述
方式和技巧

　　本章将从纷繁复杂的体育项目中抽离出来，把体育解说视为一段叙事文本，研究体育解说的叙事表达形式，即构成话语的叙述方式和技巧。叙事文是在叙述过程中形成的，并在叙述中获得意义和价值。这一点和体育解说有异曲同工之妙，体育解说是解说员和嘉宾在叙述过程中形成的。中国体育受众耳熟能详的一些短语，例如"女排精神""翔飞人""国足"等，也是在叙述中获得对应的意义和价值。体育解说员的观察对象是各类竞技体育活动，这些活动本身并不具有固定不变的本质，因此体育解说与观察过程密切相关，怎样观察将直接影响甚至赋予观察对象以意义。例如如何看待刘翔奥运退赛，观察的角度不同就会解读出不同的意义。叙述方式直接关系体育解说的风格。在处理同一段体育素材时，如果解说员从不同的角度，采用不同的编排方式，或运用不同的语气，必将出现风格迥异的体育解说。体育解说的主题总是需要贴合主流价值观，包括但不限于奥林匹克精神、国家荣誉感、民族自豪感、卫冕或扩大优势地位、坚持不懈的努力与突破，对胜利的渴望与追求等。虽然这些老生常谈的题材频繁出现在体育解说中，但是它们并未掩盖体育解说本身的光彩，因为体育解说的叙述方式可以有不同的奇妙组合。叙述方式的多样创新使体育解说产生不同的风格形式，这些形式比主题更为丰富，"怎样说"是体育解说研究的关键。

第一节　视　　角

视角指叙述者或人物与叙事文中的事件相对应的位置或状态，体育解说的视角是指解说员或嘉宾从什么角度观察竞技体育活动。在叙事学研究中，视角与声音是有区别的两个概念，视角研究谁看的问题，声音研究谁说的问题。视角与声音在体育解说叙事研究中基本一致，体育活动既由解说员和嘉宾观察，也由他们讲述。

从视角方面来看，作为无声的观察角度，必须依靠声音来提示，只有通过解说员和嘉宾的话语，受众才能得知解说员或嘉宾的观察和感受。例如在第 21 届世界杯足球赛的第一场半决赛（法国 VS 比利时）中，解说员贺炜与嘉宾杨晨合作完成的一段叙述。

> **贺炜：** 我们来看一下这个角球。这是开场之后的第一次角球机会。
> **杨晨：** 这 8 号费莱尼是法国队重点盯防的队员。
> **贺炜：** 孔帕尼和博格巴两个人纠缠在一块儿。看这个角球。快到后点去，后点没有人啊。迪迪埃·德尚，他作为队长为法国捧起了 1998 年的世界杯奖杯，而且在 2000 年的欧洲杯比赛中，德尚当时也是夺冠的队长。马丁内斯，他做球员和做教练的大部分时间都在英国度过，所以呢，虽然自己是西班牙人，但是他英语说得还是相当不错。比利时是一个语种比较丰富的国家，官方语言就有三种，在队内现在有说荷兰语，有说法语的，但是大家交流起来据说主要拿英语。
> **杨晨：** 所以这个就是，一个球队也挺有意思，说什么语的都有。
> **贺炜：** 是啊，尤其是比利时，比利时以前的这个问题是在重压之下，可能团结问题会是一个重要的考量，但是这一届的比利时把这个问题解决得不错。
> **杨晨：** 完全不一样了，而且比以往都团结。

这段叙述中的视角首先从角球转移到球员，过渡到教练员德尚和马丁内斯，进而引申到比利时的语言，并且从语言的多样性问题中感受到了团结问题。通过声音描述，受众才能得知视角的变化。从声音方面看，声音则受制于视角。解说员和嘉宾的视角规定了声音该叙述什么，不该叙述什么。上述案例中，视角没有落在马丁内斯的球员职业生涯而落在他的语言能力方面，声音就无法表现这一人物的职业战绩。

在体育解说中，视角的承担者即解说员或嘉宾。视角主要由感知性视角和认知性视角两部分构成。感知性视角是体育解说最普通的视角形式，也可以说是体育解说的入门形式，即信息由解说员或嘉宾的眼、耳、鼻等感觉器官感知，可概括为描述。这种感知性视角有一定的局限性，受到解说员座位视野和摄像机机位视野的限制。感知性视角在体育解说中占有很大的比重。认知性视角指解说员和嘉宾的各种意识活动，包括分析、判断、预测、回忆以及对人对事的态度和看法。体育解说中的感知性视角与认知性视角是相伴而生，交融在一起的。仍然以第 21 届世界杯足球赛的第一场半决赛（法国 VS 比利时）为例，贺炜和杨晨在上半场第 11 分 07 秒至 12 分 25 秒之间的一段连续解说中共发出 214 个汉语音节，感知性视角和认知性视角是无缝对接的（见表7-1）。

表7-1

叙述者	叙述内容	视角的构成分析
解说员：贺炜	登贝莱，想给卢卡库，并没有传到队友的脚下	感知性视角
嘉宾：杨晨	这个法国队4号瓦拉内一直盯防着卢卡库，盯得很紧	认知性视角
解说员：贺炜	卢卡库回接。阿扎尔，往前走，法国队三个人围着他。帕瓦尔把球断了下来。乌姆蒂蒂，马图伊迪	感知性视角
解说员：贺炜	外围，还是球权在比利时的控制之下	认知性视角
解说员：贺炜	查德利，德布劳内	感知性视角
嘉宾：杨晨	比利时在抢到球之后，还是第一点呢，先找德布劳内，由他这边发动进攻	认知性视角
解说员：贺炜	这个球，几个人之间没抢到一块儿	感知性视角
解说员：贺炜	法国有反击的机会	认知性视角
嘉宾：杨晨	博格巴	感知性视角
解说员：贺炜	一个假动作！晃开了后腰，找姆巴佩！姆巴佩速度非常快	感知性视角
解说员：贺炜	但是前面已经没有路了，这个时候再给他5米空间，门将再不出来的话，姆巴佩就已经追到球了	认知性视角

胡亚敏在《叙事学》中将视角分为三个类型：非聚焦型、内聚焦型、外聚焦型。

非聚焦型视角又称为"上帝的眼睛"，是一种无所不知的视角，叙述者可以从所有的角度观察被叙述的对象，可以任意从一个位置移向另一个位置。非聚焦型视角擅长作全景式的鸟瞰，例如沙桐在2016年里约奥运会开幕式解说中的一段叙述，犹如先知，对整个奥运开幕式了如指掌，而此时开幕式并未正式开始。

沙桐：空中俯瞰灯火辉煌的马拉卡纳体育场。促进世界和平是奥林匹克的精神体现，里约奥运会的开幕式将会聚焦未来，超越国家与地区的界限，在欢庆的时刻一同向地球发出人类的箴言。与以往不同的是，里约奥运会的开幕式将不会追求高科技、大型道具的使用，而是将通过巴西丰富的音乐与舞蹈元素来共同营造一个盛大的欢庆的聚会。现在现场是越来越热闹。以上这些呢，主要是因为受制于开幕式预算的限制，里约奥运会的开幕式预算仅仅是伦敦开幕式的十分之一，但是积极乐观的巴西人将用另外一种方式来展现自己的历史、自己的文化。

在非聚焦型视角下，解说员可以对整个赛事作出预言或回顾。例如在2016年3月29日举行的俄罗斯世界杯亚洲区预选赛上，贺炜在直播开篇就告知观众中国队的出线前景。

> **贺炜**：中央电视台，中央电视台，观众朋友们，欢迎您收看 2018 年俄罗斯世界杯亚洲区预选赛 40 强赛 C 组的最后一轮小组赛的现场直播，中国队在主场迎战卡塔尔队，比赛已经开始了。场上穿着红色球衣的是中国队，穿着白色球衣的是卡塔尔队。卡塔尔队在本轮之前已经是 7 战全胜，提前锁定小组第一，已经晋级了。中国队需要在这场比赛中击败卡塔尔，然后还指望其他一些比赛出现有利于中国队的结果。总共是有 4 个成绩比较好的小组第二，从 8 个小组第二当中脱围而出，进军 12 强。

从容地把握赛场上相关人员的所作所为是非聚焦型的独有领地。解说员需要眼观六路、耳听八方，将各类人物的外貌、背景、行动等尽收眼底。但严格来说，非聚焦型也并非知道每一件事，例如运动员和教练员的内心活动只能依靠假设和推测。体育解说和现场新闻报道之间的差异就在于，前者并不精确地苛责真实性，在实际工作中允许解说员在一定范围内的主观臆断。例如白岩松在解说里约奥运会开幕式时，当玻利维亚体育代表团出场后，他重点强调了该国对运动员的现金奖励政策，随后镜头恰巧拍摄到了一名玻利维亚运动员掩面而泣的画面，于是白岩松略带调侃地说"这个运动员都哭了，他觉得自己会得奖"，这段话成为当年的经典段子。无独有偶，在 2018 年俄罗斯世界杯决赛上，法国队球员姆巴佩大放异彩，解说员贺炜为了形容姆巴佩跑动速度快，以姆巴佩的口吻编了一段内心独白，嘉宾徐阳也顺势为法国队的吉鲁编了台词，两个人的这段即兴创作虽然毫无严谨性，但却被球迷津津乐道，并于 2018 年 7 月 16 日登上了新浪微博热搜榜。

> **贺炜**：姆巴佩，把球停下来，自己向前，队友已经跟不上了！全看你了，年轻人！
>
> （画面信息：姆巴佩在跑动中摔了一跤）
>
> **贺炜**：（笑）他自己也迷茫了。
>
> **徐阳**：年轻人在成长的过程当中会出现一些迷茫，但是至少他的方向是正确的。
>
> **贺炜**：（笑）姆巴佩说："不是说好一块儿去春游吗？你们怎么都没来？我也不去了！"
>
> **徐阳**：吉鲁说："你这个魔爪太快了！"
>
> **贺炜**：（笑）

如果解说员从某个运动员或教练员的角度展示其所见所闻，只转述这位运动员或教练员从外部接受的信息和可能产生的内心活动，而对其他人物则像旁观者那样，仅凭接触去猜度、臆测其思想感情，这样就形成了叙事学的第二种视角——内聚焦型视角。以上贺炜和徐阳的叙述，已经属于内聚焦，相当于从非聚焦型视角位移到内聚焦型视角，这样做的好处是突破单一的视角类型以获得观察上的自由，使解说变得更生动。这种情况属于视角变异。总体来说，内聚焦型视角在体育解说中所占的比例非常小。

如果解说员严格地从外部呈现每一件事，只提供人物的行动、外表及客观环境，而不告诉受众任何关于人物的动机、目的、思维和情感，那么这种叙述视角是外聚焦型视角。当竞技场上形势激烈、节奏紧张时，解说员通常既没有时间插科打诨，也没有时间分析前因后果，只能第一时间客观描述场上的情况。以下三个例子均属于外聚焦型视角。

贺炜：姆巴佩。禁区里边儿。传！阿扎尔。法国队是局部形成 4 个人的包围。对！4 个人在抢。格列兹曼这球留给博格巴，往里切。犯规！（赛事：2018 年 7 月 11 日国际足联世界杯半决赛法国 VS 比利时）

杨健：科比右路突破，一打一！杀进去！上反篮！二加一！连进三个，连取六分！（赛事：2016 年 4 月 14 日 NBA 常规赛湖人 VS 爵士）

洪钢：后击，没有机会，镇守，劈吊对角，再勾对角，再杀，榜网，林丹都防起来，机会，11：10。（赛事：2013 年 10 月 14 日羽毛球世锦赛男单决赛林丹 VS 李宗伟）

视角的变异可视为对某种准则的违反，理论上互相区别的聚焦类型在实际运用上往往会出现交叉和渗透现象。在体育解说中，解说员一般以非聚焦型视角为主，以外聚焦型视角为辅，较少使用内聚焦型视角。

第二节 叙 述 者

体育解说的叙述者是显而易见的，不论是单人解说还是多人合作解说，只要是陈述行为主体，他就是叙述者。叙述者与视角一起，构成了叙述。

在语法范畴中，人们主要用第一人称、第二人称、第三人称划分叙述者类型。这三种人称都出现在体育解说中。但叙事学研究者认为按照人称划分叙述者类型并不能完全反映叙事的深层次结构。解说员与日常生活里任何陈述中的陈述主体一样，只能以第一人称存在，即"我"讲别人的事，或"我"讲我自己的事。前者属于异叙述者，后者属于同叙述者。

在长期的体育解说实践中，客观性被视为重要的原则，但是解说员保持客观的姿态并不意味着解说过程中不带任何意识形态的痕迹。按照目前的发展趋势看，体育解说的理想叙述者类型是干预叙述者。干预叙述者具有较强的主体意识，它可以或多或少自由地表达主观的感受和评价，在陈述故事的同时具有解释和评论的功能。体育解说员和嘉宾可以直接对竞技体育活动中的事件、人物或社会现象发表评论。这种自由地表达主观感受和评价的现象经常被一线工作者总结为"激情"。而没有激情的解说员往往被视为不合格的解说员（见表 7-2）。

表 7-2

叙述者	叙 述 内 容	叙述者类型
贺炜	这是在世界杯历史上，比利时队所参加的第二次半决赛，我们刚才给您介绍过。1986 年墨西哥世界杯，他们曾经打过一次世界杯，但是输给了拥有马拉多纳的阿根廷，0：2。那两个球都是马拉多纳打进的。而法国队历史上已经五次参加过世界杯半决赛，这是第六次，过去两次他们在世界杯半决赛当中最终都晋级了决赛，1998 年和 2006 年	异叙述者/客观叙述者
贺炜	其实刚才法国队在禁区里防守是有空档的。阿扎尔转身往里切一步都有空间。上半场的比赛踢了 15 分多钟，比分暂时还是 0：0。姆巴佩，不满 20 岁的他是目前世界杯历史上进球最多的 20 岁以下的球员。已经赶得上贝利了。1958 年，贝利当时也是年轻，进了 3 个。这个球阿尔德韦雷尔德脚下丢球了，吉鲁传	异叙述者/干预叙述者
吴敏霞	很正常，刚开始配，然后参加第一次大赛，总是很没有把握，没有自信，就是说我们到底能不能跳好、完成好，都会有点怀疑吧。我觉得必须要经历这样一个槛儿。通过这样去验证自己然后让两个人更好地在训练中去交流。因为我之前跟何姿刚开始配对的时候，技术上两个人不太一样，配合起来有一点点的难度，我也在改，她也在改，导致我们第一次比赛出现了很大的失误。呃，我从后面掉下去了。所以也经历过这样一些失败。我觉得只有经历了，可能才成长得更快一些	同叙述者/干预叙述者
刘星宇	进入到最后 250 米冲刺区，这个时候荷兰队也有点儿累了，看她们 1 号位啊，已经开始咬着牙顶了。中国队现在已经保持在了第三的位置，最后 200 米，潘飞鸿，把桨频再领起来一些，前把入水再快一点儿！好的！看看能不能再上一些，加拿大这个时候只领先我们不到一个桨位了，最后阶段的冲刺啊！看桨频，看最后阶段的调动！还差最后 100 米，加拿大队仍然划得非常拼，这个时候加拿大队已经到了将近 43 桨的桨频，中国队还能不能再提升一点儿？中国队再冲两把！最后阶段	异叙述者/干预叙述者

第三节　叙事时间

1. 时序

体育解说是在一段时间内展开叙述，它内含双重时间序列，第一重时间序列是竞技体育活动本身的编年时间，第二重时间序列是解说员或嘉宾的叙述时间。

第一重时间序列是指一场比赛的竞技时间或一场仪式的展示时间，例如解说 2018 年国际足联世界杯半决赛的第一重时间序列是北京时间 2018 年 7 月 11 日场上比赛消耗的 96 分钟（含 6 分钟伤停补时），而解说 2016 年里约奥运会开幕式的第一重时间序列是北京时间 2016 年 8 月 6 号仪式消耗的 4 个小时。

第二重时间序列包括两个层次，其一是解说员和嘉宾从开始直播到直播结束的时间，其二是解说过程中穿插的回忆或解释事件起因、分析历史背景、对比战绩的时间。例如贺炜和杨晨在 2018 年国际足联世界杯半决赛正式开赛前就进入直播状态，他们完整解说了开球前的仪式环节，在 8 分钟的赛前仪式直播环节里贡献了约 1935 个音节的解说内容。而在 96 分钟的比赛正式结束后，他们又做了 4 分 32 秒的后续直播。另外，在解说历时 96 分钟赛事的过程中，贺炜的叙述时间线追溯到了 1938 年法国队和比利时队第一次交手。

第一重时间序列是一维的，第二重时间序列是多维的。体育解说一般采用插入闪回、闪前、交错的手法展现第二重时间序列的多维性，这样使解说员和嘉宾的叙述时间与竞技体育活动本身的编年时间之间的差异扩大。闪回又称"倒叙"，即回头叙述先前发生的事情，包括各种追叙和回忆。闪前又称"预叙"，指叙述者提前叙述以后将要发生的事件。交错，即闪回和闪前的混合运用，把过去、现在、未来错综复杂地交织在一起（见表 7-3）。

表 7-3

解说员	解 说 内 容	第二重时间序列
贺炜	上一次面对希腊队，他（马拉多纳）还是场上的队员，还有进球，不过在打完希腊之后，第二场 2∶1 击败了尼日利亚，就在打完尼日利亚那场比赛之后，马拉多纳接受了药检，结果被查出麻黄碱阳性，从而被国家队开除。阿根廷在失去马拉多纳之后军心涣散，第三场小组赛 0∶2 输给了保加利亚。在八分之一决赛中 2∶3 输给了拥有哈吉的罗马尼亚（赛事：2010 年世界杯小组赛阿根廷 2-0 希腊）	闪回
贺炜	我记得在 1994 年的时候，我还是个中学生，在家里看比赛的时候，看到马拉多纳的进球，我非常兴奋，过后几天就传出马拉多纳服用禁药、被开除出国家队的消息，我当时认为马拉多纳总有一天还会回来的，但是生活中往往是这样，一件看似不经意的小事往往就是命运的转折。一次看似普通的再见，其实就是永别。缘分就在那一个瞬间戛然而止。马拉多纳那场比赛，也就是 2∶1 打尼日利亚的比赛，居然是他代表国家队的最后一场比赛（赛事：2010 年世界杯小组赛阿根廷 2-0 希腊）	交错
贺炜	本届世界杯已经进行到了最后的阶段。最终的悬念将会在 7 月 15 号，莫斯科的卢日尼基球场来揭晓，但是，哪两支球队会上演最终的决战，今天的半决赛将会揭晓其中的一部分的答案（赛事：2018 年世界杯半决赛法国 1∶0 比利时）	闪前
贺炜	这是今天卡塔尔队的替补阵容，在替补阵容上有几个名字是中国球迷非常熟悉的，比方说 3 号哈桑（阿卜德勒卡里姆·哈桑）、12 号马吉德（马吉德·默罕迈德）、18 号阿菲夫（阿克拉姆·阿菲夫）、19 号蒙塔里（默罕迈德·蒙塔里）、20 号布迪亚夫（卡里姆·布迪亚夫）以及阿巴巴卡尔（21 号哈里发·阿巴巴卡尔）。这几个名字其实是在过往的比赛中，给中国的球迷们留下了很痛苦的回忆，因为这些人都曾经是卡塔尔的主力，但是今天他们并没有首发（赛事：2016 年 3 月 29 日举行的俄罗斯世界杯亚洲区预选赛中国 2-0 卡塔尔）	交错

续表

解说员	解 说 内 容	第二重时间序列
童可欣	我们来看看，这是波兰裔的科贝尔，她的基本资料，28 岁，身高 1 米 73，目前世界排名是第 6 位，如果今天获胜的话，她的世界排名将会来到世界第 2。如果输球的话，她也将上升两位来到世界第 4。2015 年拿到职业生涯中的四个冠军，其中包括两个红土两个硬地。而且在香港站打进了决赛，在武汉、纽伦堡还有悉尼的比赛都打进了半决赛，所以呢，成绩是非常不错的。澳网呢，她是取得了 17 胜 8 负，也是在四大满贯当中自己的成绩最好的。2013 年和 2014 年两次打进到第四轮，此前呢，她也在温布顿和美网的比赛中打进过半决赛，但是打到决赛的场地当中这是第一次。这次她前进的历程当中，其中第一轮遇到土居美咲这场比赛是打满了三盘，刚才说两个多小时的比赛确实非常的辛苦，而且还面对过破发点和赛末点（赛事：2016 年 1 月 30 日澳网女单决赛）	交错

现场直播状态下，体育解说的故事线索是直观且单一的直线发展，以历时叙述为主。特别是体育解说的开场白和结束语，一定以现时叙述呈现，可以大致理解为现在进行时。而解说过程中偶尔会插入一些历史回顾和背景分析，以逆时叙述呈现。逆时叙述是指偏离现时叙述层面去追溯过去或预言未来。

2. 时限

叙事学中，时限是研究故事发生的时间长度与叙述长度的关系。当体育解说的叙述时间与竞技体育的历时相等或基本相等时，称为等述。叙述时间短于竞技体育的历时，则称为概述。叙述时间长于竞技体育的历时，称为扩述。

体育解说中的等述，即按一比一的时间比例描述场上情况，属于外聚焦型视角，解说员和嘉宾只叙述人物的行动、外表及客观环境。等述有强烈的现场感，具有时间的连续性和画面的逼真性，表现运动员在一定时间、空间里的活动，构成一种戏剧性场面。等述被广泛地运用于由人物动作、对话构成的一系列具体事件之中。它是叙事文中最基本的叙述形式，构成了叙事作品的主干。概述，即在短时间内陈述悠久的历史背景、过往战绩、社会人文等信息。概述具有加快节奏、拓展广度的功用。扩述，即解说历时明显多于比赛历时。例如跳水三米板，运动员从走板、起跳、达到起跳的高度、完成空中的动作，一直到打开入水大约只需要 5 秒钟即可完成全套动作，而解说员需要耗费多于 5 秒钟的时间进行点评。扩述适合于展现运动员的慢动作、心理状态。解说员经常采用扩述的方式渲染情绪。概述和扩述，属于非聚焦型视角或内聚焦型视角。

当竞技体育活动的历时较长时，等述、概述、扩述可以穿插交替出现，例如足球、篮球、排球、乒乓球、羽毛球、网球、马拉松、斯诺克等项目。当竞技体育活动的历时较短时，等述和扩述所占的比例增大，例如田径短跑项目、50 米自由泳、跳水、速度攀岩等项目（见表 7-4）。

表 7-4

解说员	解 说 内 容	时限
贺炜	中央电视台，中央电视台，观众朋友们，欢迎您收看 2018 年俄罗斯世界杯亚洲区预选赛 40 强赛 C 组的最后一轮小组赛的现场直播，中国队在主场迎战卡塔尔队，比赛已经开始了。场上穿着红色球衣的是中国队，穿着白色球衣的是卡塔尔队	概述
贺炜	卡塔尔队在本轮之前已经是 7 战全胜，提前锁定小组第一，已经晋级了中国队需要在这场比赛中击败卡塔尔，然后还指望其他一些比赛出现有利于中国队的结果。总共是有 4 个成绩比较好的小组第二，从 8 个小组第二当中脱围而出，进军 12 强	概述
徐阳	赵明剑在边路助攻	等述
贺炜	中国队队员们今天上来之后很拼，这一点是毋庸置疑的	概述
徐阳	贺炜，你看，从赛前我们拿到这个首发阵容来看，李学鹏是出现右边前卫，但是今天比赛开始之后，李学鹏应该还是回到了左边路。他是跟任航负责左边路这条通道，右边是赵明剑还有姜宁	概述
贺炜	对。现在拿球的就是姜宁，好球，把球传进去	等述
贺炜	这个球传的，想要加快球的速度，但是力量稍微大了一点	扩述
徐阳	对，传了一个平快球	扩述
贺炜	现场的球迷都在用自己的力量为中国足球尽着一份能力，但是，徐阳，就像你刚才所说的，只有场上这十几个小伙子他们是真正的在一线作战	概述
张萌萌	下面这对来自美国的选手，他们是里约奥运会亚军的获得者。多曼和希克斯。向后跳水	概述
张萌萌	动作的节奏还是很同步，入水稍差了一点点	等述
吴敏霞	毕竟磨合期很长。而且奥运会结束了还是原来的搭档。我觉得这样这种默契感能够一直保持	扩述
张萌萌	这次美国队绝对是阵容强大。他们派出了 17 个运动员参赛，比中国队还多一个	扩述
吴敏霞	比中国还多？厉害！厉害	扩述
张萌萌	他们是拿到了 49.80 分，在这个分数上现在有三队选手并列排在第三位	概述

第四节 话 语 模 式

体育解说中有四种话语模式。

1. 直接引语

由引导词引导并用引号标出的人物对话和独白。虽然体育解说是口语表达，观众看不到引号，但是可以从听感上发现直接引语的引导词。例如：

> 其实对于科贝尔来说，她说："准备这场比赛其实相当的容易啊，因为对手（小威）那么多的头衔，有那么多的纪录等着去突破，而我呢，实际上是没什么可输的。"（童可欣的解说词）
>
> 姆巴佩说："不是说好一块儿去春游吗？你们怎么都没来？我也不去了！"（贺炜的解说词）
>
> 卡雷尼奥在比赛之前的新闻发布会上也说："我们来这里，目标也是拿到3分。"（贺炜的解说词）
>
> 在舞台上女演员卡赛高声让大家停止争斗，她说："我们要寻找共同点，而且要庆祝我们之间的不同之处，要包容这一切！"（张斌的解说词）

2. 自由直接引语

常用于解说员和嘉宾之间的对话或内心独白。其语法特征是去掉引导词和引号，以第一人称讲述。例如：

> 我觉得她会很快地进入到比赛的状态。（童可欣的解说词）
> 我相信她现在应该是对比赛有很大的信心了。（童可欣的解说词）
> 我觉得中国体育代表团这个西红柿炒鸡蛋的入场服装还可以吧。（白岩松的解说词）

3. 间接引语

解说员以第三人称明确报告人物语言和内心活动。例如：

> 今年奥运会上，伊拉克派出了历史上第一位拳击运动员来参加奥运会，但这位运动员有点担心，他说在伊拉克出名意味着危险，会成为恐怖分子袭击的目标啊。（白岩松的解说词）

4. 自由间接引语

解说员省掉引导词以第三人称模仿人物语言和内心活动。例如：

> 这个运动员都哭了，他觉得自己会得奖。（白岩松的解说词）
> 也许导演想用这个场景表达一个新世界最终的诞生。（沙桐的解说词）

在以上四种话语模式中，使用频率最高的是自由直接引语和直接引语。因为体育解说具有明显的"独白"特征，解说员需要与臆想中的观众对话。

第五节　非叙事性话语

非叙事性话语指解说员或嘉宾的评论，它表达的是解说员或嘉宾的观念、意识和倾向。非叙事性话语除直接表达解说员和嘉宾的看法外，也渗透到叙事话语之中，通过对事件、人物的描述顽强地表现出解说员或嘉宾的存在感。解说员是叙述材料的组织者、表达者和担保人，既可以对叙述材料加以安排、分析、修辞，又可以对体育事件作追踪式的客观记录和报道。声称保持客观和中立的解说员，其实是以更含蓄的手法表达他们的情感。体育解说中常见的非叙事性话语包括公开的评论和隐蔽的评论。

1. 公开的评论

公开的评论指解说员或嘉宾直接出面，用自己的声音述说对体育事件的理解和对人生的看法，告诉受众如何看待体育事件中的人物，如何领悟体育事件的意义。公开的评论包括解释和议论，解释主要围绕体育事件的本身，是对体育事件的阐发，议论侧重于表达解说员和嘉宾的倾向，是解说员和嘉宾个人主观意识的发挥。

（1）解释。解释的任务是告诉受众一些以其他方式难以得知和理解的事实，以便使他们更全面清楚地了解事件的真相和意义。解释的方式包括介绍、分析、修正。

介绍，即由解说员或嘉宾概述竞技体育活动的基本情况，如项目背景、历史战绩、人物身份、赛事规则等。介绍这种表达方式显示了解说员掌控叙事的能力，它加快了叙述节奏，并能给受众以确定的信息。

在开篇介绍历史背景的做法是我国章回小说和西方现实主义小说的共同特点。体育解说作为一种非虚构叙事，也适宜采用开篇介绍背景的模式。例如：

> **周英杰**：好，观众朋友，那么接下来我们为您带来的是男子58公斤级的金牌争夺战。中国选手赵帅，历史上第一个闯进决赛。在决赛当中，他的对手是来自泰国的汉帕（Tawin Hanprab）。这也是我们中国男子跆拳道队在奥运会上第一次闯进决赛。前两次我们都拿到了铜牌，今天赵帅进到决赛已经确保一枚银牌，已经创造了中国男子跆拳道在奥运会上的历史。

比赛转播商在赛事的局休或盘休期间会插播广告，当广告结束后，解说员需要在直播信号切回比赛现场时介绍上一阶段的比赛情况。例如：

> **童可欣**：欢迎各位再次回到比赛中来，这里正在直播2016年澳大利亚网球公开赛的女单决赛，这是全场比赛的第一次换球，科贝尔的发球局。科贝尔自始至终在这场比赛中没有表现的特别兴奋，跟其他比赛相比呢，比较的沉稳，但是她不知不觉的当中又取得了一局的破发领先。而且这个破发特别的关键，4：3啊，这样留给小威廉姆斯回破的机会就不大了。这个时间应该说是越来越少。小威要想重新回到跟对手

持平的话，必须要争取在这一局回破。

在开篇的人物介绍部分，解说员可借鉴中国话本小说的形式，在人物还未开始行动前先奠定人物的基本形象，使受众在后续的情节发展中以此为参照点，把握人物的行动特征。例如：

周英杰：泰国选手汉帕，是18岁，身高1米81。赵帅是身高1米88，从身高上来讲，赵帅的优势还是比较明显的。赵帅是去年世锦赛的第三名得主。那么今天打进了奥运会的决赛，我们期待者赵帅能够给我们带来更大的惊喜。今天吴静钰没有能够拿到奖牌的情况下，我们希望赵帅能够给我们带来新的亮点。两位年轻的选手都是第一次打进奥运会决赛，所以这场比赛，应该说内心的紧张程度都是一样的。本场比赛的裁判来自牙买加。

分析，即由解说员或嘉宾分析运动员的行动、心理及人物之间的关系等。介绍是一种鸟瞰，是一种概述，而分析是一种细察，是对具体动作、具体人物的详细解析。例如：

周英杰：好，比赛开始。从画面中来看，赵帅这个身高腿长的优势还是非常明显的。在前面的半决赛当中，他打得也是非常对路的。就是用自己的特区，控制跟对手的距离，不让对手近身。漂亮！（赵帅）率先拿到第一分。从前面的两轮比赛来看啊，赵帅的打法确实是非常的谨慎实用，没有多余的一些花哨动作。战术手法非常的清晰，连续的测算来控制对手就不让你近身。一旦对手贴进来，一定要防止对方在这个位置上踢高腿。漂亮！对方的一个双飞踢，赵帅往那一靠，距离没了。哎！（对方）没有（得分）……好悬呐！

在体育解说过程中，解说员还需要修正可能被观众曲解的信息，以防因误解而产生的负面舆论。例如：

贺炜：看看中国队的角球。还是前点。
徐阳：唉，这个球为什么给了一个门球啊？
贺炜：这个球裁判员给门球的话，问题比较大。
徐阳：噢，又……又判回来了。
贺炜：裁判阿米卢尔今年30岁。
徐阳：30岁……
贺炜：我不认为他的年龄和他的判罚有直接的关联，我只是介绍他的资料。这个球应该是明显的角球。
徐阳：我觉得……也是正当年嘛！

（2）议论

议论指解说员或嘉宾发表的各种见解和看法。它的作用不仅仅是帮助受众了解体育事件和体育人物，还在于努力使受众同意并接受解说员和嘉宾的看法，以达到价值观上的某种共识。而共识并不容易获得，因此体育解说中的议论常常面临着风险。解说员或嘉宾对体育事件和体育人物做出的价值判断，面临着受众是与非的评价。议论的形式包括抒发与揭示。

抒发，指解说员明确表达自己对故事中人物、事件的情感和倾向。抒发是公开评论的一个重要方面，也是干预叙述者的标志之一。例如：

> **周英杰**：所以我说现在这个规则改的啊，跆拳道很多腿法已经变得是稀奇古怪，什么各种拐子腿、镰刀腿。已经完全称得起稀奇的艺术的这样一个运动了。还有就是我刚才提到的裁判规则，有些裁判规则简直是荒唐。

揭示，这是解说员对人生、社会的探讨和看法，它往往超越体育的范围而具有普遍意义。例如：

> **贺炜**：40年后乌拉圭人再一次进入到了世界杯的四强，最后用如此轻巧的方式结束点球大战。如此残酷的时刻，用如此轻巧的方式结束，这就是足球！如此紧张、千钧一发的时刻，最后以一个轻描淡写四两拨千斤的勺子踢球而结束。谁说这个世界是冰冷而残酷的？像乌拉圭人一样，只要你胸怀坚定的信仰，做好充分的准备，保持高昂的斗志，这个世界说不定就会揭开它冰冷的面纱，向你露出灿烂的微笑。

2. 隐蔽的评论

隐蔽的评论指解说员或嘉宾隐身于叙述之中，不直接表明观点，而通过修辞性评论来体现其对体育竞技活动和相关当事人的看法。修辞的本意为语言的巧妙运用及由此达到的对读者、听众的艺术控制。修辞性评论指叙述者通过各种叙述手段暗示其意义的方式。修辞性评论的手段和方法多种多样，已知的修辞手法有63大类、78小类，这对解说员提出了极大的考验。

央视体育解说员陈滢在叙述花样滑冰项目时擅长用典，引用典籍中的言语词句来证明自己的论点或表达自己的思想感情。她在解说2018年平昌冬奥会花样滑冰男单自由滑决赛时，为日本选手羽生结弦创作了一段精彩的评论，这段评论不但收获了中国观众的称赞，而且受到了日本网友的热捧。解说词全文如下：

> "接下来上场的是索契奥运会冠军羽生结弦，他将在这一套的自由滑中，用日本传统的古典戏剧形式'狂言'来演绎。自由滑曲目是选自于日本电影《阴阳师晴明》，它描述的是日本平安时代，阴阳师安倍晴明与试图瓦解城邦的宿敌斗争的历史玄幻故事。扮演者是日本国宝级狂言师——野村万斋。
> （注：陈滢在羽生结弦表演期间没有说话）

容颜如玉，身姿如松，翩若惊鸿，婉若游龙。索契奥运会冠军在平昌周期，面对着'四周跳'小将们的挑战，他让我想起了一句话'命运对勇士低语：你无法抵御风暴。勇士低声回应：我就是风暴。'羽生结弦，一位'不待扬鞭自奋蹄'的选手。他取得今天的成就，值得现场观众对他给予的全体起立鼓掌这样的一种回馈。"

这段评论中的"翩若惊鸿，婉若游龙"引用自曹植的《洛神赋》，虽然原文是比喻"美女的体态轻盈"，但是用来形容羽生结弦飘然若仙的身姿似乎也没有违和感，至少中国观众没有深究成语"翩若惊鸿"是不是能形容男性。"不待扬鞭自奋蹄"出自臧克家诗集《忆向阳》中收录的《老黄牛》。而"命运对勇士低语：你无法抵御风暴。勇士低声回应：我就是风暴。"源自一段英文翻译，原文是 Fate whispers to the warrior, "You cannot withstand the storm." The warrior whispers back, "I am the storm." 可见，多层次的引用不仅使陈滢的解说词充满亮点，而且有效地表达了价值观。

第八章 体育解说的类型

解说类型的研究是一种演绎研究，它将从少量作品中获得假设，然后将此推广到整个体育解说叙事中去。同时，解说类型的研究也是一种共时研究，它关注的是理论上的衍生而不是对个别类型的起源和发展的历史描述。

第一节 体育解说的情节组织原则

体育解说的情节组织依据两类原则，一是句法模式，按照时间关系、因果关系、空间关系作出形式上的排列；二是语义模式，按照中心句的语义排列和扩展。

1. 句法模式

（1）时间关系

按照时间关系展开情节有两种方式：顺时和并时。顺时是指根据体育竞技活动的时间先后顺序排列。在所有项目的体育解说过程中，都必须采用顺时排列方式。单人项目竞赛中，解说员可以围绕单一主人公组织语言。以 2018 年国际田联钻石联赛巴黎站男子 100 米决赛解说为例：

> **杨健：** 比赛开始！
>
> **陈晨：** 很顺！
>
> **杨健：** 不错，苏炳添提速不错！前 50 米处于领先，贝克在身边，加速，苏炳添保持状态，只有 30 米，贝克，苏炳添！

百米飞人大战毫秒必争，最终这场比赛中，贝克跑出 2018 年世界最好成绩 9 秒 88 而夺冠，苏炳添以 9 秒 91 的成绩平了自己个人最好成绩。解说员和嘉宾在 10 秒钟内只能把有限的精力投注到少数运动员身上。在发音器官生理因素的制约下，在民族情怀的感召下，解说员毫秒之间只能选择苏炳添作为构成情节的男主角，而苏炳添的最强竞争对手贝克则成为男配角，至于赛道上的其他 6 位选手则实在无暇顾及。在球类单打项目中，解说员也明显更倾向于选择本国运动员作为情节的主角。而在团体项目中，由于有众多的运动员出场，解说员需要作并时连接。并时连接可以用连贯的方式，介绍完一位运动员之后再引出下一位，虽然介绍的次序有先后，但是在情节时间轴上仍是同时的。

（2）因果关系

按照因果关系展开情节有两种方式：锁链式因果连接与可能性连接。解说员和嘉宾做的分析、解释、评论，主要是为了阐明因果关系。例如：

> **陈晨：** 来看苏炳添吧，这也是典型的自律型的选手，今年冬训效果非常好。边赛边练，出战真的是频繁。

这一句话中就有两组因果关系，"自律"和"冬训效果好"成为一对因果关系，而"出战频繁"的原因则是"边赛边练"。又如：

> **蔡猛：** 那在心理状态上，水谷隼应该说要比马龙轻松一些，因为他明显的是劣势，所以就是，拼，一个字。放开了拼。
>
> **苗霖：** 刚才是朱雨灵叫了一个暂停，这个暂停非常关键，想打乱一下丁宁的节奏，因为在 2:0 大比分领先之后呢，丁宁是连追两局，然后呢在第 6 局又领先 2 分，这个时候要打乱一下丁宁的节奏，来看看战术方面会不会在暂停回来也有些改变。朱雨灵发球。这个球是（丁宁）打出了台外啊，这个暂停回来之后，得分。可以说对朱雨灵来说也是有效的一个暂停，2:1。

以上两个乒乓球的解说案例中均有明显的锁链式因果连接，即前因导致后果，后果必有前因。竞技体育最精彩的看点之一是结果的未知性，热门选手可能遭遇意外，冷门选手可能逆转取胜，谁都存在获胜的可能性。原因不一定必然导致一种结果，比如网球运动员在比赛途中受伤，既可以选择坚持打完比赛，也可以选择退赛。同理，一种结果也可能不止一个原因，因此解说员在组织情节时可以逐一分析不同的情况和条件。

（3）空间关系

按照空间关系展开情节即根据运动员的空间位置变化组织语言。特别是体操、跳水、花样游泳、花样滑冰等项目，主要的看点集中在运动员的身体动作上，因此可以围绕空间位置的变化组织语言，对其他项目而言，传球、进攻的路线、球的落点、脚步移动的位置等都可作为空间位置变化的素材。例如：

> **王骥远**：丁宁是一名左手将的运动员。在乒乓球的这种对位当中呢，左手对右手啊，也是非常特别的一种对位。现在是3∶2，丁宁领先。再一次准备她的下蹲砍式发球。拉起来！进入相持！这一球，朱雨灵的反手，最后还是没有能够形成得分，因为其实丁宁的速度、球速非常地快！4∶2，丁宁领先。再来看一下慢放，突然一下变了丁宁的反手位，非常地追身，所以落点也很重要，丁宁既打出了气势，也打出了旋转还有落点。丁宁再一次准备接发球。朱雨灵准备发球。4∶2。好，长球！再次形成相持，这一次又是丁宁得分。5∶2，我们来看一下慢放，这一球好像是丁宁示意这是一个擦边球。那运气球有时候也是实力的一种体现。

2. 语义模式

解说员的语言不能杂乱无章、零碎无序。就像写作文需要明确的中心思想一样，解说语言也需要按照中心句的语义排列和扩展。例如，蔡猛在解说2016年里约奥运会乒乓球男子单打半决赛时，以"马龙力量大"为中心语义做了多次语言扩展。

> 马龙的最大的优点就是正手的连续拉的连续动跑而且旋转强、速度快、力量大。在刚才对拉的过程中，由于马龙的这个旋转和力量都超过了水谷隼，所以到最后水谷隼越来越往后退。漂亮！这个反手刚才用得非常好！可以看到反手真的像抽鞭子一样，拧上劲儿，这个鞭头正好到击球点那个点上。（第一局解说片段）
>
> 第三板、第四板，那可以看到在对拉的过程中，这个……整个在这个回合中就有变化，这个变化是什么呢，就是马龙的每一板球都开始积累一定的优势。原因就是他的力量速度旋转要比对方强。所以男子运动员如果没有力量的话，很难成为超一流的选手。（第二局解说片段）

在解说过程中，从句法上寻找体育解说叙述的内在联系，从语义组织上发掘体育解说叙事的更深层的意义关系，是解说员锤炼口语表达能力的两条基本路径。

第二节　体育解说的线型情节模式

由于受到体育赛事时间的限制，体育解说基本遵循"序幕、开端、发展、高潮、结局、尾声"的情节模式，以赛事的高潮和悬念取胜，拥有封闭的、完整的情节结构。情节在比赛结束时终止，故事提供符合逻辑的结局。结局始终潜在着两种可能性，赢或者没赢（包含平局、退赛）。故事的最终结局并不具有多种选择，只有一个结局。体育解说的情节模式类似于单线型情节叙事文。比赛作为故事主线从赛前预热阶段贯穿到赛后分析阶段。体育解说叙事多以一个单一连贯的故事为主，辅之以相关的次要事件，人物有限，结构简单。只是"发展"和"高潮"出现的时间不由解说员控制，因此解说员在叙事过程中处于相对被动的地位，著名足球解说员詹俊曾在广东体育频道《飞跃亚洲》节目中表示："一场非常沉闷的比赛，怎么讲都不能改变一场球的本质。"尽管如此，解说员仍应努力变被动为主动。

不是每一场比赛都精彩，也不是每一场比赛都好看。2018年6月28日俄罗斯世界杯小组赛H组最后一轮是日本和波兰的比赛。前两轮日本队一胜一平积4分排名小组第一，对阵波兰仅需要一场平局即可确保晋级，而波兰前两战皆负已经无缘晋级淘汰赛。实战中两队踢得较为沉闷，日本队甚至将多名主力放在板凳上。比赛进行至第59分钟时，波兰队凭借前场任意球机会，由后卫贝德纳雷克门前抢点垫射打进一球。此时日本0∶1落后，而戏剧性的是，在H组另一场同时进行的小组赛中传来了哥伦比亚进球的消息，即便日本保持0∶1输掉比赛也会因为黄牌总数量比同组的塞内加尔少2张而获得晋级资格。于是，场上的日本球员在得球后就在后场不停地倒脚，停止进攻，而波兰队因无论如何都无法出线也不再逼抢，两支球队的表现引发了现场观众一浪高过一浪的嘘声，主裁判甚至在补时结束前就吹停了这场无聊的比赛。

除开特殊的个案，正常的比赛中，一些解说员和运动员在进行解说工作时都直言不讳地表达过"比赛沉闷"。例如：

赛事：2017年第十七届国际泳联世锦赛跳水男子双人3米板决赛

张萌萌：下面来到第三轮，从这轮开始呢，就是自选动作了，我们看到，很明显，翻腾的周数和转体的圈数要多了很多。当然动作难度也是成倍的增加。5337D，来自意大利的这对搭档，他们完成的动作是反身翻腾一周半转体三周半。

吴敏霞：我觉得观众从前面两轮看完以后可能有点想睡觉，这轮开始可能就又清醒过来了。

张萌萌：你们平时训练的时候，会不会也觉得"练规定"挺没有意思的？

吴敏霞：不是挺没意思的，就是练到后面有时候会突然间不知道怎么跳，就是真的是说越简单的动作有时候自己都可能会处于蒙圈的状态。跳得越多就越不知道该怎么跳。

赛事：2013年斯诺克世锦赛决赛 奥沙利文 VS 霍金斯

A：因为斯诺克这项运动呢，过去一直被冠以为绅士、安静。

B：说得好听点儿就是绅士，其实呢，感觉有些沉闷。

A：对。

B：也是需要有一些调动现场的气氛，观众更投入一些啊！可能更加激发起球员的斗志。

A：所以现在出场的时候，允许观众，这个啊，呐喊，在出场的时候也有音乐啊，作为这个相伴。

　　无论如何，解说员都有责任和义务为受众解读比赛，变被动为主动，才能以积极的状态完成工作。以蔡猛在 2016 年里约奥运会乒乓球男子单打半决赛（马龙 VS 水谷隼）第一局和第二局前半部分的解说词为样本，展示体育解说的线型情节结构。为了方便阅读，给每一个分行都标注序号对应同序号的文本模式（见表 8-1）。

表 8-1

解说词内容	线型情节结构	文 本 模 式
1. 中央电视台，中央电视台，观众朋友大家好！ 2. 现在我们在巴西里约的奥运会上 3. 为大家现场直播乒乓球比赛男子单打的半决赛。 4. 今天在这个单元将有两场半决赛，大家看到第一场半决赛是…… 5. 中国选手马龙对日本选手水谷隼，在这场比赛之后将是中国选手张继科对白俄罗斯的萨姆索诺夫。 6. 这两场半决赛之后，也是在北京时间的明天早晨 7 点 30 分将进行男子单打铜牌的争夺战。到明天早晨 8 点 30 分，将进行男子单打冠军的争夺战。 7. 现在从形势上来看，马龙和张继科会师的可能性非常大，当然，如果是这样的话，那么这场比赛也是一场世纪大战	序幕	1. 以呼台号作为介入 2. 比赛地点 3. 主题性话语 4. 比赛性质 5. 介绍双方球员 6. 提示比赛时间 7. 比赛形势
8. 现在马龙状态非常好，今天穿着红色短袖，很精神。马龙在这几年中可以说是付出了极大的努力，按刘国梁来讲，他是完美主义者，对自己的要求过高，所以常常给自己增加一些常人没有的压力。但是这又是他的性格，又很难改变。所以马龙从上一次，也就是上一届的奥运会，张继科拿冠军的那一刻开始，就进行了第二个周期奥运会的准备，所以今天其实马龙所展现的是四年来的每一天的成果。马龙作为中国乒乓球队的队长，现在担负起了中国乒乓球队核心的作用，而且他在训练中非常认真，他和张继科的风格不太一样，他在队内是非常守纪律、非常乖巧的这么一个人，而且对自己的要求非常严，生活也非常有规律。 9. 相比起来，继科呢，可能就会更有一些爆发力。曾经张继科在整个乒乓球训练的历史上两次停止训练，并且回队，但是往往像中国乒乓球历史上很多著名的运动员都有这样的经历	序幕	8. 详细介绍球员 9. 相关的次要事件
10. 大家可以看到水谷隼是日本的一位老将，今年 27 岁，和马林是一个时代的人，但是他现在已经有了孩子。水谷隼呢，他的特点就是技术比较全面，没有明显的漏洞，打球时很黏，一般人很难打死他，打球放松，非常好。中近台、中远台都很好，但是有两个致命的问题，一个呢就是求胜的欲望不是特别强，到关键时候，有时候呢，特别是打得不顺的时候容易放弃，另外一个就是在进攻的时候没有发球点，就是没有爆发力的那个感觉。所以在跟水谷隼打比赛的时候，我们看到水谷隼在对方放弃高球的时候，他打高球，往往有时候打不死别人，但是别人要想打死他也很难，因为他放高球的技术非常好	序幕	10. 详细介绍球员

续表

解说词内容	线型情节结构	文 本 模 式
11. 在两个人的交锋历史上，大概有 12 次交锋，马龙是保持全胜，但是在奥运会上常常是爆冷门，比如说在这个 2004 年雅典奥运会上王皓和柳承敏就是，之前胜了六次，但是呢最终在那一次的时候反而出现了变化。 12. 所以在奥运会比赛里，由于大家求胜心切，而且准备了四年在这一刻爆发，所以心理的压力到达了顶点，因此呢任何情况都可能发生。所以对运动员来讲，更关键的就是如何调整自己的情绪，在失常的情况下怎么样能够扭转。赛前我们也访问了北京大学体育教研室的副教授，前世界冠军刘伟，她向我们介绍说，打这种比赛，最后打的是人，技术在这时候已经到了第二位，所以在奥运会的这种关键性的比赛中，关键是你平时的修炼到什么程度。马龙应该说在这四年已经做好了充分的准备，在这一系列的过程中表现得非常出色，而且他在中国乒乓球队也是胜率最高的一位运动员，球技最稳定的一位运动员，训练最扎实的一位运动员，现在就等着爆发。丁宁昨天拿到了奥运会的冠军对马龙也是巨大的鼓舞	序幕	11. 介绍历史恩怨 12. 总结性话语
13. 现在我们先看比赛，马龙发球 14. 作为一个好的球手，对对方，像马龙和水谷隼打了 12 次，就对水谷隼整个的技术都摸得非常清楚，所以每一个球都是目的性非常强。发球发到什么位置，进攻第一板打到什么位置心中都做到有数，不是盲目。 15. 刚才马龙使用了一个比较高级的技术，反手切了一板。 16. 那在心理状态上，水谷隼应该说要比马龙轻松一些，因为他明显是劣势，所以就是拼，一个字。放开了拼。 17. 现在开局打得不错，4：1。 18. 马龙站在反手位，正手半高抛球，发对方的中路。漂亮！ 19. 刚才反手一个快切。也就是当球刚刚一起来以后，紧接着，就是连拉带打的这么一个动作。以摩擦为主。在上升点，所以球的速度非常快。 20. 刚才水谷隼这个搓球，搓了一板短的以后，紧接着搓了一个极长，这样呢形成一种追身，马龙在侧身的时候要向后，向后让的不够。 21. 漂亮！ 22. 这也是左手发球里头一个很重要的环节，就是左手站在自己的反手勾直线。这个勾直线正好是接住这个右手的反手的底线的位置。今天马龙发球始终是发在了水谷隼的中路偏正手的这个短球位置上。看来水谷隼在这个位置上没有更多的办法，只有摆短。 23. 所以这样对马龙来讲可以进入自己的第二轮进攻	开端	13. 呼应性话语 14. 总结性话语 15. 呼应性话语：告知场上情况 16. 总结性话语 17. 呼应性话语：告知 18. 呼应性话语 19. 总结性话语 20. 总结性话语 21. 呼应性话语 22. 总结性话语 23. 主题性话语：环节切换

解说词内容	线型情节结构	文 本 模 式
24. 这一个打到马龙的长处，马龙的最大的优点就是正手的连续拉的连续动跑而且旋转强，速度快，力量大。在刚才对拉的过程中由于马龙的这个旋转和力量都超过了水谷隼，所以到最后水谷隼越来越往后退。 25. 漂亮！ 26. 这个反手刚才用得非常好！可以看到反手真的像抽鞭子一样，拧上劲儿，这个鞭头正好到击球点那个点上。今天水谷隼发球还是有变化，他的发球大家可以看到有逆旋转，有勾手的这个。 27. 反拉。马龙注意防守！哦！漂亮！再来！再来！哦哟！ 28. 但是这一球虽然丢了，但是我觉得马龙打的这一球打得非常好。所以有时候在乒乓球比赛里面，不能完全以比分来判断这个球的好坏。对运动员来讲，同样，这也是非常重要的。有的时候呢，可能赢了一分，你并不应该因为这一分而坚持这样去打，可能这个战术方法并不一定对。有的时候丢了一分，可能这个路子是对的，要坚持	发展	24. 总结性话语 25. 呼应性话语 26. 总结性话语 27. 呼应性话语 28. 总结性话语
29. 现在 8：4。 30. 大家看，这就是水谷隼的优势，他这瘦小身材游刃有余。一般的人退到中台以后就慌了，对方一打，不知道怎么弄。他呢（水谷隼）退到中台以后，他就好像进入常态了，这是他的一个很重要的优点。所以很多年轻选手参加比赛的时候，在这一关上有时候很难过。但是马龙久经沙场。 31. 现在 9：4	高潮	29. 呼应性话语 30. 总结性话语 31. 呼应性话语
32. 哦，这个击球。 33. 这边的丁宁和李晓霞在争夺冠军的时候，其实也出现了几个例子。刚才碰见张嘉良，张嘉良说采访丁宁的时候问她："丁宁你感觉怎么样？"丁宁说："哎哟，我确实有点儿运气，刚才我擦网，但是我现在脑子蒙着呢。"就是丁宁拿到冠军以后流出了幸福的眼泪。确实对运动员来讲太不容易了。所以丁宁和马龙，是中国首都北京的乒乓界（明星），北京的明星。所以她们两个呢，丁宁可以说是笑容灿烂，马龙是积极向上，所以这两个形象给人们，给青少年树立了很好的榜样。 34. 连续拉，断头。 35. 大家可以看到，今天马龙几乎没有失误，而且一上来以后，进入状态很快，这就是一个好的情况	结局	32. 呼应性话语 33. 相关的次要事件 34. 呼应性话语 35. 总结性话语
36. 昨天呢，李晓霞和丁宁在比赛中，小霞的进入状态啊，是有点儿慢了。一上来进入状态显得有点儿慢。 37. 所以在乒乓球比赛里面，特别是 11 分，进入状态快，也是非常重要的，也就是说不要慢热，要快！一上来就进入状态。 38. 稍后来看比赛	尾声	36. 相关的次要事件 37. 总结性话语 38. 呼应性话语

续表

解说词内容	线型情节结构	文 本 模 式
39. 中央电视台，观众朋友们。 40. 现在我们继续来看奥运会男子单打的半决赛。这是第一场半决赛。 41. 在这场比赛之后将进行第二场半决赛，是由中国选手奥运会的冠军张继科对白俄罗斯的萨姆索诺夫。现在张继科已经来到了赛场，正在做准备活动	序幕	39. 呼应性话语 40. 主题性话语 41. 相关的次要事件
42. 今天水谷隼的状态呢，显得不是很亢奋。因为这个运动员的特点就是绵里藏针，属于那种不慌不忙的运动员。但是这个选手的球感非常好，技术非常全面，但是对中国队来讲不太怕这样的运动员，怕像柳承敏啊，像过去金哲洙啊，像这种搏杀型的，这是我们比较害怕的。因为一旦他爆发了以后就很难控制。像萨姆索诺夫，像这个水谷隼，都是属于这种稳稳当当的，冲击力显得不够	开端	42. 总结性话语
43. 马龙在第一局比赛中是 11∶5 先胜，打的是非常的主动。因为马龙的这种厚重，乒乓球的这种基本功的扎实，包括没有明显的漏洞，会给对方无形的压力，对方觉得要想赢这一分很难。所以这个时候呢，对他整个精神上是给他一个控制和压力，让他就觉得，好像这种自信很难找到。这也是一种巨大的威力		43. 总结性话语
44. 第三板，第四板。 45. 那可看到在对拉的过程中，这个，整个在这个回合中就有变化，这个变化是什么呢，就是马龙的每一板球都开始积累一定的优势。原因就是他的力量速度旋转要比对方强。所以男子运动员如果没有力量的话，很难成为超一流的选手。 46. 4∶1。1∶4。 47. 拉开。反拉。 48. 现在这样打呢，就打到马龙的套路上来了	发展	44. 呼应性话语 45. 总结性话语 46. 呼应性话语 47. 呼应性话语 48. 总结性话语

在上述案例中，每一局都可以按照"序幕、开端、发展、高潮、结局、尾声"的情节模式展开叙述，循环往复。发展和高潮阶段的出现时间不是固定的，每个阶段之间没有绝对的分界线。

体育解说中常见的能构成情节的对立关系有三组：胜与败、真与假、是与非。只要解说员能把这三组对立关系展示清楚、分析透彻，就能营造叙事情节。根据奥林匹克精神，体育解说中常用的情节范畴是追求型情节，其基本语义是运动员经过奋斗或碰上机遇而获得承认或实现了自身的价值。

体育解说叙事既能以线型情节为参照系，有时又能构成对线型情节的反叛。这种反叛主要体现为情节的淡化现象。情节的淡化是指叙事文中因果关系的消退，故事呈自然状态，情节平淡、朦胧乃至支离破碎。体育解说情节平淡的原因有三个，首先可能是因为比赛本身不精彩，其次可能是因为解说员的语言琐碎、连贯性差、逻辑性弱，最后可能是因为解说员的叙述中非动作因素比重增大。什么是非动作因素呢？当体育解说充满各种议论和感觉，场景描述、人物描述减少甚至缺失时，就会产生情节平淡的效果。

体育解说没有绝对固定的结构模式，本书仅是根据一线解说员的习惯表达进行总结并结合叙事学的相关理论归纳出体育解说的线型情节结构。总结模式的初衷不是为了束缚创造力，而是为初学者快速上手提供一种参考思路。不断打破过往的解说模式，不断探索多样化的解说模式，不断归纳新的解说模式，才能使体育解说从"只可意会不可言传"的经验之谈上升为具有完整理论体系和详细易复制流程的人文科学。

第九章　解说员的用声技巧

第一节　咬字的控制

体育解说员作为公共平台的有声语言传播者，有责任和义务根据《中华人民共和国广播电视管理条例》的要求传播和推广汉语普通话。在体育解说中，对咬字的要求比较高。著名解说员宋世雄在其职业生涯中一直保持着规范的咬字，成为汉语解说领域中的标杆。关于咬字，有两个层面的要求：一是，规范、清晰、自如；二是，灵活、多变。

规范是指吐字发声要符合汉语普通话的标准。一个汉字就是一个音节，它是由声母、韵母、声调三个部分组成。在汉语拼音方案的字母表中共有 26 个字母，其中 18 个字母可以充当汉语音节的辅音声母，再加上 zh、ch、sh 三个辅音，一起构成了声母表。有的汉语音节没有辅音声母，这种音节被称为零声母音节。字母表中的 w 常作为合口呼零声母音节的起头部分，而 y 常作为齐齿呼或撮口呼零声母音节的起头部分。通常声母作为字头，韵母作字腹和字尾。又将字腹细分为：韵头、韵腹、韵尾。汉语普通话的声调符号只标注在韵腹上。所有的元音都可以充当韵腹，而能作韵头的只有 i、u、ü 三个，能作为韵尾的只有 i、u（o）及两个辅音 n、ng。需要说明的是，韵母 ao 和 iao 中的 o 实际上发音是接近单元音 u 的

[U]，拼音方案写成 o 是为了字形清晰。

汉字	读音	声母字头	韵母		
			韵头	韵腹	韵尾
体	tǐ	t	-	i	-
育	yù	-	-	ü	-
运	yùn	-	-	ü	n
动	dòng	d	-	o	ng
员	yuán	-	ü	a	n

解说员咬字时应当注意以下要领：

字头：部位准确，咬住弹出，清晰有力，短暂敏捷。

字腹：拉开立起，气息均匀，相对集中，音长声响。

字尾：干净利落，趋向分明，尾音轻短，完整自如。

清晰是指发音时满足字音结构各部分完整。字与字区分清楚，主要在字头；字要饱满、立得住，主要在字腹；字音要完整，主要在字尾。如没有字头，需要将字腹元音叼住弹出。如没有字尾，也要将字腹元音归音收住。字头的发音时值约占全字音节的1/5；字腹约占3/5；字尾约占1/5。在快节奏的体育项目中，解说员为了使自己的声音融入紧张激烈的赛事氛围里，往往会加快语速，此时虽然缩短了音节的发音时值，但是不能破坏音节的结构。否则会出现不同程度的"吞字"现象。有些职业解说员在快速的语流中常常念不清"体育运动员"，特别是"育"和"运"结合的时候极容易出现字音损失。

自如是指发音时口腔肌肉各部分运动动程到位。口腔动作不挤捏、不僵硬、不发抖。普通话的发音质量与发音动作密切相关。在发音过程中，只要找准了用于发音的口腔肌肉部位，并且保证发音动作的正确，就能达到规范的发音效果。从这个层面上看，解说员需要像运动员一样经常锻炼自己的身体技能，只不过这个身体技能专指口腔肌肉的灵活程度。

咬字的灵活与多变不能以牺牲规范和清晰为代价。为了方便，在体育解说的过程中可以使用一些人名和地名的简称，通过减少名词音节的数量达到降低咬字难度的目的。例如"中华人民共和国第十三届运动会"可以简称为"第十三届全运会"，"里约热内卢奥运会"可以简称为"里约奥运会"，女子网球运动员维纳斯·威廉姆斯（Venus Williams）和塞雷娜·威廉姆斯（Serena Williams）因为是亲姐妹，所以习惯上将前者简称为"大威"，后者简称"小威"。必须指出的是，当解说员第一次提到某个名词概念时，一定要使用全称，在至少两次重复使用全称后才可以开始用简称代替。而对于部分体育规则而言，即便有专业简称，解说员也应该适时为观众介绍全称。例如在解说跳水项目时，不能仅仅念出动作代码"307C"就结束，而应该介绍"307C是反身翻腾三周半抱膝"，这样才能更好地起到推广体育项目、传播体育文化的效果。

【模拟训练】读出下面的解说词，注意发音的清晰程度。

赛事：2016 年澳网男单第三轮罗索尔（Lukas Rosol）VS 瓦林卡（Stan Wawrinka）

解说员：童可欣

很多人对罗索尔有印象是因为他在 2012 年温网打败了纳达尔，在 2011 年的红土打败了一位高手尼尔德。

躲过破发点，今天罗索尔在之前遇到过 3 个破发点，挽救了其中的两个。

运气不好，这一球在网带上弹了以后确实是出界了。（ROS1［AD］：WAW4）

这个发球局第三次回到平分。（deuce#3）

如果这场比赛罗索尔真的战胜瓦林卡的话，他将是在大满贯比赛中第一次杀进 16 强。

瓦林卡的穿越得分。（WAW［AD］）

瓦林卡的肌肉爆发力真的很强，从刚才的空中俯拍镜头来看，它可以在远离底线三四米的地方无论是正拍还是反拍，都能打出很有穿透力的击球，球风非常的硬朗。

罗索尔在后场的高压下发不上力太过绵软了，所以瓦林卡又使用自己很犀利的……把对手彻底推送回来之后，然后反拍的直线已经到了穿越的程度，现场一片惊呼。就是你救回第一拍球，但是接下来这一拍已经失去位置，所以瓦林卡第三次逼出了破发点。（看慢镜头回放）

这是罗索尔，单腿起跳在网前展示了超强的弹跳力，关闭式的反拍站位角度可以打得比较开，这是彻底发上力的一拍，是否能充分利用身体的势能以及跃起在空中的临空力量。但是瓦林卡似乎很轻松的，甚至他自己身体远离底线，他的球就可以这么有穿透力，而不是像其他球员一定要在"时机"包括"站位"等达到最佳的时候才能产生最有效的合力效果。

罗索尔这个发球局不容易，相当努力，最终还是保发了这一局。瓦林卡还是保持多破一局的优势，4∶2。瓦林卡是赛会的 4 号种子，也是前冠军。

漂亮！罗索尔的重复落点，杀了瓦林卡一个回马枪，两个人的球风明显不是同一种类型。罗索尔还比较灵动，虽然他有 1 米 9，但是跑动起来相当的轻松。而瓦林卡 1 米 88，他的身体肌肉紧实，身体结构更加紧凑，比较刚猛。

第二节　气息的控制

气息在有声语言表达中有着非常重要的作用。一方面，气息具有支撑说话的生理动力作用，即在表达时由情及声的桥梁作用。另一方面，气息是帮助体现表情达意的手段之一。

解说员在工作中经常面对一些极端情况：出境奔赴国际赛场时因为时差和长途跋涉导致身体疲惫，却不得不打起精神准备赛事直播；体育仪式或赛事耗时长，需要解说员长时间处于工作用声状态；一个人同时负责几场赛事的解说任务，连轴转。在这些情况下往往会影响解说员的气息状态，因为气息与人的生理、心理、情感关系紧密。如果平时不能有意识地训练气息，完全依赖于日常生活状态中的气息水平，势必对解说员的声音质量产生负面影响。以中央电视台对 2016 年里约奥运会开幕式的直播为例，在长达四个小时的直播过程中，体育频道的解说员张斌和沙桐联袂奉献了 40588 字的解说词，而新闻频道的白岩松版解说词字数也高达 28032 字。这对解说员来说是体力上的极大挑战。

日常生活中，人们通常有三种呼吸方法：胸式呼吸、腹式呼吸、胸腹联合式呼吸。

胸式呼吸方式，吸气浅而少。这种呼吸方式是将气吸至胸部，沉不下去，气息缺乏深入、稳劲、持久力。在解说过程中，当解说员表现出惊讶、担心、突如其来等心理状态时，会不由自主地气息上浮，以胸式呼吸方式说话。

腹式呼吸方式，吸气较深，但缺乏胸部支撑，导致声音音色闷暗、浑浊。在解说过程中，当解说员表现出失望、遗憾、哀伤等心理状态时，极易以腹式呼吸方式说话。

解说员在工作状态中不能单纯将自己置于"体育爱好者"的位置，而应该以客观中立的传播者自居，因此不能将个人的喜怒哀乐等私人情绪发泄到公共的传播平台上。当解说员感觉自己情绪过于激动时，可以有意识地进行几次深呼吸，调整气息状态。解说员的声音和话语需要处在有意识的控制中。胸腹联合式呼吸方式最能体现有效的控制，这种呼吸方式利用了胸和腹的全面控制力。胸腹联合式呼吸既能气息充足，又能气息深入、稳劲、持久、可变性强，使得声音结实、明亮、变化多。

胸腹联合式呼吸总的感觉应该是：随着气流从口鼻同时吸入，两肋向两侧扩张，同时腰带感觉渐紧，小腹控制渐强。呼气时，保持住腹肌的收缩感，以牵制膈肌与两肋使其不能回弹。随着气流的缓缓呼出，小腹逐渐放松，但最后仍要有控制的感觉。而膈肌和两肋则在这种控制的感觉下，逐渐恢复自然状态。在发声状态中，腹肌控制的强弱是随着思想感情的运动在不停的运动和变化。

在胸腹联合式呼吸的实际运用中，吸气与呼气的配合有四种方式：慢吸慢呼、慢吸快呼、快吸快呼、快吸慢呼。其中以快吸慢呼的配合方式，更符合说话用声呼吸控制的实际状况。快速吸气时，仍然要保持"两肋打开、吸到肺底、腹壁站定"的基本状态，在张嘴的一瞬即吸气到位，但注意"气"只要吸到七成满即可，否则会适得其反。呼气时，要求气流匀速、缓慢、量小而集中。

【模拟训练】用快吸慢呼的方法，读出下面的解说词，注意体会腹肌控制的强弱随着思想感情的运动而产生的变化。

赛事：2008 年北京奥运会射箭女子个人决赛

解说员：邵圣懿

（画面信息：韩国选手朴成贤刚刚射出一箭）九环！张娟娟每打出一个十环都会给对手施加一份压力，都会缩小和对手比分上的差距。现在双方只差一环。

（画面信息：张娟娟刚刚射出一箭）九环！

（画面信息：朴成贤射出一箭）这是一个八环！这样双方在八箭之后打平了！72：72。

（画面信息：张娟娟开弓准备射箭）朴成贤尽管实力超群，但是面对这样的压力，她的心态也出现了一些波动。

（画面信息：张娟娟射完一箭）十环！张娟娟干脆地打出一个十环，这样把压力完全扔给了对手。

（画面信息：朴成贤射完一箭）九环！这样张娟娟会带着一环的优势进入最后的三支箭当中。在三支箭之后她能不能创造中国射箭的历史？

（画面信息：张娟娟射完一箭）好的！这也是一个十环！这时候双方真的是在斗心理。谁心理上的波动更小，谁更有韧劲儿，谁就能够坚持到最后。还剩两支箭，我们领先一环。

（画面信息：朴成贤射完一箭）八环！韩国选手朴成贤命中了八环。坐在我旁边评论席上的是来自韩国的评论员，他们同时做出了一个令人叹息的、向后仰的这种姿势。

（画面信息：张娟娟开弓准备射箭）张娟娟的最后两箭。

（画面信息：张娟娟射完一箭）九环！这样张娟娟带着两环的优势进入最后一环，进入最后一箭的比拼当中！这一箭，将很有可能创造中国射箭的历史。

（画面信息：朴成贤射完最后一箭）十环！韩国选手朴成贤结束了自己的比赛，这是一个一百零九环的成绩。张娟娟需要一个九环来创造中国射箭的历史。我们一起来期待。

（画面信息：张娟娟射完最后一箭）九环！张娟娟赢了！中国射箭赢了！中国射箭在这一天创造了历史！让我们共同记住这个名字，记住张娟娟！记住北京的射箭赛场！这是从1984年奥运会以来，第一枚射箭的女子金牌被韩国队以外的选手夺得，张娟娟创造了中国射箭的历史，同时也为世界射箭创造了历史。

第三节　声音的控制

所有的声音都可以用四种物理要素即音高、音强、音长、音色来分析。

音高，是指声音的高低。音乐中所说的音高是绝对音高，每个音名都有固定的频率。而言语中所说的声音的高低多指的是相对音高，是比较而言，不确指固定的频率。以黄健翔在2006年世界杯八分之一决赛意大利对阵澳大利亚的"激情三分钟"为例，当时在比赛的最后时刻，意大利获得了一粒点球，黄健翔激情高呼："点球！点球！点球！格罗索立功啦！格罗索立功啦！不要给……"根据声音频谱图分析，频谱图的纵轴单位是赫兹（Hz），表示声波的频率即音高。下图中显示第三个"球"字对应的频率超过了8K赫兹，因此是这句话中音高最高的一个字（见图9-1）。

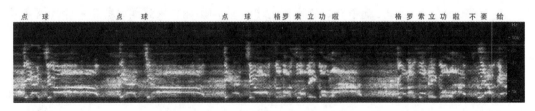

图 9-1

以上是仪器分析的结果，但是从人耳听觉感受上来说，三次"点球"的音高差异微乎其微。人们对于音高的感觉，存在主观评价差异。

音强，是指声音的强弱，是由声波的振幅大小决定的。当我们观看体育比赛视频或者听体育广播时，一般能听到赛场嘈杂的环境音，同时我们也能听清解说员的人声，因为音强最大的部分是解说员的声音。声波振幅比较大即在频谱图中颜色较深、较浓、较亮，也就是音强较强。

以央视解说员童可欣对 2016 年 1 月 25 日澳网女单第四轮张帅 VS 凯斯的比赛解说为例，截取其中一段解说词观察声音频谱（见图 9-2）。解说词："长多拍出现了，漂亮！这是这场比赛到目前为止最长的一个回合啊，十一拍！这种多打一打，连贯起来之后呢，身体的热度也会随之增加，小宇宙也因此而引爆。这样张帅还是保住了自己这个发球局，把比分追到了 1∶2。休息一下。"这段词中加点的字表示在频谱频率图中颜色最亮、声音力度最强的字。

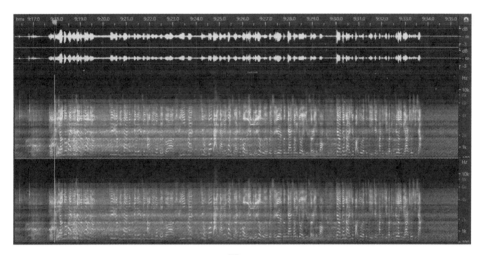

图 9-2

在体育解说中用声强弱是相对而言的，没有绝对标准。解说员声音的强与弱可分为不同程度，在实践操作中应该用心去感受每一场比赛，在情绪激动的同时学会对音强有所节制。央视足球解说员贺炜认为："如果在一些史诗级的画面当中，你配一些史诗级的旁白，这是很正常的一种模式，会让人产生一种热血澎湃的心理。但如果在史诗级的画面当中配上比较温婉的、比较平静的旁白，会让人产生一种投入感，因为你的眼睛接触了这个画面，又产生稍微抽离一点的第三人称视角。这种抽离感会适当的让人从极端情绪中脱离出来。只有在经历过中间的 90 分钟之后，你才知道有哪些跌宕起伏，你才会明白苦有多苦，甜有多甜。"

音长是指声音的长短，即声音的时值。音长的长短，可以构成语速的快慢。解说员的语速一方面受到赛事直播时长的制约，另一方面受到个人情绪状态的影响。在第 31 届夏季奥运会开幕式过程中，中央电视台综合、体育、体育赛事频道对开幕式并机直播时间长达 3 小时 58 分 24 秒，由张斌和沙桐担任解说，新闻频道的直播时长为 4 小时整，由白岩松负责解说。对比两个版本的解说词，如表 9-1 所示。

表 9-1

<table>
<tr><th colspan="5">第 31 届夏季奥运会（里约奥运会）</th></tr>
<tr><th>开幕式环节</th><th>直播画面时长</th><th>CCTV 体育频道版
解说词字符数
（含标点）</th><th>CCTV 新闻频道版
解说词字符数
（含标点）</th></tr>
<tr><td>1. 预热阶段</td><td>5 分 14 秒</td><td>995 字</td><td>765 字</td></tr>
<tr><td>2. 开幕式开场</td><td>3 分 36 秒</td><td>695 字</td><td>656 字</td></tr>
<tr><td>3. 主办国升旗仪式</td><td>3 分 05 秒</td><td>191 字</td><td>241 字</td></tr>
<tr><td>4. 文艺表演</td><td>41 分 28 秒</td><td>8144 字</td><td>5737 字</td></tr>
<tr><td>5. 运动员入场仪式</td><td>2 小时 05 分 17 秒</td><td>23760 字</td><td>16086 字</td></tr>
<tr><td>6. 展示奥运五环标志</td><td>4 分 11 秒</td><td>930 字</td><td>409 字</td></tr>
<tr><td>7. 致辞、升会旗、宣誓</td><td>37 分 08 秒</td><td>2786 字</td><td>1860 字</td></tr>
<tr><td>8. 里约八分钟表演</td><td>8 分 45 秒</td><td>1214 字</td><td>978 字</td></tr>
<tr><td>9. 点火仪式</td><td>11 分 15 秒</td><td>1873 字</td><td>1300 字</td></tr>
</table>

针对前三个环节统计汉字音节的数量，去掉标点符号后，对比张斌、沙桐、白岩松的语速变化（见表 9-2）。

表 9-2

<table>
<tr><th colspan="4">体 育 频 道</th><th rowspan="2">开幕式环节</th><th colspan="4">新 闻 频 道</th></tr>
<tr><th>解说员</th><th>音节
数量</th><th>解说
时长</th><th>语速
（音节/秒）
（精确到小数点
后一位）</th><th>解说词
序号</th><th>音节
数量</th><th>解说
时长</th><th>语速
（音节/秒）
（精确到小数点
后一位）</th></tr>
<tr><td>沙桐</td><td>59 个</td><td>12 秒</td><td>4.9</td><td rowspan="8">预热阶段</td><td>1</td><td>98 个</td><td>27 秒</td><td>3.6</td></tr>
<tr><td>张斌</td><td>87 个</td><td>17 秒</td><td>5.1</td><td>2</td><td>83 个</td><td>19 秒</td><td>4.4</td></tr>
<tr><td>沙桐</td><td>224 个</td><td>51 秒</td><td>4.4</td><td>3</td><td>123 个</td><td>36 秒</td><td>3.4</td></tr>
<tr><td>张斌</td><td>128 个</td><td>24 秒</td><td>5.3</td><td>4</td><td>143 个</td><td>31 秒</td><td>4.6</td></tr>
<tr><td>沙桐</td><td>136 个</td><td>32 秒</td><td>4.3</td><td>5</td><td>132 个</td><td>34 秒</td><td>3.9</td></tr>
<tr><td>张斌</td><td>131 个</td><td>27 秒</td><td>4.9</td><td>6</td><td>51 个</td><td>13 秒</td><td>3.9</td></tr>
<tr><td>沙桐</td><td>84 个</td><td>21 秒</td><td>4</td><td>7</td><td>100 个</td><td>22 秒</td><td>4.5</td></tr>
<tr><td>张斌</td><td>85 个</td><td>24 秒</td><td>3.5</td><td></td><td></td><td></td></tr>
<tr><td>合计</td><td>共 934
个音节</td><td>共 208 秒</td><td></td><td></td><td>合计</td><td>共 730
个音节</td><td>182 秒</td><td></td></tr>
</table>

续表

体育频道				新闻频道			
解说员	音节数量	解说时长	语速（音节/秒）	解说词序号	音节数量	解说时长	语速（音节/秒）
沙桐	170 个	36 秒	4.7	开幕式开场 · 1	207 个	55 秒	3.8
张斌	135 个	31 秒	4.4	2	104 个	23 秒	4.5
沙桐	8 个	2 秒	4	3	81 个	19 秒	4.3
张斌	37 个	9 秒	4.1	4	11 个	2 秒	5.5
沙桐	94 个	23 秒	4.1	5	58 个	10 秒	5.8
张斌	92 个	20 秒	4.6	6	25 个	5 秒	5
张斌	117 个	30 秒	3.9		132 个	31 秒	4.3
合计	共 653 个音节	151 秒		合计	618 个音节	145 秒	
解说员	音节数量	解说时长	语速（音节/秒）	解说词序号	音节数量	解说时长	语速（音节/秒）
沙桐	29 个	6 秒	4.8	主办国升旗仪式 · 1	57 个	13 秒	4.4
沙桐	17 个	3 秒	5.6	2	115 个	26 秒	4.4
沙桐	14 个	3 秒	4.6	3	62 个	14 秒	4.4
张斌	70 个	19 秒	3.7				
沙桐	48 个	12 秒	4				
合计	178 个音节	43 秒		合计	234 个音节	53 秒	

　　根据分析结果，白岩松在里约奥运会开幕式前三个环节中的语速峰值为每秒钟 5.8 个音节，谷值为每秒钟 3.4 个音节，均值为每秒 4.2 个音节。张斌的语速峰值为每秒 5.3 个音节，谷值为每秒 3.5 个音节，均值为每秒 4.4 个音节。沙桐的语速峰值为每秒 5.6 个音节，谷值为每秒 4 个音节，均值为每秒 4.4 个音节。

　　可以看出，白岩松的体育解说语速比专业体育解说员稍慢一些，从峰值到谷值的变化差距达到每秒 2.4 个音节，因此语势起伏大一些，节奏感更强一些，相对于张斌和沙桐而言具有更强的语言交流感和亲切感。

　　音色，是指声音的特色和本质。音色取决于声波的含量。从生理角度看，嗓音音色取决于声带和声道所固有的形态特征。一般而言，比较厚、比较长的声带产生的音高较低，而比较薄、比较短的声带产生的音高较高。当声带被呼出的气息冲击而产生声波时，即产生"喉原音"。在不影响表义的前提下，可以通过适当调整口腔的开合度和发音部位，达到改善语音音色的效果。体育解说工作需要满足客观、真实、准确的要求，解说员的用声应该以实声为主，在自然音域内中声区的部分运用较多，音色要大方、明朗、干净。

实声可以通过发"气泡音"的方式获得。当声门闭合时，均匀而缓慢地呼出气流，发出一连串的气泡似的声音，并保持气泡音的音高稳定，即使延长气泡音的发音时间也要保持音高在听感上处于相对一致的频率。此时就能找到自然音域内可用于语言表达的实声。当发出气泡音时，逐渐改变口腔的形状，分别做出 α、o、u、e 的唇形动作，就可以听到自己中声区偏低部分的音色。

【模拟训练】：使用自如声区朗读表 9-3 的解说词，注意体会音强的变化。

表 9-3

	体 育 频 道	新 闻 频 道
开幕式之前的预热阶段	沙桐：中央电视台 张斌：中央电视台 沙桐：现在是里约时间 8 月 5 号晚上的 19 点 57 分，北京时间 8 月 6 号早上的 6 点 57 分，那么再过一会儿呢，里约奥运会的开幕式即将进行。 张斌：这里就是让您牵肠挂肚的里约热内卢。奥林匹克将在这里创造历史。奥运会将第一次来到南美洲，来到巴西。七年前，里约热内卢经过三轮投票战胜了马德里、芝加哥和东京，赢得了第 31 届夏季奥运会的举办权。 沙桐：空中俯瞰灯火辉煌的马拉卡纳体育场。促进世界和平是奥林匹克的精神体现，里约奥运会的开幕式将会聚焦未来，超越国家与地区的界限，在欢庆的时刻一同向地球发出人类的箴言。与以往不同的是，里约奥运会的开幕式将不会追求高科技、大型道具的使用，而是将通过巴西丰富的音乐与舞蹈元素来共同营造一个盛大的欢庆的聚会。现在现场是越来越热闹。以上这些呢，主要是因为受制于开幕式预算的限制，里约奥运会的开幕式预算仅仅是伦敦开幕式的十分之一，但是积极乐观的巴西人将用另外一种方式来展现自己的历史、自己的文化。 张斌：现场正孕育着巨大的能量，我和沙桐也能感受到现场凉爽的天气，这里是南半球，现在正处于初冬的天气。我们也知道巴西奥运会在筹备的过程当中，经历了非常多的困难，至今还在被人们诟病和唱衰，但是奥运会还是给里约带来了巨大的变化，而随着奥运会的开幕，里约将成为历史上一座崭新的奥林匹克之城	白岩松： 观众朋友们，大家上午好！我现在是在巴西里约的冬季为大家带来第 31 届夏季奥运会开幕式的现场直播。虽然身处南半球的里约，现在是冬季，气温却依然像夏季，此时 25 度，湿度57%，微风吹拂没有雾霾，身体的感觉好极了。巴西人有一句名言，万事走到尽头都会尽如人意，如果还不能尽如人意，一定是未到尽头。那么还有不到两分钟时间就是里约奥运会准备的尽头，这是不是意味着尽如人意的视觉盛宴将呈现在世界面前。 里约与北京的时差是 11 个小时，此时北京时间 8 月 6 号上午 7 点，是里约时间 8 月 5 号晚上接近 8 点。夜幕已经完全笼罩了这个非常美丽的城市，多年以前巴西一位诗人写过这样的诗句：白天世界上没有巴西，夜晚巴西就是世界。这简直是有预见的诗人为多年之后里约这个夜晚专门写就的诗行。举办里约奥运会开幕式的场地是里约的地标马拉卡纳体育场，远处似乎已经传来阵阵狂欢将要开始的声音。这座体育场自带传奇，1950 年世界杯决赛，巴西队 1∶2 负于乌拉圭，记录了巴西的痛，而球王贝利在这座球场打进了自己职业生涯第 1000 个进球，又记录了巴西人对足球的爱。那么，今夜这座球场又将为巴西与世界留下怎样的记忆呢？现场内的观众似乎都开始期待、好奇和欢呼了。这座球场建成的时候可以容纳 15.5 万人，最多进过十七八万的人去看比赛。在举办 2014 年世界杯的时候，应国际足联的要求，为了安全考虑

续表

	体 育 频 道	新 闻 频 道
开幕式之前的预热阶段	沙桐：我们现在所在的里约热内卢的马拉卡纳体育馆建于 1948 年，在这里，她曾举办过 1950 年的世界杯和 2014 年的世界杯的决赛。那么今天，她将会迎来南美洲的第一届奥运会的开幕式。不过和以往不同的是，马拉卡纳体育场在本届奥运会期间只举行奥运会的开幕式和闭幕式，田径比赛则会在奥林匹克体育场来进行。 张斌：还有不到一分钟开幕式就要开始了，在这个世界体育的传奇之地上，奥林匹克的圣火将再一次点燃。我们知道，开幕式的整体运作团队是 500 人，表演者 6000 人，但是大家今天可以充分的想象现场每个观众每个运动员，都将成为一位合格的表演者。现场的掌声已经为我们带来倒计时了，让我们一起期待开幕式的精彩吧。 （海浪画面） 沙桐：这就是里约热内卢，天生的奥林匹克之城。伴随着优美的歌声，让我们从另外一个视角，从空中俯瞰里约。从空中，你能够看到这座运动城市的灵魂，看到这座自然风光与都会繁华和谐共存的城市的独特之美。 张斌：这一刻全世界共同听到的歌曲名叫《这个拥抱》，演唱者是在巴西家喻户晓的著名歌手梅洛迪。这首歌曲的原作者名叫吉尔，20 世纪 60 年代成名的巴西流行乐的歌手，一生坎坷，2003 年担任过巴西文化部的部长	座位缩减到了 8.2 万（个）。今天场内观看开幕式的人数将超过 6 万人。当然，今夜将有 30 亿人通过直播走进这座体育场。曾今有人问球王贝利，你最漂亮的进球是哪一个？贝利回答说：下一个。今夜，是巴西人攻进的下一个进球吗？会是一个世界波吗？ （海浪画面） 从空中看里约，这将是怎样的一座城市？如果说很多奥运场馆并没有如期交工，那里约却是一座早就竣工的巨大的运动场。这里的人们一天 24 小时都在运动，进入马拉卡纳体育场之前，里约人先给您送上一首歌《那个拥抱》，代表着里约欢迎你
开幕式开场	沙桐：运动是这座城市的生命，是这座城市的灵魂。那么乘着歌声来到了里约奥运会的开幕式的现场，马拉卡纳体育场。接下来，巴西人要用今天开幕式的所有演出教我们所有人一个葡萄牙语的单词 Gambiarra，意思有点儿类似于咱们中国的事半功倍，要花很少的力气取得不错的效果。有点儿讨巧的意思。其实在生活中巴西人也是这样的。他们用木棍敲打就能创造音乐，现在要用手中普通的纸张为我们开启开场表演。 张斌：演员手中的方形纸体现了巴西与几何图形的特殊连接，巴西有非常悠久的利用几何图形进行艺术创作的传统，从山洞里的壁画到原住民的图腾，再到现代主义的抽象艺术。这段表演的灵感就来自生态里约的建筑大师阿多斯	白岩松：镜头已经带我们走进了马拉卡纳体育场内。巴西人善于化腐朽为神奇，一个火柴盒、一个小纸片就可能被艺术化并且玩儿出花样，现在您看到的序幕表演就是以一个方纸片为灵感，呈现出巴西、印第安、非洲、葡萄牙不同的色彩和图案。纸块儿一共有 250 个左右，甚至在舞动当中，它会自我充气，变成可以敲击的鼓，为倒计时来助威。这是巴西乃至南美洲第一次主办奥运会，这是继 2014 年世界杯之后两年内，巴西第二次主办世界大赛。这是整个南半球第三次举办夏季奥运会，前两次是墨尔本和悉尼。 本次奥运会开幕式导演组有三个主要的创意导演，其中包括电影《上帝之城》的导演梅里尔斯，这是继 2008 北京的张艺谋、2012 伦敦的

	体 育 频 道	新 闻 频 道
开幕式开场	默尔康，他的作品很好地融合了巴西文化的三个元素：原住民几何图形、非洲图腾以及葡萄牙的波浪 **沙桐：**现场再一次倒计时。 **张斌：**倒计时同时演员手中抖动的纸张掀起波浪，随着起伏，这些纸张慢慢膨胀逐渐形成了气垫。 **沙桐：**倒计时结束了。演员们拍打着气垫，此时他们手中的纸张已经化为战鼓，响声震天，以纸代鼓，在奥运会的开幕式表演，就是一个巴西人口中典型的 Gambiarra 事半功倍。在接下来的演出当中，我们还有机会领略到他们这种处世哲学。 **张斌：**那今天在开幕式，大家首先映入眼帘的就是舞台的形状。这个灵感来自巴西设计师库尔勒马克斯的作品。他利用抽象的几何图形设计，让科帕卡帕那海滩更加与众不同，而更多人认为这次舞台的灵感来自人的脚步。 现场第一次烟火升空，我们看到在场地的中央出现了一个绿色的圆环，中间有一棵小树，这个标志是由卡通画家创作的，它寓意着绿色的和平，这是我们真正需要的和平，与我们唯一拥有的星球，与地球之间保持和平的姿态，绿色环保理念将做一条重要线索，在今晚演出当中反复出现	《贫民窟百万富翁》导演之后第三次指导奥运会开幕式的电影导演，显然电影导演完成了开幕式指导的帽子戏法。 巴西的城市从 20 世纪 30 年代起经历了四次不同原因的申奥失利，最终在第五次取得了成功，我想巴西人一定非常喜欢 5 这个数字，因为他们是五星巴西。在五环的照耀下，他们将走进怎样的未来？ （倒计时还剩 7 秒） 世界体育进入里约时间。这个时候创意的方块已经变成可敲击的鼓，表达着巴西人的热情，对，巴西人的热情就是这次开幕式导演组特别希望呈现给世界的重要内容。五环照耀的巴西还是世界第五大面积的国家，人口也居第五。 这个时候出现一个巨大的图标，烟花打出了里约的字样，让人们依稀想起了 2008 年北京奥运开幕的那个夜晚。这一个图标是巴西人重新发明了它，过去倒过来的一个反战的图标，巴西人把它正过来又加上了树叶。巴西人认为当下这个世界的和平不仅需要不战争，还需要对自然的保护，环保也是这个开幕式的主题
举办国国旗升旗仪式	**沙桐：**巴西代总统特莫尔和国际奥委会主席巴赫先生来到了开幕式的现场，巴赫先生作为国际奥委会的第九任主席。 **张斌：**现场马上将要进行的是升旗仪式，现场的国歌演唱将非常特别，将由巴西国宝级流行歌手达维奥拉通过弹奏吉他缓缓吟唱，非常深情。他的音乐非常的独特，被称为"精致的巴西，精致的桑巴"，让我们静静聆听。 **沙桐：**担任升旗手的是来自里约州的环保警察，环境保护在巴西是深入人心，环保的主题在文艺演出中占有重要篇幅	现在欢迎 1976 年奥运击剑冠军、国际奥委会主席巴赫先生和巴西代总统特莫尔出席本届奥运会的开幕式，还有联合国秘书长潘基文。 接下来是规定的动作，唱巴西的国歌，升巴西的国旗。演唱巴西国歌的是巴西国宝级歌手保罗米尼奥，今年已经超过了 70 岁，他将用弹奏吉他的方式来演奏国歌，他的一个重要的特点是温柔。护旗的有 10 名巴西体育冠军和 50 名青年体育冠军，升旗者是里约特有的环境警察。 巴西国旗上的绿色反映的是广阔的土地，黄色反映的是蕴藏的巨大的资源，而蓝色反映的是 1822 年独立时的星空图，中间有他们国家的座右铭：秩序进步

第十章 解说员的表达技巧

解说员不同于一般体育爱好者，除了需要理解、感受比赛之外，还需要将自己的感受输出为能在公共平台传播的语言。在语音层面，语言表达的基本技巧是：重音、停连、语气、节奏。在上篇中已经谈到"节奏"，本章将不再赘述。

第一节 重   音

重音是指语言表达中突出那些最能体现语句目的、逻辑关系及情感态度的词或词组。重音并不仅仅指人声音量的"大与小"或"强与弱"，而是在一定具体的语言环境中根据语言目的、关系、情感的需要，使用多种方法刻意修饰点染某些字、词，产生相对不同的声音效果。重音实际上是在一段语流中营造一些差异化的声音效果，这些差异化声音所对应的字与词就会在句子中显得与众不同，因而起到被突出强调的作用。体现重音的方法有重读、扬起、拉长、放轻、顿歇等不同的手段。

体育解说不同于文艺作品演播，不是"演"出来的，而是基于赛前准备的资料和赛事现场情况综合思考后，做出的真实客观公正的即兴口语表达。有的人虽然思维敏捷，但是说出来的语言却苍白平淡。如何将自己的思维转换成富于感染力和表现力的有声语言，是解说员需要练习的功课。

　　解说员应根据关键信息确定重音。在语言表达中，重音越少越有价值。重音多了，反而会被湮没在语流中无主次感。在不同的比赛场合中关键信息是动态的、变化的，因此重音也不是固定的。以下列举一些常见的寻找重音的思路，加点的字词表示该段语流中的重音。

1. 从赛事规则中寻找重点信息

　　接下来马上要进行的是女子个人争先赛的比赛。女子争先赛的比赛，现在我们要看到的是第二轮的比赛。那么女子个人争先赛在进入八强赛之后，都要进行三局两胜的比赛。现在进行的是前四名选手的半决赛。一共是两组，四名选手，每组的胜者将会进入最后决赛，争夺金牌，两组当中的负者将会进入铜牌赛的争夺之中。选手们在这轮当中需要三局两胜（赛事：里约奥运会场地自行车女子个人争先赛）。

2. 从赛事历程寻找重点信息

　　现在我们看到的是比赛当中的情况。这应该是在前方的第一集团，现在距离终点还有 68 公里，比赛已经进行了 2 小时 37 分钟。今天虽然是一个相对平坦的赛段，但是湖边的风还是比较大，所以现在把整个自行车队切分成了几个小的集团（赛事：2016 年第十五届环青海湖国际公路自行车赛"青海湖-刚察"赛段）。

3. 从赛事的级别寻找重点信息

　　现在举行的是乒乓球男单半决赛争夺战，到明天早上 8 点 30 分将进行男子单打冠军的争夺战。现在从形势上来看，马龙和张继科会师的可能性非常大。如果是这样的话，这场比赛将会是一场世纪大战（赛事：里约奥运会乒乓球男单半决赛马龙 VS 水谷隼）。

　　今天我们请周雅菲老师担任我们解说的评论顾问。刚才通过我们前面主持人介绍，大家了解到了今天有七个项目的比赛，其中四个单项的决赛，同时还有三个单项的半决赛。都有中国选手参加，现在马上将开始的是今天的第一项。这是女子 200 米自由泳的半决赛（赛事：里约奥运会游泳比赛）。

4. 从运动员的个人资料中寻找重点信息

　　现在马龙状态非常好，今天穿的红色的短袖，显得很精神。马龙在这几年可以说付出了极大的努力，按刘国梁教练的说法，他是一个完美主义者，对自己的要求过高，所以常常给自己增加一些常人没有的压力。但是这又是他的性格，所以很难改变（赛事：里约奥运会乒乓球男单半决赛马龙 VS 水谷隼）。

5. 从运动员的现场表现寻找重点信息

科贝尔纵然有一些紧张也是完全可以理解的，因为毕竟呢，这种巨大的机会，耀眼的光芒摆在眼前总是会有点儿炫目。还是没有完全躲开麻烦，30∶30，小威廉姆斯依然有机会逼出破发点。不错啊，科贝尔的一发产生了 ACE，虽然之前也出现了双误，但是这个 ACE 还是弥补了一下。一发的速度最快是 157km/h，这次在二区又是顺向了对手的近身，这是左手球员在二区的发球的优势，1∶1。保发一局之后，科贝尔心态应该会稍微地稳一稳，这时稳住一个定心丸很重要（赛事：2016 澳网女单决赛科贝尔 VS 小威廉姆斯）。

6. 在国际对抗中把本国运动员作为重点信息

双方的第一节比赛开始了。荷兰队首先发球，他们的一传不错。朱婷 4 号位进攻被对方防起来。荷兰队反击扣中。来看一下荷兰队今天的首发，他们今天主二传还是 14 号戴克玛，接应是 10 号斯洛特耶斯。主攻是 8 号皮特森和 11 号博伊斯。两个副攻是 5 号克鲁伊夫和 3 号贝烈恩。自由人是 16 号斯拉姆。在小组赛当中她们的队长 6 号格鲁图斯因为受伤，所以在后面的比赛当中皮特森取代了她的位置。中国队张常宁后攻把球打中（赛事：2016 年 8 月 19 日里约奥运女排半决赛中国 VS 荷兰）。

第二节 停 连

体育解说过程中的"停连"与文艺作品演播中的"停连"有很大的差异。传统的播音主持教学中，"停连"的意义在于破除标点符号对有声语言的干扰，体现在语句的停顿不受标点符号的制约，可做合情合理的停顿。具体而言，为了表情达意的需要，特别是没有标点符号的时候，那些语流、声音的中断就是停顿，有标点符号时，那些语流、声音不中断的地方就是连接。但是在体育解说工作中，除了各类体育仪式可以依据文稿播读外，体育赛事的客观规律要求解说词必须即兴完成。

即兴口语状态下，解说员也能使用停顿和连接。从生理角度看，解说员不可能一口气说出所有的内容，必须在不断呼吸的生理基础上完成语言工作。从语言表达角度看，生理需要受制于心理需要，只有服从于表达心理的需要才能使表达目的明显、意思完整。

在解说过程中，当一段语意没有结束时毫无征兆的停顿会使解说员的语言显得支离破碎、毫无章法。以"里约奥运会场地自行车女子全能计分赛"中的一段解说词实录为例，在即兴口语的文字听写记录中不添加标点符号，将解说员每一处停顿的位置标记"／"并编列序号，得到如下材料：

这轮呢也是女子全能比赛当中的决赛轮①／来看一下选手们在②／这一轮次当中的表现③／这是来自于④／香⑤／中国⑥／香港的选手⑦／在她旁边这是台北的选手萧美玉⑧／中国香港的选手是刁小娟⑨／选手们在等待着比赛的开始

以上语流中共有84个字，停顿了9次，其中不恰当的停顿位置是第二处、第四处、第五处、第六处。这几处停顿打乱了语流的层次，让人感觉解说员说话非常犹豫。

"多连少停"可以使语流显得完整，使话语层次显得分明。来看下面的例子，每一处停顿的位置标记"／"并编列序号。

好了观众朋友们欢迎回来继续关注我们为您带来的赛艇项目转播①／那么接下来我们要看到的是女子"双双"项目的比赛②／女子"双双"就是双人双桨③／跟我们刚刚看到的男子"双单"相比④／它的区别就是"双单"是两个人划⑤／每人手里只拿一支桨⑥／而"双双"每人手里可以拿两支桨⑦／比赛开始⑧／赛艇这个项目呢⑨／我们之前已经多次介绍⑩／再一次为观众朋友们介绍它的这种比赛的方式⑪／是背向终点前行的⑫／是所有奥运项目当中唯一的一个背向终点前行的⑬／因为今天的决赛当中只有女子的"四双"有中国队的比赛⑭／刚才已经结束了⑮／所以在这些没有中国队参加的决赛当中呢⑯／我们也偏重更多的向观众朋友们介绍一些赛艇的看点⑰／赛艇的一些基本知识和它的历史。

以上这段语流中共有275字，停顿了17次，解说员采用了很多处语气连接，一口气延续的时间较长，特别是第一句话一口气说完28个字。每一次停顿的位置在表达方式上稍有差异：

（1）落停。这种方式一般用在一个相对完整的语意结束之后。它的特点是：停顿时间较长；停时，声音停止气也耗尽；句尾声音顺势而落并停住。上述例子中的①、②、⑦、⑧、⑬都是落停。

（2）扬停。这种方式用在一个意思尚未完结、又需要停顿的地方。它的特点是：停顿时间短；停时，声音停止气未耗尽；停时根据自身需要可以适当偷气、抢气；停之前，语势稍上扬，或声音平拉开。上述例子中，剩下的停顿位置都属于扬停。

朗读以下解说词，体会停顿与连接的位置。在网络查找比赛视频资料，尝试关掉原版配音根据画面进行解说。

赛事：2014 年巴西足球世界杯决赛加时赛（解说节选）

好的，里佐利的哨子揭开了双方加时赛下半场比赛的大幕。阿根廷队在加时赛的下半场开球。双方现在都因为体力被消耗而出现了一些阵形上的松动以及动作的变形。局部动作的变形也会导致局部出现一些漏洞，可能之前保持非常完备的体系也会出现一些松懈，而另外一方在这样的情况之下能不能够把握住机会，在最后的 15 分钟，我们一起来见分晓。

帕拉西奥，转身！拉姆！

穆勒这个球并没有停到。阿根廷队在防守的时候两个人同时放铲踢倒了施魏因施泰格。裁判判了犯规。德国队的前场任意球机会。

这一下，施魏因施泰格是一条腿承受了对方四条腿的冲击，如狼似虎一般的两名防守球员。马斯切拉诺和比利亚两个人的动作一模一样，就像双胞胎兄弟一样。

德国队前场任意球，吊进来，第一点是帕拉西奥顶到。

萨瓦莱塔，阿奎罗！

现在是帕拉西奥和阿奎罗两个人顶在前面，梅西还经常得回到中场多要点球。

拉姆！德国队刚才两个人之间互相让了一下，还好球没有丢。

阿奎罗在这次拼抢当中手上有动作，他身上有一张黄牌，所以这次犯规比较敏感。手上的动作打倒了施魏因施泰格，阿奎罗是左掌挥在了施魏因施泰格的脸上。不过两个队员的注意力都是放在球上，阿奎罗的这种动作是在起跳的时候进行身体的平衡，但是呢阴差阳错的这一球正好是打中了小猪的眉骨，可能脸上已经破了！

啊！这一下打在了眼眶上，施魏因施泰格血染沙场！这也属于硬伤，施魏因施泰格也是对场下的第四官员施加点压力，让他注意对方的动作。

德国队场上获得任意球，小猪要在场边接受紧急的治疗。德国队任意球吊进来，阿根廷队的防守球员向球顶出，这一次判的是攻方队员犯规，两个人头碰头，阿根廷队员可能是把球顶出去，结果呢，德国队穆勒脑袋撞了上来，啊，确实！

德米凯利斯将球先解围出去，穆勒的脑袋撞在了他的头上，这下两人都吃亏了，那谁占便宜了呢？

施魏因施泰格的眼眶破裂流血了，那么队医在场边应该是紧急地用黏合剂给他黏合一下伤口，这个黏合剂有止血的功能，同时还能把伤口黏合起来，等到比赛之后再进行处理，甚至有可能还要缝针。

现在的足球恢复的医学手段也是越来越高明，以前没有这种伤口黏合剂的话，队医在场边就直接要开始拿针进行缝合。记得在欧洲杯比赛中，荷兰队的斯塔姆曾经就有过一次眉弓开裂，斯塔姆是条硬汉，在场边，队医就直接拿着针和线就开始对他进行缝合，那个时候也根本没有时间打麻药。

现在施魏因施泰格一直在场下接受治疗，场上德国队暂时是少一个人的。

紧急的黏合处理得非常快。小猪将要回到场上继续比赛。

一片掌声当中，受伤的德国队中场队员施魏因施泰格出场！回到了战斗当中。他为德国国家队的出场已经是108次了，打进了23粒进球，这是他第三次参加世界杯的比赛。这就是施魏因施泰格！他的伤口被清洗，然后止血，从刚才伤口流血的情况来看应该是一个比较浅层的伤口，可能阿奎罗刚刚那一下并不是直接打破了伤口，可能是指甲刮到。

阿根廷队帕拉西奥在这次进抢的过程当中动作有点大，引起了德国队一片不满之声。刚才替补席上的队员都已经站起来了。

德国队边路传！好机会！停！球进了，球进了！19号格策！比赛的第113分钟！德国队1：0领先！这是突然的一次左路加速！113分钟！德国总理默克尔也起身欢呼！格策现在表情还有点茫然！因为他不知道自己的这个进球有可能会为德国队带来什么！格策的进球让德国队1：0领先啦！

第三节　语　气

语气是指在一定的思想感情支配下，具体语句的声音形式。具体的思想感情是语气的灵魂。

众多体育赛事之所以风靡世界，很大程度上是因为其中包含了复杂的人类情感。客观公正的体育解说并不意味着声音的冷酷和语气的平淡，在解说过程中客观真实地反映喜悦、愤怒、焦急、反感等不同的情感与态度，才是一个形象立体丰满的解说员。但是，需要遵守适度原则。解说员不是比赛场上的主角，所以需要隐退自我，不能喧宾夺主，遮盖了运动员和教练员的光芒。解说员在拿捏语气时，可以适当表明个人立场和态度，但切勿使用朗诵式或话剧表演式的夸张艺术语气。

语气能够体现声音的高低、强弱、长短等，语气表露出来形成各种语势。语势直接体现着语气。语势的形成，也集中体现出语句目的、语气色彩、语言分量及表达重点。以下介绍5种基本语势。

1. 波峰类

这种语势起始于波腰，行至波峰，终止于波腰。状如水波，中间是波峰（为重点）。

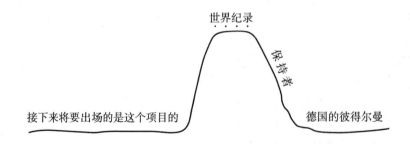

2. 波谷类

这种语势状如山谷，重音可在波谷或波腰。状如水波，中间是波谷。

3. 上山类

这种语势状如爬山，盘旋而上，步步登高，语势上行。

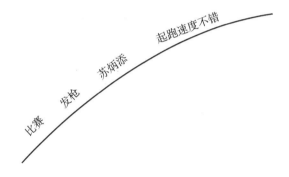

4. 下山类

这种语势状如下山，曲折而行，顺势而下，气势下行。

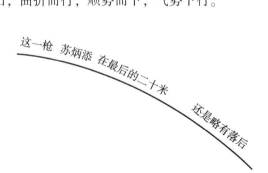

5. 半起类

这种语势上至山腰，气提声止，或者半山起步，上行，再下山。

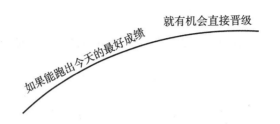

就有机会直接晋级

如果能跑出今天的最好成绩

以上五个例子均来源于里约奥运会男子 200 米自由泳决赛中周雅菲的解说，它们既有横向的延续与停连，又有纵向的高低，还有句子的重心，能够体现出周雅菲本人的思想感情、运动状态。解说员的个人情感可以通过语势流露出来，从而感染观众。但这种情感流露一定要克制在一定范围内，不能"激动地说不出话"。

模拟训练　　朗读以下解说词，对照观看赛事视频，体会解说员与嘉宾的情感交流。

赛事：2017 年第十七届国际泳联世锦赛
跳水男子双人 3 米板决赛（第三轮动作）

解说员：张萌萌

嘉宾：吴敏霞

张萌萌： 下面来到第三轮，从这轮开始呢就是自选动作了，我们看到，很明显，翻腾的周数和转体的圈数要多了很多。当然动作难度也是成倍的增加。5337D，来自意大利的这对搭档，他们完成的动作是反身翻腾一周半转体三周半。

吴敏霞： 我觉得观众从前面两轮看完以后可能有点想睡觉，这轮开始可能就又清醒过来了。

张萌萌： 你们平时训练的时候会不会也觉得练规定挺没有意思的？

吴敏霞： 不是，挺没意思的，就是练到后面有时候会突然间不知道怎么跳，就是真的是说越简单的动作有时候自己可能会蒙圈的状态。跳得越多就越不知道该怎么跳。

张萌萌： 下面是澳大利亚选手卡特和查韦斯，向前翻腾三周半。

张萌萌： 两个人在动作节奏上啊就像滚车轮一样彼此追逐，这时候在同步性上就有非常大的差异了。

吴敏霞： 我发现这对组合里面就有一名，这个项目唯一的一名 2000 年以后出生的年轻运动员，很年轻。

张萌萌： 在这次来到世锦赛的澳大利亚队，还是经历了非常大的变化。他们有很多年轻的选手代表自己的队伍来参赛，同时在教练队伍上也有了非常大的改变。现在澳大利亚队的四位国家队的教练是之前在英国队挖到的两位，还有在俄罗斯挖到的两位。

张萌萌：韩国组合金永南和胡何朗，向前翻腾两周半转体两周。

吴敏霞：从走板的声音来看，他们就没有很好地去找到这个板的节奏，所以做出的动作有点儿匆忙。我看他后面整个动作都有点儿甩过去。

张萌萌：拿到了 65.28 分。

吴敏霞：其实两个人不管同步怎么样，只要动作两个人没跳好，其实也会影响他们的同步分。

张萌萌：蒂亚戈洛佩兹和祖尼拉丝。所以实际上真正这两位搭档，他的能力到达一个什么水平还是要看在后面自选动作里的体现。之前的两轮规定动作，我们看到没有出现太大的问题，都挺同步的。

吴敏霞：因为动作简单，可以迁就得多一点。但是自选动作你迁就多了会影响自己。可能一个运动员是靠起跳高度完成动作，另一个运动员是靠速度完成动作，这些方面都会有技术上差异。

张萌萌：刚才墨西哥队在完成这一跳之后是 168.60 分。超过了之前的韩国选手，排在第一。在决赛当中，各位选手的出场顺序是预赛排名的倒序。也就是说越往后出场的队员，他的预赛排名越高。这也保证了这场比赛是越来越精彩。

张萌萌：很同步，个人的质量略微差了一些。

吴敏霞：靠近池边的这名选手的入水效果差一些。但是从同步性来说，这两名选手做得不错。

张萌萌：我们可以从不同的角度来了解选手整个动作的一个情况。拿到 78.54 分。可以了解一下，个人的技术分基本上在 7 分、7.5 分、8 分，这样一个水平里。但是他们的同步分在 8 分以上。其实国际泳联也是一直在不停地强调各位裁判员在打分的时候尽可能客观地只关注自己要打的分数。比如说你是一个同步分的裁判，你只要看这两个人是不是同步就好了，如果他们的技术并不太好，那是其他同行的工作范围。

张萌萌：下面是德国选手法克和豪斯汀。这一对选手 5353D，反身翻腾两周半转体一周半。

张萌萌：豪斯汀很高啊。所以他在做动作的时候，半径比较大。这也限制了他的难度发展。

吴敏霞：其实德国选手身高都挺高的，这两名选手差不多其实。

张萌萌：76.23 分。

张萌萌：克劳迪和克瓦沙，来自乌克兰的这对选手。

吴敏霞：向内翻腾三周半抱膝（407C）。

张萌萌：都不够了一点。

吴敏霞：对。高度完成欠缺一些，所以入水会不够充分。

张萌萌：其实对于很多观众来说，水花的大小，是评价一个动作是不是足够好的一个很重要的标准。

吴敏霞：对，大家看跳水可能第一……

张萌萌：看水花小不小。

吴敏霞：对，最简单的就是看水花，但是对水花来说，可能跳台的直观性更强一些。那在跳板方面，可能还需要考虑高度，毕竟跳板是活的。以及腾空、垂直度，其实，3 米高，直观地说，仅凭水花去打分，那可能越年轻的选手水花越小。

张萌萌：身体小小的。

张萌萌：英国的奥运冠军搭档开始上难度动作 5154B。他们这一对搭档，应该说跟其他选手最大的领先之处就是在于有一个特别大难度的 5156 这一跳。在这个动作的基础上再多转一周，也是今天我们看到的三个动作中最大难度。所以……

吴敏霞：第五轮他们会选择……

张萌萌：既然能做 5156，在做 5154 的时候，就会更加的轻松。刚才看到他们两个人完成动作的余地还是挺大的。这样在刚才这一跳结束之后英国队已经 184.02 超过了之前领先的第一位。

张萌萌：下面是加拿大搭档菲利普·加根和弗朗西斯科·杜拉特。

吴敏霞：在走板跨上去的第一下那一步没有完全踩到板头，所以可能第二下就会有些影响。

张萌萌：受到个人能力的限制他们两位在动作难度方面一直都不太高，有时在一组范围，但没有做四周半。

张萌萌：下面来到场上的是美国选手多曼和麦克希松。这次美国队的 17 个参赛队员当中只有四个人是参加过奥运会的，其他全部都是新队员，也是经过了一次大换血。

吴敏霞：真的是很有默契！几乎从起跳、打开、转体到入水的节奏都很一致、很一致。因为又翻又转，其实真的完全能感受到一致还是很难的。

张萌萌：关键是动作特别多，连接又快。

吴敏霞：因为每个人的技术风格以及他的发力点会不同，翻腾还好控制一些，又翻又转这个动作对双人项目来说要求非常高！

张萌萌：这样，美国队这一跳下来，已经是超过英国队，排在第一了。超过英国队 2.04 分。

张萌萌：下面是俄罗斯的奥运银牌获得者库兹涅佐夫和扎哈罗夫。起跳高度也是一直……他们这一对儿啊，很值得称赞的一个技术特长：向后翻腾三周半抱膝（207C）。一般来说，走板起跳的动作更容易获得高的起跳。

吴敏霞：207 抱膝这个动作对男子跳板可能会有一些难度。而且双人选择这个动作是更少！今天看到俄罗斯队的选择，诶，我们中国选手也有这个动作，也挺少的。

张萌萌：他们会在第五轮（出现这个动作）。俄罗斯队是既选了二组的向后，又选了三组的反身。中国队是只有一个二组的向后，然后选了一个四组（动作）。

张萌萌：下面是曹缘和谢思埸，这一跳向内翻腾三周半抱膝（407C）。在今年的四站系列赛上他们赢了三站，只在温莎站输了一场，就是输给俄罗斯的搭档。

吴敏霞：很漂亮，两个人的个人动作完成非常棒。

张萌萌：空中的节奏也是完全找齐了。

吴敏霞：我相信他们通过这样一个大赛，以后会越来越好。因为他们心里会越来越有底。

张萌萌：这一跳拿到了 89.76 分，从实际得分上看，还是非常理想。这样中国队已经是第一，超过 190 分的成绩排在第一。俄罗斯第二，美国第三，英国第四，德国第五，马来西亚排在第六位。所以说目前各支队伍他们彼此之间的分差还是挺小的，尤其是第二名到第四名只差了两分。第二名和第三名差了 0.5 左右。

吴敏霞：这对于男子项目……

张萌萌：这几乎算是没差距。

吴敏霞：就是你差十分，你都很有可能到时候被追上。

（注：括号内的文字是笔者的标注）

第十一章　解说员的话语逻辑

我们常用"妙语连珠""出口成章""锦心绣口"等成语形容一个人口才好，这些成语的释义中都提及"文思巧妙或敏捷"，其实质是对语言"逻辑性"的褒奖。语言是思维的反映，思维的四种基本形式包括"概念""判断""推理""论证"，因此这四种思维形式也应该体现在语言的组织过程中。"Summarizer"是"解说员"的英文对译词之一，从该单词的涵义来理解，"解说员"的语言组织过程就是不断地"作总结""做概括"。从逻辑学的角度看，优秀的"总结与概括"是经由"概念"出发，展示"推理"和"论证"过程，体现理性精神。

第一节　下定义的方法

1. 体育解说语言中的词项、概念和定义

在语言学中，"语词"是最小的能够独立运用的语法单位，一般可以将语词分为实词和虚词两大类。"词项"是逻辑学中的术语，指最小的能够独立运用的意义单位。"词项"总是要表达一定的意义，而"词项"的意义又分为"内涵"和"外延"两个方面。内涵是指该词项所表达的概念，也就是该词项所指称的那个或那些对象所具有的并且被人们认识到的事物的特有属性或区别性特

征。外延是指该词项所指的某个对象或某些对象的集合或类。

定义，就是以简短的形式揭示词项（概念）、句子（命题）的内涵和外延，使人们明确它们的意义及其使用范围的逻辑方法。定义通常包括三个部分：被定义项、定义项和定义联项。被定义项就是在定义中被解释和说明的词项、概念或命题。定义项就是用来解释、说明被定义项的词项、概念或命题。定义联项是连接被定义项和定义项的词项，例如"是""就是""是指""所谓……就是……"和"当且仅当"等。① 因此，定义有下述形式：

D_s 是 D_p；

D_s 就是 D_p；

D_s 是指 D_p；

D_s 意味着 D_p

D_s 当且仅当 D_p。

所谓 D_s，就是 D_p。

在这里，D_s 代表被定义项，D_p 代表定义项，其他部分代表定义联项。

2. 体育解说中出现的定义种类

根据不同的标准，定义可以区分为不同的类型。词项都有内涵和外延，因此，要明确一个词项，既可以从内涵角度着手，也可以从外延角度着手，于是有"内涵定义"和"外延定义"；被定义项可以是某个词项所代表、指称的事物、对象，也可以仅仅是该词项本身，于是有"真实定义"和"语词定义"。②

如果想系统地了解定义的种类和定义的原则，应该找一本逻辑学专著仔细阅读。由于体育解说是一种即兴状态下的口语表达，因此解说员在界定某些体育相关概念时无法做到如同书面语般精确，口语中常见的简称、省略也会破坏词项的内涵或外延。尽管如此，体育解说过程中免不了下定义，只是这些定义比较粗略，并不严谨。以下列举一些解说员常用的定义类型。

（1）内涵定义

①发生定义：从被定义词项所指称的事物的发生、来源方面揭示种差的定义形式。种差（Determinant）是把隶属一个更一般的概念的某个类区别出来的标志或属性。

独竹漂是贵州独具特色的民族传统体育项目。流行于黔北赤水河流域，原来是当地群众在生产生活中渡河的一种方式，后来演变成一项传统的体育活动，具有较高的竞技、健身和观赏价值。

---

① 陈波：《逻辑学十五讲》，北京大学出版社 2016 年版，第 71 页。
② 陈波：《逻辑学十五讲》，北京大学出版社 2016 年版，第 73 页。

②功用定义：以某种事物的特殊用途作为种差的定义形式。

> **张萌萌**：这个镜头看得特别清楚啊，我们来介绍一下跳板旁边这颗大的螺丝。
> **吴敏霞**：这对于我们来说是一个滚轴。就是调节板的软硬度。
> **张萌萌**：越靠后越软，越靠前越硬。

③操作定义：通过对一整套相关的操作程序的描述来给被定义项下定义。

> 独竹漂顾名思义就是参与者脚踏漂浮在水面上的整棵楠竹，在水面上漂行。

（2）外延定义

①穷举定义：如果一个词项所指的对象数目很少，或者其种类有限，则可以对它下穷举的外延定义。

> a. 男孩儿在比赛里面，双人六轮动作分别是，前面两个是规定动作后面四轮是自选动作。在规定动作当中我们听到的更多是相对简单的半周或是一周半的动作。
> b. 今天来到比赛当中的 12 对搭档，也就是 24 位选手当中有 4 个曾经拿到过奥运会冠军，分别是：中国的曹缘，英国的这对杰克和克里斯·米尔斯，以及俄罗斯的扎哈罗夫。

②列举定义：属于一个概念的外延的对象数目很大，或者种类很多，无法穷尽地列举，于是就举出一些例证，以帮助人们获得关于该概念所指称的对象的一些了解。

> a. 在这个奥运周期当中，保加利亚正在经历更新换代，一批名将传奇人物的退役，例如公开水域的斯托伊切夫，退役了。
> b. 在世界体育版图，巴西似乎从来都不是奥运会当中的主角，但是在很多单项当中，他们是重要的组成力量，比如柔道、帆船帆板、足球、排球和马术等。

（3）语词定义

约定性定义：解说过程中，为了简便和实用，有时候也为了避免一些熟知词语往往带有的某些不相关意义的干扰，需要发明新词，或者需要使用缩略语，这都要求对该新词或缩略语的意义有所规定。

> 那么接下来我们要看到的是女子"双双"项目的比赛，女子"双双"就是双人双桨。

讨论：体量巨大的体育名词和多如繁星的运动员姓名是摆在初学者面前的障碍。例如足球项目中的"点球""主罚""直塞""高中锋"；赛艇项目中的"桨频"；冰壶项目中的"本垒"和"营垒"，等等。想一想，是不是所有的概念都需要体育解说员逐一解释？解说员应该在什么时机进行解释？

第二节　复合命题的运用

逻辑研究推理，而推理由命题组成，推理的前提和结论单独看来都是一个个命题。我们可以把"命题"理解为语句的涵义，涵义既能够是"真的"也能够是"假的"。狭义地理解语句，所有的命题都由语句表达，且所有语句都表达命题。在逻辑学领域中，为了研究的方便，引入了一些特定符号作为表达式。例如，使用小写字母 p，q，r，s，t 等来表示任意一个命题，使用符号"∧""∨""→""↔""¬"来依次表示"并且""或者""如果，则""当且仅当""并非"这五个联结词。

简单命题就是不包含其他命题的命题，只能把它分析为不同的词项，不能再把它分析为其他命题。复合命题则是包含其他命题的命题，它是用一定的联结词连接其他命题而形成的。复合命题包括联言命题、选言命题、假言命题、负命题，它们各有标准形式，如表11-1 所示：

表 11-1

类型	分类型	标准形式
联言命题		p 并且 q
选言命题	相容选言命题	p 或者 q
	不相容选言命题	要么 p，要么 q，二者必居其一
假言命题	充分条件假言命题	如果 p 则（那么）q
	必要条件假言命题	只有 p，才 q
	充分必要条件假言命题	p 当且仅当 q
负命题		并非 p；并不是 p

相较于严肃类节目的播音员和主持人而言，体育解说员的工作语言样态更加偏向于日常生活中的自然语言，随意性较强。因此，解说员口述的复合命题常常省略掉联结词，有多种表述形式。

（1）联言命题

①我们看到丛林的大幕和地面的影像都是投影仪所创造的（场景：里约奥运开幕式；解说员：张斌）。

②如今巴西的街头，在海滩，在平民区，到处都可以看到练习跑酷的年轻人（场景：里约奥运开幕式；解说员：白岩松）。

③因为瓦林卡这两次的发球并没有完全减速而且落点诉求很高（场景：澳网；解说员：童可欣）。

④从去年的法网开始，萨法洛娃晋级，然后穆古鲁扎进温布顿的决赛（场景：澳网；解说员：童可欣）。

（2）选言命题

无论是佩内塔还是文奇，都是说比较的，让人意想不到，都是杀入大满贯的决赛，或者是说最终击败了排名比自己高很多的种子选手能够来到这个阶段让大家感到意外（场景：澳网；解说员：童可欣）。

（3）假言命题

①她一旦跑动起来失误的机会就会大增（场景：澳网；解说员：童可欣）。

②而阿曼同伊朗的比赛，如果阿曼不能胜伊朗5球以上的话，对中国队来讲是有利条件（场景：足球世界杯预选赛；解说员：贺炜）。

（4）负命题

球员的肌肉类型所造成的击球发力效果是不一样，并不和身高成正比（场景：澳网；解说员：童可欣）。

复合命题由支命题通过一定的联结词形成，联结词体现了支命题相互之间以及支命题与复合命题之间的逻辑关系。能够熟练运用联结词表达逻辑关系的解说员思路更清晰，更容易取得好的传播效果。但是，有些联结词在自然语言中并不常用，例如"当且仅当"一词很少在口语中使用。日常语言中，有一些复句关系词比标准形式的逻辑联结词使用频率更高。

白岩松的体育解说具有很强的逻辑性，因为他习惯于在口语表达中大量使用复句关系词。复句关系词是汉语语流中的逻辑信号。在口语交流时，句子与句子之间如果使用逻辑信号词连接，就能使说话者清晰地表达语义，增加沟通的效率。汉语复句分为因果类、并列类、转折类三大关系，它们都有特定的复句关系词语作为形式标志。复句关系词语是复句中用来联结分句标明关系的词语。以白岩松在里约奥运会开幕式上的解说文本为分析单位，通过词频统计观察复句关系词的数量，对照同一时段央视体育频道的解说文本，归纳白岩松在体育解说过程中的语言逻辑偏好。复句关系词的分类标准和标志性词语依据邢福义编写的《汉语语法三百问》。

根据分析结果（见表11-2），白岩松在28032字篇幅的解说词中，使用了452个典型复句关系词，其中关联副词的比例最高。央视体育频道解说员张斌和沙桐在40588字篇幅的解说词中，使用了417个典型复句关系词，也倾向于使用关联副词。从整体来看，白岩松在解说过程中使用各类复句关系词的比例都明显高于体育频道版本解说词的复句关系词比例，因此，白岩松的体育解说更容易让受众感觉到逻辑性和严谨性。

表 11-2   白岩松在里约奥运会开幕式解说过程中使用的复句关系词统计

复句关系词的类型	标志性词语	白岩松版解说词中的复句关系词词频	体育频道版解说词中的复句关系词词频
句间连词	因为	37 次	14 次
	所以	8 次	4 次
	虽然	12 次	4 次
	但是	48 次	34 次
	但	20 次	4 次
	而且	10 次	20 次
	而	41 次	58 次
	句间连词占解说词总字数的比例	0.62%	0.34%
关联副词	就	94 次	114 次
	又	27 次	7 次
	也	82 次	109 次
	还	69 次	45 次
	关联副词占解说词总字数的比例	0.97%	0.67%
助词"的话"		3 次	4 次
	占解说词总字数的比例	0.01%	0.0099%
超词形式	如果说	1 次	0 次
	若不是	0 次	0 次
	不但不	0 次	0 次
	总而言之	0 次	0 次
	别说	0 次	0 次
	超词形式占解说词总字数的比例	0.0037%	0

讨论：分析贺炜在 2018 年俄罗斯世界杯亚洲区预选赛（中国 VS 卡塔尔）中的一段解说词运用了什么样的推理。

贺炜：中国队在最后一轮如果想要从小组当中最终出线的话，事实上战胜卡塔尔只是一个前提，还要同时满足至少三个条件才能够出线。现在有一个条件，澳大利亚队已经帮我们做到了，澳大利亚队以 5：1 在稍早结束的一场比赛中击败了约旦，这样约旦已经是在小组第二名的争夺上处于劣势。那么比中国队的比赛早开始一刻钟的朝鲜队的比赛，朝鲜客场同菲律宾的比赛，如果朝鲜不能战胜菲律宾的话，对中国队来讲也是个有利条件。而阿曼同伊朗的比赛，如果阿曼不能胜伊朗 5 球以上的话，对中国队来讲是有利条件。还有伊拉克和阿联酋，它们分别不能战胜自己小组赛最后一轮的对手，伊拉克的对手是越南，阿联酋的对手是沙特，这两支球队都是主场作战，当然伊拉克的国内形势不是很稳定，所以它的主场是安排在了伊朗德黑兰。这就是现在中国队面临的形势。

第三节　直言命题的运用

如果将一个命题作主谓式分析，即把它拆分为不同的构成要素：主项、谓项、联项和量项，经过主谓式分析的命题是直言命题。主项是表示直言命题所阐述的对象的那个词项，既可以是表示一般对象的普遍词项，又可以是表示特定对象的单独词项，还可以是限定摹状词。谓项是表示直言命题所阐述的对象所具有的性质的那个词项，可以是形容词、动词或者更复杂的结构。联项是连接直言命题的主项和谓项的词项，它决定直言命题的质。量项是表示直言命题所刻画的对象的数量或范围的词项。

直言命题又叫做"性质命题"，它断定了某种对象具有或不具有某种性质。按照直言命题分析方法解构如下命题："所有条件成型的前提是中国队在今天的比赛当中要在主场击败卡塔尔。"

"所有"是量项；
限定摹状词"条件成型的前提"是主项；
"是"是联项；
"中国队在今天的比赛当中要在主场击败卡塔尔"是谓项。

直言命题的基本结构是：量项+主项+联项+谓项。如果由一个共同词项把两个直言命题连接起来，得出一个新的直言命题作为结论，这种形式就是三段论。三段论由古希腊哲学家亚里士多德最先提出，是一种归纳逻辑，说话时如果遵循这个原理，话语将十分有说服力。在修辞学中，一段话语里出现共同词项被称为"反复"修辞。

著名主持人白岩松在不同类型的节目中经常使用三段论。需要指出的是，在主持人的口语表达中出现的三段论常常不是标准形式。例如："人的一生呢，很长很长，但是古人呢，用四个字就把这很长的一生给概括了：生、老、病、死。这样的一个人生过程，无论是你的父母还是你的孩子，谁也无法完整地贯穿你的全过程，生、老、病、死。但是有一个职业却是生老病死始终离不开的，就是医生！是啊，生、老、病、死，哪个阶段离得开医生呢，但是如果我们把医生当成敌人的话，后果会是如何呢？"这段话出自 2012 年 3 月 26 日《新闻 1+1》播出稿，其推理形式是：

所有的人都要经历生、老、病、死。

所有的生、老、病、死都离不开医生。

所以，所有的人都离不开医生。

当白岩松解说大型运动会的开幕式时，他经常会有意识地重复某一个词语或者某一个句子，实质上是使用了三段论。这样做既能突出重点信息，又能引起观众的注意。2010年广州亚运会，白岩松第一次在大型运动会开幕式上担任解说员，他在解说文艺表演环节"大地之水"时，第一句话就使用了词汇反复。此后，他在解说奥运会开幕式时也保持着同样的语言修辞习惯。以下例子中的加点部分为"反复"修辞方法（见表11-4）。

表 11-4　　　　　　白岩松在体育解说过程中使用的"反复"修辞案例

时　　间	解 说 内 容
2010 广州亚运会	一个大型运动会的开幕式从哪里开始呢？就从这一滴水开始，它是生命的起源，也似乎是这座城市的开始。因此有人开玩笑地说，这是一滴水引发的开幕式
2016 里约热内卢奥运会	巴西人有一句名言，万事走到尽头都会尽如人意，如果还不能尽如人意，一定是未到尽头。那么还有不到两分钟时间就是里约奥运会准备的尽头，这是不是意味着尽如人意的视觉盛宴将呈现在世界面前

以上案例都出现在白岩松解说词的开篇部分，从逻辑学的角度分析，他的这种修辞习惯恰好营造了三段论的效果。三段论的基本结构是"大前提"和"小前提"一起推导出"结论"。用三段论表示白岩松的逻辑如下（见表11-5）。

表 11-5　　　　　　白岩松借用"反复"修辞手法构建起"三段论"

时间	三段论逻辑分析
2010 广州亚运会	大前提：开幕式由开始引发 小前提：一滴水就是开始 结论：一滴水引发开幕式
2016 里约热内卢奥运会	大前提：万事走到尽头都会尽如人意 小前提：里约奥运开幕式的准备工作已经走到尽头 结论：里约奥运开幕式的准备工作尽如人意

逻辑学在辩论、思考、写作、说话的过程中有实际的功用和效力，解说员在即兴口语表达中如果能适当借鉴一些逻辑方法，将有效提高表达和交际的能力。

附录：解说词赏析

　　对于没有体育专业背景的播音主持学习者而言，学习解说的最佳方式是要听专业体育解说员的解说，分析他们的表现，并模仿他们的出色之处。通过模仿优秀的体育解说，逐渐形成自己的解说风格。本书的最后部分将提供一些重点赛事的解说词实录，供读者参考借鉴。

　　在学习解说词的过程中要特别注意实词。实词是能够单独充当句子成分的词，包括名词、动词、形容词、副词、代词、数词和量词，其中名词、动词、形容词是需要初学者平时积累的。当你感觉到体育解说很难入门的时候，很大一部分原因是不能掌握数量庞大的体育名词和体育动词，或者没有足够的形容词用来描述赛事现场。通过对解说词进行词频分析，读者可以发现，艰涩难懂的项目规则词汇出现的频率并不高，因为专业的解说员会采用一些通俗的说法解释体育专业规则。

　　逻辑学认为词项是最小的能够独立运用的意义单位。根据词项是正面刻画还是反面否定所指对象的性质，分为"正词项"和"负词项"。正词项是指那些重在说明所指对象是什么，或具有什么性质的词项。例如，"维考特的后程加速能力越来越强，他在后面40米超到第一位。获得冠军的仍然是来自法国的维考特，今年维考特整个的状态包括他进步的速度还是非常明显的，10秒02，还是没有破10秒"。这两句话中描述维考特的"第一""越来越强""冠军""进步"等词项都属于正词项。一般而言，负词项前面带有含否定意义的语词"无""不""非"等字样。虽然"没有"也具有否定意义，但是"没有"这个词的词性是副词，它不能正常地或单独地充当陈述句的主词和谓词，因而不是词项。只有普遍词项，即指称一类事物的词项才会有相应的负词项。

运用开放的 NLPIR 汉语分词系统对 3000 字以内的解说词案例进行词频分析和情感态度分析。从情感态度词中可以发现中文体育解说员总是传播正能量，对体育人物形象的描述以正面刻画居多。

根据中国广视索福瑞媒介研究（CSM）对 CCTV-5 播出的体育项目数量统计，在 28 个夏季奥运会大项和众多非奥项目中，仅有少数体育项目有机会在电视屏幕上与观众见面。以下为 2019 年和 2021 年中央台五套各主要运动项目在体育类节目中的播出比重与收视比重统计。

2019 年 CCTV-5 各主要运动项目在体育类节目中的播出比重与收视比重

序号	运动项目	播出比重%	收视比重%
1	足球	17.28	15.63
2	篮球	10.49	18.88
3	冰上/水上运动	8.82	6.31
4	其他赛事	8.57	5.66
5	乒乓球	6.00	8.13
6	排球	5.55	8.94
7	网球	3.12	1.55
8	台球	2.51	2.19
9	搏击	2.40	1.33
10	羽毛球	2.18	2.14

2021 年 CCTV-5 各主要运动项目在体育类节目中的播出比重与收视比重

序号	运动项目	播出比重%	收视比重%
1	足球	18.84	9.10
2	篮球	12.39	12.59
3	冰上/水上运动	11.23	7.99
4	台球	5.66	2.94
5	乒乓球	5.23	10.93
6	网球	3.74	1.4
7	羽毛球	3.32	2.79

序号	运动项目	播出比重%	收视比重%
8	排球	2.83	7.37
9	搏击	2.69	1.43

由于赛事版权资源和频道容量限制等因素的影响，运动项目的播出比重并不均衡，逐渐导致拥有高曝光率的运动项目成为重点体育项目。这意味着体育解说初学者通过电视媒介接触到的运动项目也是不均衡的，所以，不要奢望精通所有体育项目的规则，只需要熟练掌握自己的解说主项即可。

一、田径项目解说示例

1. 男子 100 米

赛事： 2016 国际田联钻石赛伦敦站男子 100 米决赛

解说员： 杨健

马上要进行的是男子 100 米的决赛，在预赛之后的一个半小时开始。来看看，在第一道是英国选手吉尔利（Richard Kilty）。第二道吉姆·科林斯（Kim Collins），他也进入决赛，虽然在预赛当中后程有点儿失常，也不是说失常，就是说竞争力不足，但是也进入到决赛。以赛亚·扬（Isiah Young）是在第三道。预赛当中排名第一的维考特（Jimmy Vicaut）在第四道。第五道是福特（Julian Rorte）。这是另外一个小组的第一尤贾贺（Chijindu Ujan），来自英国本土的选手。布莱希（Marvin Bracy）美国选手在第七道。第八道是马尔蒂纳（Churandy Martina）荷兰老将。第九道是迈克·罗杰斯（Michael Rodgers）。在这一枪比赛中没有绝对优势的运动员。这可能是最难以预判冠军的一枪，从预赛来看维考特和尤贾贺两个人应该是状态最出众。

好的，比赛开始！看看这边启动加速，福特的状态还是非常不错，维考特的后程加速能力越来越强，他在后面 40 米超到第一位。获得冠军的仍然是来自法国的维考特，今年维考特整个的状态包括他进步的速度还是非常明显，10 秒 02，还是没有破 10 秒。

这个比赛的气场是很特殊的，今天的两枪预赛加一枪决赛，大家水平都很接近，因为没有博尔特，没有加特林，没有布鲁梅尔，没有一批这样的，今年状态最好的选手。因为大家的实力都是，最好成绩在 9 秒 9 几这样的水平，然后在预赛决赛当中都是互相的影响，互相压制，所以这种比赛当中很难完全释放出自己的最强状态。（片段慢镜头回放）从预赛到决赛来看，这个水平都不高，但是竞争非常激烈。彼此之间的互相影响，这个比赛非常较劲，很难百分之百地发挥。（全程慢镜头回放）出发之后以赛亚·扬处于领先，但是在 50 米之后，维考特的优势就完全体现出来，在外道的布莱希也是在后程冲到了前面。马尔蒂纳在 70 米之后，就是在最后的，还剩 30 米的时候突然一个向上的位移，果然是一个 200 米的高手，越到后程，能力越强，而他前程确实是爆发力方面不占优势。大家可以看到在 70 米之后突然地向前位移，一下子压到了第三或者是第二的位置，但是维考特的优势还是非常的明显。

【解析】

在比赛正式开始前的 2 分 26 秒内，解说员用 236 字的篇幅分别介绍了运动员的基本资料，最后用一句话点评。在比赛过程中 10.2 秒的时间内，解说员说了 45 个字，即"好的比赛开始看看这边启动加速福特的状态还是非常不错维考特的后程加速能力越来越强他在后面 40 米"。在快节奏的比赛项目进行过程中，解说员的创作时间转瞬即逝，因此解说员需要严格按照项目特点制定解说内容。

100 米跑是一个完整的过程，不过在训练和教学的过程中，为了更清楚地说明运动员在跑动当中的技术、体能的变化，专业人员将这短短的 100 米跑分为起跑、加速、达到最高速度、保持速度这四个阶段。这几个阶段主要是以人体运动速度的变化进行区分。以博尔特为例，牙买加飞人无敌天下，但他在起跑和前程加速阶段往往并不占优势，闪电的超人之处在于恐怖的后程，根据测算，百米比赛中博尔特在 60~80 米才达到速度巅峰。他的最高瞬间速度可以达到每小时 45 千米，与此同时，博尔特保持速度的能力远远超出一般运动员，因此后程无敌变成了闪电的标签。对于百米运动员来说，速度顶点出现得越晚，也就说明他的能力越强。100 米跑当中，节奏是非常复杂的。只有合理的分配体力，掌握好技术，才有可能跑出好的节奏来。

解说员在比赛结束后立即做了点评，慢镜头回放时重点解读了比赛中的技术细节。杨健本人有 11 年的专业田径训练经历，因此特别能理解田径训练的枯燥与艰苦，他认为"当你看到田径赛场上每一个细节的时候，你的神经和你的思想都会有一种条件反射式的反馈，用最简单、最容易理解的语言把它表达出来，这就是我对田径解说的一种理解。"

解说词词频统计

名词		动词		形容词	
内容	频率	内容	频率	内容	频率
预赛	7	决赛	6	失常	2
维考特	7	比赛	4	明显	2
状态	5	没有	4	完全	2
优势	4	来自	2	绝对	1
选手	4	开始	2	出众	1
水平	3	加速	2	不错	1
尤贾贺	2	看看	2	特殊	1
布莱希	2	进入	2	激烈	1

续表

名词		动词		形容词	
以赛亚·扬	2	可能	1	不足	1
能力	2	来看	1	突然	1

解说词情感分析

分类	情感分析		情绪分析						
	正	负	乐	好	怒	哀	惧	恶	惊
得分	59	29	2	11	0	1	0	4	0
权重	67.05%	32.95%	11.11%	61.11%	0	5.56%	0	22.22%	0

特定人物形象塑造得分

人物	人物正面得分及权重	人物负面得分及权重
维考特	3.83 / 88.45%	0.5 / 11.55%

2. 男子 110 米栏

赛事： 2004 年雅典奥运会男子 110 米栏决赛

解说员： 杨健

观众朋友们，激动人心的男子 110 米栏的决赛马上就要开始了。我们看到，参加决赛的 8 名选手现在已经站到了起跑线上。刘翔是在第 4 道。我们现在确实非常的激动，也希望刘翔能够在今天的比赛当中保持一个平稳的心态，因为在技术性要求这么高的 110 米栏的比赛当中，比的就是谁不犯错误，谁的心态更加平静，谁就有可能在比赛当中获得胜利。因为这个项目对整个节奏、对细节环节要求太高了。

来看看参加决赛的 8 名选手。排在第 1 道的选手是来自加拿大的阿伦。拉脱维亚的奥利加尔斯，他也是曾经战胜过阿伦·约翰逊的年轻人，他今天是在第 2 道，最好成绩也曾经跑出过 13 秒 08。第 3 道是杜库雷，他创造了新的国家纪录（法国）13 秒 06，今年的雅典，是他的幸运地，他每一枪都比以前跑得快。那么在决赛当中，他是刘翔最主要的竞争对手，而且两个人是在相邻的两个道次上，这对跨栏运动员来讲，心理上会造成一些压力，因为双方之间的节奏会造成一些干扰。刘翔是在第 4 道，他在前面几个轮次的平均成绩是在 13 秒 18 左右。那么刘翔只是发挥了自己 70%~80% 的能力，基本上没有拼命地去攻每一个栏。第 5 道是维格纳尔，来自牙买加。第 6 道是在世锦赛上获得银牌的特拉梅尔，他在阿伦约翰逊意外出局之后成为美国队最大的一个看点，特拉梅尔在今年还没有赢过刘翔。这是悉尼奥运会的冠军，跑出 13 秒整的加西亚，他在今年是长时间受伤，一直没有将自己的最佳状态调整出来，今年的最好成绩只有 13 秒 30 多。第 8 道是来自巴西的以诺森西诺（Inocencio），不是太有名的运动员。

　　刘翔马上就要参加决赛了,对刘翔来讲,要充满自信,因为身边的对手没有一个在今年赢过他。另外呢,就是要攻好第一个栏,把自己最近苦练的启动技术发挥出来。第三条就是不要去想结果。

　　让我们一起来关注瞬间即逝又很有可能创造历史的 13 秒钟。第 8 道的巴西选手起跑不是很舒服,他向裁判示意,比赛将重新发枪。刘翔要充分的自信,即使在前 3 个栏没有发挥出来的时候。因为从目前来看,在 7 个栏的过程当中,刘翔现在是世界上实力最强的。即使阿伦约翰逊站在起跑线上,他也不能保证在后面 7 个栏能够战胜刘翔。

　　特拉梅尔抢跑。现在世界的大赛当中,像这种项目对于选手们的心理要求是非常高的。确实在今天的决战当中,比的就是谁不犯错误。第二次起跑如果再有人抢跑将被罚下。

　　比赛开始,刘翔的起跑非常的顺!他目前排在第一位,旁边的是特拉梅尔、奥利加尔斯。刘翔处于领先的位置,刘翔!刘翔赢了!刘翔赢了!刘翔创造了历史!一个黑头发、黄皮肤的中国人成为世界飞人!

【解析】

解说词词频统计

名词		动词		形容词	
内容	频率	内容	频率	内容	频率
刘翔	17	创造	3	确实	2
选手	5	比赛	3	激动	2
特拉梅尔	4	来自	3	自信	2
成绩	3	发挥	3	幸运	1
阿伦·约翰逊	3	决赛	3	平均	1
世界	3	参加	3	意外	1
节奏	2	出来	3	平稳	1
心态	2	能够	2	平静	1
错误	2	造成	2	有名	1
可能	2	获得	2	舒服	1

解说词情感分析

分类	情感分析		情绪分析						
	正	负	乐	好	怒	哀	惧	恶	惊
得分	70	30	5	21	0	1	0	3	0
权重	70%	30%	16.67%	70%	0	3.33%	0	10%	0

特定人物形象塑造得分

人物	人物正面得分及权重	人物负面得分及权重
刘翔	1.93 / 63.07%	1.13 / 36.93%

二、跳水项目解说示例

1. 女子 10 米跳台

赛事：1992 巴塞罗那奥运会跳水项目

解说员：孙正平

现在看看最后一跳，中国选手伏明霞。407C，向后翻腾三周半抱膝，难度系数 3.2。在第七跳之前，她累计分 395.19 分，这跳只要是稍微一般，不失误，就可以。

好，最后一跳完成了，这时候场内已经响起了热烈的掌声。熟悉内情的人恐怕都知道，中国选手伏明霞已经稳获第 25 届奥林匹克运动会女子高台跳水的冠军。因为她在第七个动作结束之后，累计分达到 395.19 分，那么目前最高的是 411 分，也就是说得 20 分就可以超过对手了。春燕凌空，轻盈潇洒，又像是仙女掠波，健美，稳定。

【解析】

解说词词频统计

名词		动词		形容词	
内容	频率	内容	频率	内容	频率
中国	2	可以	2	稳定	1
选手	2	看看	1	潇洒	1
伏明霞	2	翻腾	1	轻盈	1
407C	1	累计	1	最高	1
难度	1	失误	1	热烈	1
系数	1	响起	1	一般	1
完成	1	熟悉	1		
掌声	1	知道	1		
内情	1	跳水	1		
奥林匹克	1	结束	1		

解说词情感分析

分类	情感分析		情绪分析						
	正	负	乐	好	怒	哀	惧	恶	惊
得分	19	7	1	7	0	1	0	0	0
权重	73.08%	26.92%	11.11%	77.78%	0	11.11%	0	0	0

特定人物形象塑造得分

人物	人物正面得分及权重	人物负面得分及权重
伏明霞	1.50 / 60%	1 / 40%

跳水运动员从起跳到入水的过程非常短暂，这期间解说员一般都保持静默。解说的最佳时机是起跳之前和入水之后。尽管如此，在一场完整的跳水比赛中留给解说员的发言时间仍然非常充足。以 2017 年第十七届国际泳联世锦赛跳水男子双人 3 米板决赛为例，解说员张萌萌和嘉宾吴敏霞在一个半小时的直播中完成了 17715 字的解说词。值得注意的是，吴敏霞尽管贵为跳水世界冠军，但她在解说的过程中也直言解说是一项挑战。

2. 男子双人 3 米板决赛

赛事：2017 第十七届国际泳联世锦赛跳水男子双人 3 米板决赛（全六轮）

◎ 第一轮比赛

张萌萌：这一年里面你对这些年轻队员有什么样的感触？

吴敏霞：我觉得参加过大赛、参加过奥运会的运动员都慢慢地成熟起来了，然后对于一些新的队员，新加入国家跳水队的队员，我觉得（他们）也开始经历一些大赛了，像这次一米板的陈艺文，有些紧张有些放不开都是很正常的。

张萌萌：其实这一次世锦赛呢，一个非常重要的一点啊就是进入东京奥运会周期之后各国泳坛的一次大考。在第一次的相聚当中各国的这些年轻队员将会有怎样的表现，他们对于未来的各个水上项目的发展将会有什么样的影响，在这次世锦赛上我们都会了解到。下面就让我们到现场来看一下男子双人 3 米跳板的决赛。

张萌萌：（02 分 42 秒开始说话）中央电视台各位观众您好，欢迎收看我们在布达佩斯为您带来的第十七届国际泳联世界锦标赛的转播。今天来到本届世锦赛跳水项目的第一个决赛日。现在我们看到的是在决赛日当中第一项奥运项目的竞争。男子双人 3 米跳板的比赛现在已经开始了。在预赛结束之后排名前 12 位的选手进入决赛当中。在今天的比赛里面我们有请到的是奥运冠军吴敏霞作为我们的解说嘉宾。欢迎你，吴敏霞！（第①组意大利队正在比赛）

我们来看一下比赛的情况。在今天这场比赛当中应该说还是众星云集。除了有曹缘、谢思埸，这是我们特别关注的中国搭档之外呢，还有奥运冠军，还有俄罗斯搭档扎哈罗夫、库兹涅索夫，也是老对手了。（第②组澳大利亚队正在比赛）

吴敏霞：预赛当中排名第二。

张萌萌：比赛来到第一轮，男孩儿在比赛里面双人六轮动作分别是，前面两个是规定动作后面四轮是自选动作。在规定动作当中我们听到的更多是相对简单的半周或是一周半的动作。在这两轮当中要特别考验双方的一致性和控制的精确度。进入自选动作之后那就是各凭本领。谁的技术和能力更好一些谁的动作难度就大一些。

吴敏霞：不仅难度大，还得把它完成好。

张萌萌：现在我们看到的这对是来自③韩国的选手，朴荷朗和金永南。他们的第一跳动作是向前跳水。

吴敏霞：其实这两个选手从韩国……就一直比较出色。

张萌萌：也是配合了一段时间。

吴敏霞：这几年进步还是很快的。

张萌萌：今天来到比赛当中的12队搭档，也就是24位选手当中有四个曾经拿到过奥运会冠军分别是：中国的曹缘、英国的这对杰克和克里斯米尔斯，以及俄罗斯的扎哈罗夫。扎哈罗夫是在2012年的伦敦奥运会拿到单人的冠军。另外，除了他们之外，还有三位选手拿到过奥运会的奖牌。

吴敏霞：乌克兰队的尤利娅。也是一位实力比较强的男板选手。

张萌萌：下面这对是来自④墨西哥的选手，迪亚哥和祖尼加。他们的这一跳是向后跳水。

吴敏霞：我们称之为201B。

张萌萌：以前吴敏霞是做女子的双人跳板比较多，你觉得男子和女子最大的不同点是什么？

吴敏霞：他们多跳一个动作。多跳一个自选动作。

张萌萌：还有呢？

吴敏霞：呃，难度比我们大。

张萌萌：对。

吴敏霞：肯定不一样的。我们的动作基本都在两周半。除了E组动作，就是向前翻腾，可能女运动员会采取三周半。男运动员现在基本都是三周半、四周半。

张萌萌：确实啊，应该说在男子项目当中难度发展还是很快的。

张萌萌：下面这对是来自⑤马来西亚的周易伟和杨梓良。其实对于双人的比赛有两个部分的分数，一个是技术分，另外一个是同步分。所以我们会看到双人比赛的时候裁判的阵容也特别的强大。有五位裁判来为选手打出同步分。六位裁判打技术分。技术分要分成两个组，一个组三个人。

吴敏霞：一共是11位裁判。

张萌萌：六个技术分的裁判留两个有效分。

吴敏霞：就等于说六个一边三个，然后去掉两个最低、两个最高。

张萌萌：两个组的中间分。

吴敏霞：只剩两个分，其实。

张萌萌：然后同步分是五个裁判留三个中间分。所以从有效分的比例来看还是同步分更重要一些。

吴敏霞： 对。

张萌萌： 下面这一对是⑥德国的选手。

吴敏霞： 也是一对非常有实力的选手。配合了很多年。

张萌萌： 他们两位更靠近镜头的这一位就是豪斯汀。豪斯汀之前是板台兼项，在 2013 年的世锦赛上拿到过双人 10 米跳台的冠军。这一跳拿到了 51 分，我们可以看到后面的这五个分数有效分是达到了两个 8.5 分和一个 9 分。这也就是一个相当同步的阶段。

吴敏霞： 其实每次看到豪斯汀板台都练，确实感到挺辛苦的。

张萌萌： 确实辛苦，因为他还要练个人。

张萌萌： 这对来自⑦乌克兰，个子更高的这位是老将克瓦沙，是从 2008 年的北京奥运会就已经开始代表乌克兰参赛了。

吴敏霞： 他 2008 年拿了第三。

张萌萌： 他的搭档是另外一个。

吴敏霞： 他已经换了，第三个搭档。

张萌萌： 进入新的奥运周期后，在这次比赛当中实际上给我一个特别深刻的印象，就是以往在奥运会之后的这次世锦赛，除了有很多年轻的队员上来之外，很多老将由于在奥运会之后有一个很长的调整期，状态并不好。可是这一次来到布达佩斯之后，经过我跟各个队的了解，有很多队都是在奥运会之后大概只调整休息了一到两个月的时间，就已经开始投入正式的训练了。这在以往是很少看到的这么快的连接节奏。

吴敏霞： 对，一般奥运会完了之后的第二年，其实运动员都处在一个低峰期。普遍出来比赛的那些老队员状态都不是特别好。

张萌萌： 这队我们要特别看一下，这是⑧英国的奥运冠军。

吴敏霞： 里约奥运会男子双人三米板冠军。

张萌萌： 他呢在里约奥运会的获胜也是创造了英国跳水的历史。第一次在奥运会的双人项目当中拿到金牌。

吴敏霞： 并且杰克在单人项目上也收获了银牌。

张萌萌： 这位就是杰克·拉法尔，非常有能力。而且是极其具备天赋的一位选手。来到这个周期之后其实对他来说也是经过了一个比较大的变化。就是一直带他的那个教练安迪，前往澳大利亚做国家队的教练。现在带他的年轻教练是之前安迪的助手。

张萌萌： 下面是⑨加拿大选手，菲利普·贾根和杜拉特。这对选手也是长时间搭档，但遗憾的是在去年里约没有获得参赛的资格。

吴敏霞： 对于奥运会的资格来说，它只给你八个名额。

张萌萌： 对，双人很难。

吴敏霞： 对，它通过……

张萌萌： 东道主还要拿走一个（名额）。

吴敏霞： 对，通过前一年的世界锦标赛以及奥运会年的世界杯来选取这 8 个资格。当然如果去掉东道主的话就等于说是 7 个名额。不像世界杯或者世界锦标赛每一个队都可以报名。（第⑩组美国队正在准备）

张萌萌： 刚才加拿大搭档的分数还是略微显得低了一些。只拿到了 47.40 分。一般对于男孩来说如果想要保持竞争力的话规定动作怎么也要达到 50 分甚至 52 分以上。下面这对来自⑩美国的选手是里约奥运会亚军的获得者，多曼和奇克森。向后跳水。动作的节奏还是很同步，入水稍差了一点点。

吴敏霞：毕竟磨合期很长。而且奥运会结束了还是原来的搭档。我觉得这样这种默契感能够一直保持。

张萌萌：这次美国队绝对是阵容强大。他们派出了 17 个运动员参赛，比中国队还多一个。

吴敏霞：比中国还多？厉害！厉害！

张萌萌：他们是拿到了 49.80 分在这个分数上现在有三队选手并列排在第三位。下面我们看到的就是在过往的三届世锦赛上，三次拿到银牌的⑪俄罗斯搭档，库兹涅佐夫和扎哈罗夫。

吴敏霞：预赛中也是第二名。

张萌萌：5132。

吴敏霞：上来第一个动作就是转体。

张萌萌：他们因为是……后面的自选分别选了二组、三组、四组和一组的四周半。

吴敏霞：所以他们在规定动作上必须选用一个转体动作。

张萌萌：男子的六个动作在跳板上要占满五个不同的组别。在跳台上要占满六个不同的组别。这是，我指的是单人。

吴敏霞：因为跳板上没有臂力，板是活动的。

张萌萌：现在排在第一位的是乌克兰的搭档获得了 52.80 分。在前面的两轮规定动作当中，出现并列的分数或者是分差很小的情况这是比较常见的。

张萌萌：现在看一下⑫曹缘、谢思埸，这是一对新的组合。

张萌萌：漂亮，很同步。

吴敏霞：同步上不错，我觉得就是在落入角度上，有一个近一点，有一个远一点。

张萌萌：这是这对新组成的搭档第一次来到世界一类大赛当中。而他们两位也将携手参加 3 米跳板的单人比赛。谢思埸是来自广东的一位选手，曹缘来自北京。曹缘也是非常少有的依次在跳台和跳板项目上都拿过奥运冠军的跳水选手。

吴敏霞：对男孩来说是比较难的。就是说你跳台和跳板都能练，并且水平达到很高的程度，就在中国这么高手云集的地方都是比较难的。

张萌萌：现在我们看到这是第一轮结束之后，各位选手的一个排名情况。中国队排在第一位，53.40 分。非常好的同步和质量。排在第二位的是乌克兰搭档，第三位是德国选手，第四位来自俄罗斯，排在第五的有三队搭档，处于一个并列的成绩，基本上在前两轮结束之后，从第三轮开始分差会一下子拉开。

吴敏霞：因为男运动员的动作难度大翻腾的周数也多所以他们一旦失误…

张萌萌：几十分就过去了。

吴敏霞：对，这个分差就大了。（16 分 03 秒）（历时 13 分 21 秒）

◎ **第二轮比赛**

张萌萌：比赛来到第二轮，这是奥维尔和马萨格利亚，来自意大利。

吴敏霞：反身翻腾半周曲体。

张萌萌：反身跳水我们会看到在男子的跳板比赛当中起跳高度都是比较可观的，跟女子相比是有一个特别大的提升，体现了男子运动员的力量速度与爆发力。

吴敏霞：可能让我用方向去辨别这个组别还是有点难，因为我们的技术语言就是一组二组三组四组五组六组。

张萌萌：对啊，这要讲一下啊。

吴敏霞：我们知道，就是一说出那个动作的代码我们就知道要怎么去做，但是要解读这个代码还是第一次，要这样解读。

张萌萌：所以这一次解说嘉宾可能对你来说也是非常新鲜的体验。

吴敏霞：好大一个挑战。

张萌萌：来自澳大利亚的卡特和查韦斯。在入水的角度上还是差了一些，有一个稍微过了一点。

吴敏霞：以前对于角度问题扣得没那么仔细，一般都是针对空中的同步性。但这几年开始对于入水角度问题，会扣得比较严。所以在打分上看，也会比较严格一些。

张萌萌：你之前一直都在，比双人的比赛，比的很多，你觉得从你最一开始参赛，一直到去年的这场奥运会，这个双人打分和流行趋势有什么变化吗？

吴敏霞：我觉得一开始动作的分会比较严格。

张萌萌：就是个人技术方面要求很多。

吴敏霞：对。个人技术方面比较严格。这两年开始在同步分方面，比动作分更严格。

张萌萌：这是来自韩国的这对搭档，金永南和胡荷朗。这一跳是向后跳水。

吴敏霞：所以这一队，你就看，虽然是非常齐，但是他们的角度有一点远，就比较明显。

张萌萌：同步分实际上是从各个方面要求两个人是一致的。包括从最一开始的走板、起跳、起跳的高度、空中的平行动作，一直到打开入水，每一个环节两个人要像照镜子一样，那是最好的。

吴敏霞：对，现在同步分要想上到九分，真的是很难。你必须要达到整个起跳一致，空中一致以及你的落水点一致，裁判才可能给你打出 9 分的高分。

张萌萌：这是来自墨西哥的蒂亚戈洛佩兹和奥尼拉斯。两个人的能力很强，我们可以看到起跳高度已经接近 7 米台的底部的位置，起跳相当的充分。这一跳拿到了 48 分。

吴敏霞：现在来看马来西亚选手。马来西亚这对搭档，也是里约奥运会完了以后换了一个。

张萌萌：周易伟和杨思梁。

吴敏霞：杨思梁换了一个搭档。靠近池边的这位。

张萌萌：其实很多都会在奥运周期完了以后做一些调整，可能会以老带新，这样可能更多地带动一下队伍的进步。分开变成两队，提高成绩。

张萌萌：在这次世锦赛里面中国队启用了大量的新人，刚才我们说 16 个人里面有 7 个是参加过去年奥运会的，实际上更进一步的解读，这 7 个人里面只有 5 个人现在仍然留在奥运项目里面，其他的 2 个人是在一些非奥项目当中参赛。你觉得这样的轮换会对中国队的实力有影响吗？

吴敏霞：我觉得就看那些年轻的运动员能不能够把握住这些大赛的机会。因为大赛机会给了你，可能你真的要在平时训练中就要做好一切准备去应战，不能说光看着等待这个机会，而是说你要去抓住这个机会，我觉得更重要一些。

张萌萌：刚才完成动作的法科和豪斯汀来自德国，其中豪斯汀的入水动作有一个明显的分腿，所以严重地影响他个人的技术分。现在我们看到的克劳迪和克瓦沙，这是来自乌克兰的选手。在上一轮结束之后，紧随中国队之后排在第二。同样也是在第二个规定当中占满了五组的组别，这样在后面的自选动作里面，可以更加自如地选择自己擅长的动作。

吴敏霞：这两名选手的入水角度还比较一致，所以他们的同步分都会高一些。

张萌萌：对，同步分有三个有效分都是到了 8.5。这位就是克瓦沙。在今天所有的 24 位参赛选手中，只有两位是"80 后"。克瓦沙是最大的一位，1988 年生。豪斯汀是 1989 年生。

吴敏霞：他也经历三届奥运会。

张萌萌：对。杰克·拉法尔和克里斯·米尔斯来自英国。两个人在之前的预赛当中发挥得略微欠缺一些，所以今天的出场顺序比较靠前。

张萌萌：真是超高啊！

吴敏霞：其实水花压得好，你都能听见他们那种入水的清脆声。

张萌萌：在之前的比赛里面经常能感觉到杰克·拉法尔的起跳高度要明显比搭档高一些，个人能力很强，现在看起来克里斯·米尔斯的进步还是挺快的，两个人基本在动作节奏和高度上找齐了。那看一下后面的自选动作，是不是能够一直保持这样的一致性。

吴敏霞：双人不能说你自己想怎么发力就怎么发力，还是要顾及一下对方的。所以这个时候你的眼睛，就要可能事先放得更远一些。在空中其实能够感受到对方的速度。

张萌萌：真的如果感觉到不一样了，自己是可以调整的吗？

吴敏霞：空中调整不了。

吴敏霞：但是因为跳板和跳板离得还是比较近，所以说不管怎么样你都能感受到对方。好像我快了点儿，我慢了点。但是你没办法，翻腾了你就得把后面的动作做好。如果你后面的再做不好，其实这个分数就会受到更多的影响。

张萌萌：那你们平时在练双人的时候，是谁先受对方更多一些的影响？

吴敏霞：一般是能力强一些的会迁就能力稍微弱一些的。

张萌萌：下面这一对来自美国。这是奥运会的银牌获得者多曼和希克松。

吴敏霞：看着很有默契。

张萌萌：他们这一对实际上配合的时间并不长，在里约奥运会之前大概只配了两三个月的样子，就去奥运会了。很神奇。

吴敏霞：我觉得经历过奥运会以后就会不一样了。从两个人之间的这种默契感，大赛以后整个人……

张萌萌：改头换面了。

吴敏霞：对！还拿到了银牌，这种感觉就是两个人突然间会变得更加有默契。

张萌萌：刚才你说过如果在同步分里面能达到 9 分，这是很难的。美国那一对有效分是到了 9 分！还是很不错的表现。

张萌萌：下面是俄罗斯队的库兹涅佐夫和扎哈罗夫，目前排在前三位的分别是乌克兰、英国和美国。不愧是老搭档啊！彼此之间很默契，没有太多口令的交流。

张萌萌：双人项目是在 1998 年的时候澳大利亚的帕斯世锦赛进入到正式的设项当中，随后在 2000 年的奥运会上成为正式项目。应该说中国队一直在这个项目上占据了非常稳固的领先地位。由徐浩和余卓成获得了第一金之后呢，中国队只在 2003 年的时候……

张萌萌：哦，这个，两个人的距离差得有点多。

吴敏霞：对，前后了。

张萌萌：中国队只在 2003 年的巴塞罗那被杜布罗斯科克和萨乌丁反超过一次。除此之外一直都是拿到冠军，已经是六连冠了，在这个项目上。

吴敏霞：因为这个走板有点推板所以他急着往前跳，跳发力猛了，所以就出现了一前一后的入水。

张萌萌：对，在动作节奏上两个人虽然很一致但是光有节奏是不够的，入水的距离有了明显的差别。这样，这一个规定动作的实得分将不太高。

吴敏霞：很正常，刚开始配，然后参加第一次大赛，总是很没有把握，没有自信，就是说我们到底能不能跳好完成好，都会有点怀疑吧。我觉得必须要经历这样一个槛儿。通过这样去验证自己然后让两个人更好地在训练中去交流。因为我之前跟何姿刚开始配对的时候，技术上两个人不太一样，配合起来有一点点的难度，我也在改，她也在改，导致我们第一次比赛出现了很大的失误。呃，我从后面掉下去了。所以也经历过这样一些失败。我觉得只有经历了，可能才成长得更快一些。

◎ 第三轮比赛（见第九章第二节案例）

◎ 第四轮比赛

张萌萌：现在比赛已经过半了，即将开始的是第四轮的比赛。首先出场的选手来自意大利，奥维尔和马萨戈利亚。这一跳是一组的向前翻腾三周半曲体的动作。(107B)

张萌萌：对于双人的比赛来说啊，其实要求两位选手有很强的能力，既要完成好自己的动作，还要有一些余量来两个人做配合。像他们这一对实际上更多的注意力是放在自己的动作上，配合上就欠缺一些。

吴敏霞：意大利这对组合也是奥运会以后重新选择的一对新的搭档。从奥运会之后，我见到的好像不是这两个人。所以说，我这次来，好多的新面孔，我都不认识。再一看年龄，我的妈呀！

张萌萌：你看看，实际上，时代的发展也是很快的。你实际上最多半年的时间没有参加世界的比赛。

吴敏霞：嗯。

张萌萌：对，就是这个赛季的系列赛你没有参加，然后就冒出来很多你不认识的人。

张萌萌：这是澳大利亚队的卡特和查韦斯。

吴敏霞：我在奥运会后经历了一个从不认识到认识，再到不认识再认识，再不认识……好几个轮回。

张萌萌：每次奥运会之后都会有很多的年轻人面孔和新人面孔出现。来到这次的布达佩斯，其实这也是进入东京奥运周期之后，泳坛各位选手的第一次聚会。现在我们看到这些年轻选手，他们很有可能就会是在东京奥运会上大放异彩的明日之星。

张萌萌：韩国选手胡何朗和金永南，向内翻腾三周半抱膝。（407C）

吴敏霞：靠近池边的这位选手控制入水稍微早一些。这两名选手比较厉害的是他们板、台都是兼项。不仅是跳板上的搭档，也是跳台上的搭档。

张萌萌：这两个项目真的是技术有很大差别的项目。

张萌萌：71.40 分。

吴敏霞：就是我们觉得板、台兼项训练，还是有时候会……

张萌萌：感觉混乱。

吴敏霞：对，它们的技术其实不一样。跳台上发力要快，而跳板上要慢。因为，跳板，你给它的力量越大，它反弹才会越高。而跳台，你稍微一慢就掉下去了。

张萌萌：下面是墨西哥队的蒂亚戈洛佩兹和祖尼拉斯。（109C）啊，这是今天我们看到的四轮比赛的第一个四周半动作。

吴敏霞：第二轮自选就采用 109 这个高难度。

张萌萌：109 的动作在三米跳板上的难度价值是 3.8。在十米台上，经过调整之后，目前是 3.7。

吴敏霞：因为每次一个（奥运）周期完了都会做一些新的规则上的调整。

张萌萌：难度的发展实际上也是非常快的。这几年，我跟咱们之前已经退役的跳水队员交流过。我说："你看现在这些难度动作感觉怎么样，有没有挑战一下的意思？"她说："那我不要命了！"我觉得他们现在上难度（动作）都不要命。

吴敏霞：现在选材就是，先看有没有劲儿。以前先看"跳"好不好。

张萌萌：现在其实对于选手的这种个人能力啊、力量啊、爆发力的要求非常的高。这是马来西亚的周易伟和杨思良。

吴敏霞：同步性还是非常不错的。就在个人动作上稍微过了一些。不过两个人同步挺好，一起步。

张萌萌：其实这也说明他们两个人在平时训练里面，还是放了很多的精力去练双人。

吴敏霞：现在练双人，（电子）技术越来越高了以后，有 iPad、有摄像，都比原来……

张萌萌：各种慢镜头回放是吗？

吴敏霞：对对对，让我们能够钻研。以前跳下来，啥都没有，也不知道怎么样，就靠教练说"你这个远了一公分"。现在真的是自己能发现问题。

张萌萌：哇，这一跳不错！尤其豪斯汀的个人动作质量更好。

吴敏霞：对，跳得非常棒！

张萌萌：两位选手在这一轮动作当中拿出了 3.5 难度价值的反身翻腾三周半抱膝。（307C）也是冲击一下更高的位置，在上一轮之后他们排在第五。来看一下这一跳的分数情况。豪斯汀由于个人能力很强，三个分数都给到了 8.5。

吴敏霞：但他的搭档稍微差一些，所以，同步分上面也会……

张萌萌：同步分上是三个 8 分，两个 7.5。这样这一跳的分数应该不到……

吴敏霞：如果他们两个都跳得好的话，我相信这个动作就会是个很高的分数。

张萌萌：对。下面是乌克兰搭档，克劳迪和克瓦沙。没有什么问题，略微有一些遗憾的是，对于现在的男子 3 米跳板不管是双人还是单人来说，如果想争取更好的名次，三周半屈体（107B）的动作难度是远远不够的。

吴敏霞：但他们第六轮动作会选择 109 抱膝。因为你两个组别如果自选的话，它必须是不一样的。

张萌萌：但是他们避开了五组的难度。实际上还是有一点吃亏。所以说五组的难度……

吴敏霞：我觉得……

张萌萌：用五组的时候，跟他们去做 3.0 的……

吴敏霞：我觉得他们可能多周转体配合不齐，所以影响的同步分多一些，所以还是选择用一个比较保险的。

张萌萌：下面是杰克·拉法尔和克里斯·尼尔斯。这一跳向内翻腾三周半抱膝。（407C）他们的两个最大难度都是放在最后两轮。

张萌萌：这个提的劲儿真是很明显啊！

吴敏霞：他们两个选手一看，很轻的感觉。

张萌萌：起跳之后在最高点原地的转！我们看旁边这个 5 米台的位置，连续一周、两周、三周最后的半周几乎是……

吴敏霞：几乎是和板平行的就开始做打开了。

张萌萌：没错，太轻松了，87.72 太高了！他们这一对如果可以一直保持这样的上升势头，实际上对于中国队的冲击力是特别大的。首先是难度高，其次现在他们的稳定性和配合的默契程度也越来越好。

吴敏霞：很轻松啊！

张萌萌：嗯，太轻松了。

吴敏霞：裁判对于就是动作完成很充分，很有（宽裕）时间的这种动作，感觉是会给分给的……

张萌萌：很慷慨！

吴敏霞：高一些！

张萌萌：给你，都给你！

吴敏霞：就算入水稍微差一点，他们觉得不影响。

张萌萌：呃，这是有出现了重大失误。加拿大的菲利普·加根和杜拉克。这一跳只拿到了 64.05 分。

吴敏霞：下面是美国选手。他们队做的是多周转体。

张萌萌：多周转体动作，5337D，反身翻腾一周半转体三周半。

吴敏霞：其实现在规则是把多周转体的难度给加起来了，加大了。也是想促进更多运动员能够选择多周转体。

张萌萌：个人的技术上有欠缺了以后，肯定两个人的配合还是会受到影响。

吴敏霞：多周的话，在空中就会让大家感觉"哇，好厉害的样子！"

张萌萌：很炫！

吴敏霞：嗯！

张萌萌：确实是。这个动作呢，原先的难度价值是 3.4，后来呢，国际泳联为了推广这一类型的动作把难度价值提升到了 3.5。重赏之下必有勇夫。

吴敏霞：但是美国人对转体的感觉好像是天生……

张萌萌：天生好。

吴敏霞：嗯，天生就好。

张萌萌：之前我也问过其他的教练他们也觉得其实天生的……

吴敏霞：就是你不管体操还是跳水，他们美国人这个转体方面确实很强。

张萌萌：看一下俄罗斯队的这对搭档库兹涅佐夫和扎哈罗夫。（307C）其实他们的 207 和 307 是一个挺重要的两轮，如果这两轮动作拿到的话，对于后面，尤其是 109 的压力就小很多。如果这两轮赢不了的话，这个名字上就很难爬得更高。只拿到 77.70 分。这个分数还是略微差一些。

吴敏霞：库兹涅佐夫稍微有一点点失误吧。其实双人动作，一个人，就是说，另外一个人有些失误的话，还是对分数有一些影响，必须是两个人同时跳好。

张萌萌：这个镜头看得特别清楚啊，我们来介绍一下跳板旁边这颗大的螺丝。

吴敏霞：这对于我们来说是一个滚轴。就是调节板的软硬度。

张萌萌：越靠后越软，越靠前越硬。

吴敏霞：像我们都普遍都爱跳软一些。

张萌萌：曹缘和谢思埸这一跳也是非常的同步啊。

吴敏霞：同步性很高。

张萌萌：向前翻腾两周半转体两周（5154B）这个动作的难度价值是 5.4。

吴敏霞：而且这两名选手之前都是练跳台的。谢思埸之前也是在跳台上面其实有（能做）很大难度的运动员。他跳了……向前翻腾四周半……

张萌萌：他后来是受伤了所以转成跳板，是吗？

吴敏霞：对！他的脚受伤了。就是他在跳台，跑台这样一个动作，他承受力可能不太行。所以让他转到了跳板。

张萌萌：这样呢，在这一轮之后，曹缘和谢思埸排在第一位。英国选手排在第二。中国和英国之间的分差不到 11 分，还算比较接近，因为后面还有大难度的动作没有做。俄罗斯选手排在第三位，美国选手第四，德国和乌克兰排在第五以及第六。

◎ **第五轮比赛**

吴敏霞：在世界杯和世锦赛，双人（项目）就会采用预赛和决赛来进行。像奥运会，直接就是一轮就过去了，采用抽签方式。

张萌萌：那种方式我觉得有点儿突然，就是一套动作跳下来，不管你状态怎么样不管你以往的成绩怎么样，反正一套定胜负。

吴敏霞：就是要你很快地进入这个状态。而且每次都是双人开始。

张萌萌：就是女子双人项目先开始。

吴敏霞：对对，从我开始比赛时，都是第一项，每次压力都好大呀。

张萌萌：下面是来到这一轮之后的意大利的奥维尔和马萨格利亚。刚才已经完成自己的五组动作。下面是澳大利亚队，澳大利亚队这一跳只选了 3.0 难度的 205 曲体，向后翻腾两周半（205B）。难度稍微小一些。

张萌萌：同步性还是不错。

吴敏霞：对，个人技术上面稍微……

张萌萌：每个选手，他还是根据自己的能力结合实际情况来选择大难度的动作。

吴敏霞：因为有时候可能一个人能跳这个难度，但是你的搭档跳不了。

张萌萌：那就只好选择……

吴敏霞：对，两个人都能完成的动作。

张萌萌：64.80 分。

吴敏霞：要不怎么说是双人。

张萌萌：其实刚才我就想说，你说在打分方面啊，以前裁判员会更加地关注选手的技术的表现，现在同步性要求的比重越来越高了，实际上这也是强调了双人项目和单人项目的不一样。所谓的双人项目就是两个人作为一个单位，一对搭档它所表现出来的这种双人的特点。

张萌萌：韩国选手。

吴敏霞：哇，很漂亮，很漂亮！这个动作很漂亮。

张萌萌：反身翻腾三周半抱膝（307C），这个对男孩来说实际上是一个很冒险的选择。307 并不好配。

吴敏霞：你们能感觉他们板台都练，用板其实不是特别充分。但是他们翻腾速度特别快。就是你听这个板的节奏，其实用得好的人，（走板声音）铛铛铛，就很慢。如果急着，（走板声音）就是很快的节奏。

张萌萌：像刚才韩国队这一跳下来，分数是超过了之前领先的意大利队，来到了第一位。

吴敏霞：所以男子动作，这样一个分差就是会非常大。

张萌萌：名次每轮都会有变化。

吴敏霞：就是不到最后，真的是……

张萌萌：下面是墨西哥蒂亚戈洛佩兹和奥尼拉斯。向内翻腾三周半抱膝。（407C）

张萌萌：这个动作就差一些了。

吴敏霞：刚刚入水有点像开花，所以这个打同步分的裁判也会考虑的。

张萌萌：扣得很凶啊，这种。

吴敏霞：因为如果说两个人一起够，或者一起不够，这样的同步分可能也比一个不够，一个够，要高。

张萌萌：所以他们同步分只有 7 分。

吴敏霞：其实你看他们在空中还是比较齐，所以同步分的裁判也会去关注个人技术。

张萌萌：来看一下马来西亚的这对搭档。周艺炜和杨思良的这一跳选择了 5353D 反身翻腾两周半转体一周半。

张萌萌：他们这对，明显是经过了长时间的配合。所以动作的节奏和一致性还是比较好的。个人的技术往往会出现一点起伏，看动作的节奏，基本上都是卡在一个点上。

吴敏霞：马来西亚近几年这种训练也非常系统了。

张萌萌：中国教练去了之后，他们现在等于说是建立了各级梯队。除了有国家队和俱乐部之外，还有一线二线甚至是更多线的队伍。

吴敏霞：在时间上也好，在训练的次数上也好，要比原来多了特别多。

张萌萌：史蒂芬安·法克和帕特里克·豪斯汀，来自德国。之前的排名是第五位。

张萌萌：这个配合很独特！之前的 307 和这个 407 都是发挥得算同步。

吴敏霞：他们其实整套动作的同步性都很高。他们就看两个人的个人技术，其实。因为他们配合很久很久了。所以他们两人之间的这种默契，真的是，你不用说，或者说是你一唱板，我就知道该怎么去配合你了。

张萌萌：79.56 分。

吴敏霞：而且从身高啊、体型啊，其实都差不多。

张萌萌：下面一队，乌克兰的选手克瓦沙和克劳迪。这个动作反身翻腾三周半抱膝也是很关键的一跳，难度价值 3.5。

吴敏霞：同步上稍微有一点（瑕疵），但个人技术上都完成得不错。看到没，一高一低。

张萌萌：嗯。

吴敏霞：就是从慢镜头来看，就能把两个人动作更清晰地给放大出来。

张萌萌：对！这一跳拿到了 81.90 分。

张萌萌：下面是英国队，英国队开始加难度了。在这一跳当中，他们选择的是 3.9 难度价值的 5156D。向前翻腾两周半转体三周。这个动作目前也是 3 米跳板当中的单个最大的难度动作。如果扩展到 10 米台上还有一个 4.1 的难度动作，但是很少很少有人用。

吴敏霞：之前李世鑫跳过 109 曲体。3 米板。

张萌萌：啊，这个就要差一些了。两个人在配合上完全没有找到一个一致的点。

吴敏霞：中间的这位选手，因为推板推得时间太多，这个，这个难度大就需要你起跳更充分。所以推板推得多，其实他可能用板的充分度不够。所以后面的动作就比较匆忙一些。

张萌萌：他们两个在之前预赛当中，这个动作跳得就不太好。有效分只有 4.5，所以这也是为什么，他们是全场最大的一套难度，但是排名是……预赛排在第五位。

张萌萌：下面是加拿大选手菲利普·加根和弗朗西斯·杜拉克。

张萌萌：这种在打分的时候裁判员会扣一点吗？就是两个人在转体方向上不一样？

吴敏霞：这个完全就是从裁判员的角度去看这个动作了吧。有些运动员喜欢往一个方向转体，有些觉得往另外一个方向转，这个没办法去练的。

张萌萌：81.90。

吴敏霞：但是怎么都会让人感觉好像差了那么一点。

张萌萌：从规则上来说这样的情况是完全允许的，只要两个人的动作节奏一致就可以了。但是视觉效果，会有一点，会有一点点乱。

吴敏霞：动作代码都是一样。

张萌萌：来看一下美国搭档多曼和希克松。这一跳是向内翻腾三周半曲体（407C）。

吴敏霞：抱膝！

张萌萌：抱膝。（笑）

张萌萌：很一致啊，今天这一对真的给我们印象最深刻的就是，两个人动作节奏，从第一跳一直到刚才的第五个动作都是非常一致的。你看侧面前面那个人完全把后面人的动作挡住了！

吴敏霞：这个很高。

张萌萌：对，很高。有效分都到了 8.5。这样 83.64，三个动作也是拿到了一个很高的分数。

吴敏霞：能让裁判认可，打出高分很不容易。

张萌萌：他们现在的这个总分 346.35 已经超过英国队来到了第一位。

吴敏霞：所以用大难度也是有风险的。

张萌萌：对。下面是俄罗斯搭档库兹涅佐夫和扎哈罗夫。之前排名第三位。

吴敏霞：这个动作他们俩完成得不错！

张萌萌：他们这一队是连续做了三个三周半的动作，二组的向后，三组的反身和四组的向内。

吴敏霞：前两个动作，有点点感觉哪里出现了一点失误。就是两人总算一起把它完成好了。

张萌萌：85.68。这个成绩总分 349.98，是超过了之前领先的美国队。但是很小的一个分差，只有 3 分多一点点。下面来看曹缘和谢思埸。之前的分数 282.12。

吴敏霞：加油！希望他们把分数拉大一点。那最后一个就不会有那么大的压力。

张萌萌：对！

张萌萌：207 抱膝，向后翻腾三周半。

张萌萌：哎呀，太可惜了。

吴敏霞：我觉得决赛还是有劲。

张萌萌：看看出现了什么状况。起跳，空中的动作。打开晚了一些！

吴敏霞：谢思埸比曹缘打开晚了。

张萌萌：这个失误还是比较大的。影响到的不仅是前面三个技术分，后面的同步分也是只有 7 分，这样单个动作得分只有 72.36。虽然是凭借之前攒下的优势，仍然是排在第一位，不过跟俄罗斯之间的分差非常小了。

吴敏霞：缩小到了不到 5 分。

张萌萌：这样中国第一，俄罗斯第二，美国第三，英国第四，德国和乌克兰排在第五以及第六位。太接近了啊，现在排在前三位的搭档都是超过了 345 分，第一名和第二名差了不到 5 分，5 分左右。第二名和第三名只差了 3 分多一点，不到 4 分。

吴敏霞：并且前三名最后一轮都选了 109 抱膝，所以大家都是在最后一轮要拼！

张萌萌：最后一搏。

◎ 第六轮比赛

张萌萌：比赛来到最后一轮。这是两周半，向内翻腾两周半。意大利的选手。

吴敏霞：难度稍稍小了一些。

张萌萌：对。意大利的男子跳水曾经取得过非常好的成绩。他们现任的意大利跳水队的领队，就是潘尼亚的爸爸，仍然保持着意大利男子跳水的历史最好成绩，奥运会的银牌。

吴敏霞：潘尼亚保持了女子跳水的最好成绩。

张萌萌：对，他的女儿潘尼亚保持了女子的最好成绩。

吴敏霞：所以这一家都好厉害。

张萌萌：潘尼亚的妈妈也是从事跳水运动，现在也是在当教练。

吴敏霞：在意大利很多都是这样子，爸爸妈妈去教自己的……

张萌萌：诶，走板出状况。

吴敏霞：对这样是要扣分的。

张萌萌：这是澳大利亚的卡特和查韦斯。比赛来到最后一轮，各位选手还是要以更平稳的心态来完成一整套动作。

吴敏霞：他这样去跳，至少是有分，但是如果掉下去他们这个动作就算失败了。

张萌萌：平时你们在训练的时候，会有强调吗？就是即便走板再不好，起跳再别扭，也尽可能地去完成动作，不要随便地放弃。

吴敏霞：肯定会，他会严格要求你，就算怎么样，你也要把它当比赛对待，不能随随便便就不跳了。但是如果真的是说很危险的情况下，尽量还是别再强行去跳，怕受伤。但是如果可以的情况下，一定要往下跳。

张萌萌：韩国搭档。喔，很不错啊，向前翻腾四周半抱膝（109C）。他们这一对应该也是在近两年有非常大的进步。

吴敏霞：其实你看他们走板并没有走好，但是他们有跳台上的基础，勒得很紧，你看他们转速非常快。他们可以用这个去弥补。

张萌萌：经常我们会听到说，如果是跳台上练了很多年的队员，来到跳板上之后，他会觉得压水花会变得更容易些。

吴敏霞：就是觉得这个走板有没有都没事儿，我都能转。但是你练了以后其实慢慢地就会觉得很难练跳板，可能有一段时间就感觉不知道该怎么跳了。有一段会有一个低迷期。

张萌萌：有一个瓶颈期。

吴敏霞：他可能刚下来转型这一年觉得跳板好简单，怎么都跳得过，再过第二年或者再往后，他有一段时期会感觉怎么跳都翻不动，变得很沉。其实他是不一样的转变。

张萌萌：刚才这一对是来自墨西哥的选手蒂亚戈洛佩兹和祖尼拉斯。今天我们看到有两对都是做这种大难度向前翻腾两周半转体三周的动作（5156B），达到了3.9的难度价值。他们一队，还有刚才英国那一对，已经跳完了。目前来看，这种大难度动作其实还是挺有风险的，因为它会更容易失误。

吴敏霞：两个人同时去完成，真的是没那么容易。

张萌萌：下面周依炜和杨思良，来自马来西亚。向前翻腾四周半抱膝（109C）。以前男子跳这个动作简直感觉太难了，现在没有这个动作感觉都……

张萌萌：不要比了。

吴敏霞：不能用在男子单人跳板上。

张萌萌：喔唷，这个是今天出现的最大的失误。

吴敏霞：从前面镜头里，马来西亚看比赛的运动员的表情来看，可能他们平时很少出现这样的失误。

张萌萌：很吃惊。这个动作只拿到了 49.02 分。这个分数其实连一半都没有拿到。这个动作的满分是 108。

张萌萌：来看一下德国选手。还是比较正常地完成了今天的一整套动作。79.56 分，总分 415.35。

张萌萌：下面是乌克兰选手克劳迪和克瓦沙的最后一跳，也是成套难度最大的一个动作，向前翻腾四周半抱膝（109C）。

吴敏霞：在最后入水的处理上两个人都非常好，但在空中的翻腾上稍微感觉有一点不太齐。

张萌萌：从他们教练的表情来看，还是觉得特别满意。

吴敏霞：因为教练对于我们双人的这样一个动作来说，他会说你们不管怎么样离开跳板，你就要去把个人的动作完成好。因为你离开跳板就已经没有办法再去补救了，只能更多的在个人动作上，去把它完成好。

张萌萌：现在我们看到是英国的奥运冠军搭档，克里斯·米尔斯和杰克·拉法尔，他们的最后一跳，向前翻腾四周半抱膝（109C）。之前的一个大难度动作我 3.9 的 5156 出现了明显的失误，没有达到预想的高度。这也使得他们目前的排名是在第四位。

吴敏霞：最后一个动作很关键。

张萌萌：我觉得太想跳好了。

吴敏霞：应该轻松一点。

张萌萌：搭档略微差一点。入水稍不够一点。

吴敏霞：所以控制上，稍有点过早。

张萌萌：这样一整套动作也已经完成了，418.20 分。这个分数是落后于乌克兰队，排在第二。

张萌萌：下面来自加拿大的搭档将要完成自己的最后一跳。

吴敏霞：5154B。
同步性还是很好的。但是在最后一轮看，他们的难度选择，还是显得比较低一些。

张萌萌：总分定格在 390.06 分。

吴敏霞：美国选手。也是向前四周半抱膝（109C）。

张萌萌：对，一般在一整套的最后一跳，有很多选手会选择大的难度去冲击一下。

吴敏霞：接下来的三组都会选择同一个动作。

张萌萌：之前的轮次排在第三位。

张萌萌：噢，也是出现了大的失误。

吴敏霞：同步性很好但是有一名队员出现了一些失误。

张萌萌：整个人在入水的时候就滚过去了。起跳、空中的翻腾都不错，很同步。

吴敏霞：他们真的很齐，我都看不见那个人怎么会出现失误了。

张萌萌：单个动作只拿到了62.70分，总分409.05。这样目前排在前三位的是乌克兰、英国和德国。

张萌萌：这对于克瓦沙来说是一个非常好的机会，因为他之前在世锦赛当中还是有一些遗憾。

张萌萌：哇，很棒啊！这个109真的很棒啊！

张萌萌：他们在这个动作当中还是有挺高的成功率。放在一整套里面最后。

吴敏霞：其实记忆犹新的就是扎哈罗夫在2012年伦敦奥运会上的最后一跳，就是这个动作，奠定了他最后的胜利。

张萌萌：100.32分。这是今天我们看到的全场三个动作最高分。总分450.30。这个分数已经是非常高了。450分的成绩已经……英国搭档他们当时里约奥运会夺冠的成绩是454。（扎哈罗夫）他们这一套动作跳了450，非常接近。这样对于曹缘和谢思埸来说需要一点时间来……

吴敏霞：冷静一下。

张萌萌：对，冷静一下，不要受到其他对手的影响，跳好自己。109抱膝。哎呀……

吴敏霞：在走板上面，出现了一点，唉。看看裁判怎么给分。

张萌萌：其实挺难，因为他们这个动作要跳到将近100分，才可以超……

吴敏霞：因为他们俩没有……

张萌萌：（看慢动作）这个同步性还是差一些。谢思埸有一点点推板。两个人的翻腾节奏，入水的高度，都有一点差别。（显示最终分数）没有了！88.92分，这样总分443.40。现场的俄罗斯的支持者还是非常的兴奋，因为对于俄罗斯来说他们是在2003年由多布罗斯科克和萨乌丁在这个项目上获得了一枚金牌之后，时隔十几年，再次由扎哈罗夫和库兹涅佐夫在男子双人三米跳板项目站上了最高领奖台。这一场胜利对他们来说是相当的难得。

吴敏霞：我觉得谢思埸第一次参加大赛，很想跳好，很想赢，所以在一些走板处理上，以及在一些发力上可能没有像平时那么……

张萌萌：应该说这一场世锦赛，是谢思埸第一次在世锦赛当中去参与奥运会的项目，之前他是参与了非奥项目。

吴敏霞：对。

张萌萌：这一次我觉得对运动员来说，不同重要程度的比赛肯定还是有非常大差别的，还是要给运动员，年轻的运动员更多的成长空间。

吴敏霞：奥运项目和非要项目，其实在心理上重视程度也好，对待上也好，压力上也好，都不一样。

张萌萌：这样我们看到目前的一个最终成绩是，俄罗斯选手 450.30 分，获得了这个项目的冠军。中国搭档曹缘和谢思埸 443.40 分排在第二名，收获了这个项目的银牌。获得第三名的是乌克兰选手克瓦沙和克劳迪，他们的最终成绩定格在 429.99 分。

吴敏霞：英国、德国、美国分别是第四、第五、第六。

张萌萌：其实在今天这场比赛当中不管各位选手他们取得了什么样的成绩，都必须要说在这场比赛里面经历了一个非常激烈的竞争。这样我们在现场点评的部分就暂时告一个段落。

三、游泳项目解说示例

女子 200 米蝶泳

赛事：2020 东京奥运会女子 200 米蝶泳决赛

比赛时间：2021 年 7 月 29 日

解说员：张萌萌

（括号内文字为笔者注）

【开场白】

中央广播电视总台，各位观众，欢迎您继续关注游泳赛场。下面要进行到的一个竞赛单元是女子 200 米蝶泳的决赛。中国有两位选手进入到这个项目的决赛当中，分别是张雨霏和俞李妍。我们祝中国姑娘们好运。

【介绍每条泳道的选手资料】

她们同场的对手分别是第 8 道的托马斯（Thomas）。1 道的奇莫洛娃（Chimrova），来自俄罗斯奥运队。澳大利亚选手斯罗塞尔（Throssell）在上一届奥运会当中获得了第八名。

中国选手俞李妍今天将在 2 道登场，她在半决赛里面游出 2 分 7 秒 04 的接近个人最好成绩。如果在今天决赛当中可以闯进 2 分 6 秒这个区域，就具备在大赛上夺牌的实力。

史密斯（Smith），这是来自美国的选手，也是今天张雨霏的主要对手之一。

匈牙利的卡帕斯（Kapas）在 2019 年世锦赛上获得这个项目的冠军。

美国选手弗利金格（Flickinger），2019 年世锦赛的银牌获得者。

【深度介绍重点选手】

本赛季世界排名第一的中国选手张雨霏，她在半决赛当中游出 2 分 4 秒 89 的个人最好成绩，领先卡帕斯 1 秒 7，领先弗利金格 1 秒 34。在今天比赛各位选手上场之前，在检录的挡板那个位置，张雨霏还使劲跳了几下，使劲激发自己的状态。

这场比赛对于每一位选手来讲，尤其是有可能站上领奖台的选手都是有很大压力的。我们祝福张雨霏，同样也祝福俞李妍。

张雨霏在半决赛里面游出了世界最快的前 100 米，她也是唯一一个游进 1 分以内的选手，但是第三个 50（米）稍微掉下来了一点，最后一个 50（米）和其他的对手基本是同速的。来看一下今天她的游程表现。

【比赛正式开始】

比赛开始！崔登荣教练也是专门的叮嘱张雨霏："虽然你的出发有很大的进步，但是千万不要抢跳，安全第一。"今天张雨霏的出发反应时是 0.6 秒，非常的兴奋。在过去一年的训练当中，她的出发动作反应时从 0.75 到了今天的 0.6。第一个 50 米张雨霏迅速的冲出来了，她的前程速度是非常可观的，领先第二名 1 秒 2。俞李妍在第一个 50 米之后是排在第四。张雨霏大幅度的领先其他对手，现场来看已经超过了一个人（的身位）。

现在，张雨霏是压着世界纪录线在游的。这个项目的世界纪录是刘子歌在 2009 年快速泳衣时代创造的。张雨霏第一，弗里金格第二，史密斯排在第三位。进入到辛苦的第三个 50（米），这个 50（米）也是乳酸积累快速上升的阶段。

张雨霏顶住！仍然是"一次手一呼吸"和"两次手一呼吸"这样交替进行的方式。最后一个转身了！张雨霏已经领先弗利金格 1 秒 34，加油，张雨霏！弗里金格也在逐渐的加速，现在张雨霏看起来略微有一些疲劳，坚持住！200 米的最后 15 米是地狱般的考验。张雨霏的每一次划手都非常实效，非常好。

【比赛结束】

张雨霏已经锁定了这枚金牌，张雨霏第一个到边！刷新了赛会记录，张雨霏是冠军！经过 5 年的备战，张雨霏终于在东京扫除一切障碍，破茧成蝶，她也成为了新的"蝶后"！

【赛后盘点】

中国队在这个项目上具有传统实力。刘子哥、焦刘洋曾经在奥运会当中为中国队两次夺冠，今天我们看到了张雨霏的表现。

另外一位选手俞李妍在今天的比赛里面，也是游出了第六名的成绩，对于第一次参加奥运会的选手来讲，这是一次非常难得的经验。

从 2015 年世锦赛张雨霏在这个项目上获得铜牌，一直到 2016 年里约奥运会拿到第六名。张雨霏在这个项目当中的起点其实还是很高的，但是在过去的 5 年里，张雨霏经历了一个字母 v 字形的这样的一个东京奥运周期，在最低谷的时候，2019 年世锦赛连半决赛都没有进，比 4 年前自己的成绩是慢了整整 8 秒。

张雨霏在今天的比赛里面刷新赛会纪录，2 分 3 秒 86 获得了冠军！美国选手史密斯拿到了银牌，另外一位美国选手弗里金格获得了铜牌。虽然两位美国选手的成绩也有所提升，但跟张雨霏相比还是差的太远了。

张雨霏和自己的教练崔登荣指导在过去的每一天都在为今天这一时刻竭尽全力，光是出发动作就练了 5 种，一点一点的走向了巅峰。张雨霏真的是太不容易了！千淘万漉虽辛苦，吹尽狂沙始到金。这个大大的 v 字，在今天代表的是胜利，恭喜张雨霏拿到冠军，也恭喜中国游泳队在本次奥运会当中拿到金牌。

（约 1536 字符）

【解析】

解说词词频统计

名词		动词		形容词	
内容	频率	内容	频率	内容	频率
张雨霏	22	获得	5	辛苦	2
选手	15	领先	4	基本	1
项目	6	出发	4	安全	1
俞李妍	5	比赛	3	兴奋	1
中国	5	进入	2	迅速	1
奥运会	5	祝福	2	可观	1
成绩	5	表现	2	疲劳	1
美国	5	来自	2	难得	1
冠军	4	进行	2	容易	1
世界	4	反应	2	巅峰	1

四、赛艇项目解说示例

赛事：2016 年里约奥运赛艇轻量级女子双人双桨决赛

解说员：刘星宇

马上就要进行的是女子的轻量级双人双桨项目的 A 组决赛。

中国队领航阶段，潘飞鸿领的不是特别特别的快。"桨频"起得不是很高。基本上稳定在一个 42 到 43 桨，然后就逐渐进入到转入。中国队在这个位置上不希望"前把"调动的太狠。新西兰队"起"的就更稳了，基本上"起"到 38 桨左右的状态，然后逐渐都开始进入到转入，大家逐渐的把桨频稳定下来。

中国队的力量不错，在进入到转入之后，中国队 250 米过后，每 5 桨，降 2 桨的桨频，逐渐的把桨频稳定到了 38 桨，现在。水下力量送上来，长度更长。黄文仪前抛非常远，整个桨丢的离船头很近，丢桨，抓水再快一点儿，不错！

新西兰队应该是这个项目当中我们最大的对手之一，因为新西兰队在这两年的世锦赛当中，2014 年、2015 年都是拿到了冠军。新西兰队在轻量级女子双双（双人双桨）和单人艇这些项目当中都是比较有优势的。同时加拿大队也是比较强。南非队同样在……这两个一个第三，一个第四，这都是比较强劲的对手。现在潘飞鸿和黄文仪两个人仍然处于领先的位置，逐渐把桨频控制到了 36 桨左右。

那么在之前有很多观众通过我的微博来提出一些问题，包括说："你怎么知道运动员在比赛过程当中的桨频？"那么有几个可以判定的因素：第一呢，桨频每分钟划桨的频率就像现在屏幕左下方就会时不时地出现，基本上大概每500米在计时点一定会有。同时呢，过了500米计时点之后，200米左右会出现一次，那么你基本上就可以对运动员在这个过程当中节奏有一个大体的了解。而且运动员进入到途中划之后，她们的节奏常常都是非常稳定的。桨频也都是非常固定的。为了保持一个良好的节奏达到体能最大的节省，用最好的节奏去保持最佳状态。你看中国队现在是34桨，所以我不停地在跟大家报桨频，很多都是来源于这样的数据信息。另外一方面呢，则是因为之前在清华赛艇队常年的，我们那时候基本上每年可能只有一天或者半天的休息时间是不用训练的，其他每一天都要进行至少两个小时以上的基本功训练。上完课，晚自习之前都要训练，一年可能在水上要划上千小时，当你天天在水上滑行的时候，你的这种整体感觉，对于桨的节奏、对于水的这种感觉就会很清晰，有时候可能一眼看去，大概就知道这个桨频的范围。

　　这时候南非队上来了。对于潘飞鸿和黄文仪来说，此时最重要的是在半程这个地方顶住对手，南非队和荷兰队都已经纷纷地划了上来。能不能咬牙再多顶一会儿？途中划，南非队这边充分地在发挥自己有氧耐力方面的优势，我们从上空俯瞰，这条艇前行的流畅性非常好，而且我们看到这个桨架，是从进入到2004年之后很多队伍会采用的。就是碳纤维的类似于机翼型的桨架，以前的桨架是由三根不同的铝合金管来构成一个三角形的支架，然后由桨栓把它们固定在一起，接合在一起形成一个桨架。但现在随着科技的逐渐运用，高科技的提升，使得桨架的技术也越来越新，船的材料也从以前的玻璃钢到了复合材料，很多都是碳纤维的构造，更轻。而且这个桨架的外形非常像飞机的翅膀，是机翼型桨架，前行过程当中将对艇产生一定的升力，让这条艇划得更轻。好，这时候过1200多米之后是加桨的阶段。荷兰队桨的力量也非常好，而且从外观看发力并不是特别的凶狠，而是尽量地揉着水在走。荷兰队现在已经获得了第一，中国队再顶一把呀！潘飞鸿、黄文仪再顶一下！这时候2道的加拿大队也在往上上！进入到1500米的位置，潘飞鸿和黄文仪仍然领先加拿大队有0.5左右，这个时候加拿大上的非常凶，在这轮加桨当中，加拿大队的桨下力量加的非常足。中国队现在已经掉到了第四，桨频逐渐掉到了37桨，而此时南非队也在往下掉，中国队顶一把，看看和加拿大队拼一下！能不能借着和加拿大的这种拼搏超越南非队！看一看啊。荷兰队现在遥遥领先，已经将桨频提升到38桨左右，中国队不错！紧咬着加拿大队，咬住加拿大队中国队就有希望反超南非队从而收获一枚奖牌！最后阶段的冲刺！进入到最后250米冲刺区，这个时候荷兰队也有点儿累了，看她们1号位啊，已经开始咬着牙顶了。中国队现在已经保持在了第三的位置，最后200米，潘飞鸿，把桨频再领起来一些，前把入水再快一点儿！好的！看看能不能再上一些，加拿大这个时候只领先我们不到一个桨位了，最后阶段的冲刺啊！看桨频，看最后阶段的调动！还差最后100米，加拿大队仍然划得非常拼，这个时候加拿大队已经到了将近43桨的桨频，中国队还能不能再提升一点儿？中国队再冲两把！最后阶段！加拿大队桨频起来了，这个时候潘飞鸿和黄文仪两个人咬着牙再顶！非常的不容易，尽管在最后阶段潘飞鸿和黄文仪并没有能够超越加拿大队，但是在和加拿大队的较量当中，潘飞鸿和黄文仪超越了南非队，从而帮助中国队拿到了本届奥运会赛艇项目的第一枚奖牌。相当相当的不错了。在高手如云的赛场上潘飞鸿和黄文仪最后阶段的表现仍然是让我们非常欣慰，同时也非常敬佩！确实这场比赛非常的艰苦。

（本段解说词字数统计：1934 字）

【解析】

解说词词频统计

名词		动词		形容词	
内容	频率	内容	频率	内容	频率
桨频	16	进入	7	稳定	2
加南大	15	不能	4	特别	2
中国队	14	转入	3	基本	2
潘飞鸿	10	领先	3	固定	1
黄文仪	9	训练	3	良好	1
阶段	8	可能	3	不错	1
南非	8	保持	3	清晰	1
时候	7	超越	3	重要	1
荷兰	5	冲刺	3	充分	1
节奏	5	调动	2	流畅	1

解说词情感分析

分类	情感分析		情绪分析						
	正	负	乐	好	怒	哀	惧	恶	惊
得分	130	34	5	43	0	1	0	4	0
权重	79.27%	20.73%	9.43%	81.13%	0	1.89%	0	7.55%	0

特定人物形象塑造得分

人物	人物正面得分及权重	人物负面得分及权重
黄文仪	4.13 / 86.76%	0.63 / 13.24%
潘飞鸿	4.11 / 82.20%	0.89 / 17.80%

五、少数民族传统体育项目解说示例

项目：独竹漂

赛事：第九届全国少数民族传统体育运动会独竹漂比赛男子 60 米直道竞速决赛

观众朋友大家好！现在我们一起欣赏的是第九届少数民族传统体育运动会独竹漂比赛

的 60 米直道竞速的决赛。比赛的地点是在红枫湖国家亚高原水上运动训练基地。首先要进行男子组 60 米直道竞速决赛第一组的比赛。1 道的选手是来自北京的李和庆，2 道是来自四川的印鹏，3 道是来自广西的罗荣强，4 道是来自海南的卓飞，5 道四川的兰江，6 道是来自四川的布学涛。

独竹漂比赛在 9 号是进行了男女 60 米的预赛、复赛和半决赛。从而也是产生了今天参加决赛的 12 名选手。其中呢，第一组是在预赛中获得 7 到 12 名的选手，而第二组是获得 1 到 6 名的选手。

好，比赛开始，我们现在看到的是李和庆，来自北京，他的年龄是 42 岁。这是一名体育老师啊，也是本次独竹漂比赛中年龄最大的选手。现在是 4 道的选手，来自海南的黎族选手卓飞一马当先。来自广西的壮族小伙儿罗荣强，第 3 道的选手是紧随其后。好的，第 4 道的卓飞是率先撞线，这样他是获得了比赛的第 7 名，而来自广西的壮族小伙儿罗荣强，第 3 道的小伙儿获得了第 8 名。这两个人也是获得了这次独竹漂男子 60 米竞速的三等奖。本届少数名族运动会呢，也是进行了改革——淡化金牌，淡化指标，重在参与。比赛不设金银铜牌，只设一二三等奖。

通过画面我们可以看到啊，红枫湖国家水上运动训练基地确实风光非常秀美，它是坐落于距离贵阳城区 35 公里的国家 4A 级风景区，红枫湖畔。红枫湖也是由月亮湾半岛和鸳鸯岛共同组成的。我们听这名字啊，就能想象出风景是非常的美丽，也确实能从画面上看出来，依山傍水，风景如画。全国少数民族传统体育运动会的正式比赛项目的第一个一等奖将会在这里产生。

马上将要进行的是第 2 组，也就是前 6 名的决赛。来看一下慢动作的回放，这就是刚才获得第一小组第一名的来自海南的卓飞，黎族的小伙儿。卓飞呢在预赛中的成绩是 28 秒 30，在决赛中呢，他是把之前的成绩提高到了 27 秒 30，提高了整整 1 秒。划水非常的有力。

也许有观众是第一次看到这样的比赛项目。我不知道您是不是和我有一样的感觉，您是否想起了武侠小说中的登萍渡水和达摩祖师的一苇渡江。虽然我们看到这些选手的功力呢，可能要比传说中的武侠高手们稍稍差了一点，但是意境绝对是这个意境，味道绝对是这个味道。所以有兴趣的话，不妨也来尝试一下独竹漂这项运动，咱们也过一把江湖豪侠水上漂的瘾。好了，言归正传啊，独竹漂是贵州独具特色的民族传统体育项目。流行于黔北赤水河流域，原来是当地群众在生产生活中渡河的一种方式，后来演变成一项传统的体育活动，具有较高的竞技、健身和观赏价值。独竹漂，顾名思义，就是参与者脚踏漂浮在水面上的整棵楠竹，在水面上漂行。漂行时选用的竹子，直径是 20 厘米，长呢是 8 米，这是直的，没有扭曲的，不需要任何加工，自然风干 20 多天后呢，就可以下水。当然漂行者也会手持一根直径 5 厘米，长约 4 米的细竹竿作为桨。

现在我们看到的是 1 道的选手，来自湖北的李创。这组的比赛中，我们需要关注的是位于第三道的两位 17 岁的苗族小伙儿，都是来自贵州凯里学院的大学生。好，来看一下整体的参赛情况。2 道是广西选手磨宇翔，3 道是贵州选手贺寿永，4 道贵州选手胡朝贵，5 道是来自海南的黎族选手王洁，6 道是同样来自海南的蓝富城。蓝富城今年只有 16 岁，是海南陵水县的一名中学生，他也是参加这项比赛中年龄最小的选手。湖北选手李创，在之前的半决赛中，第 3 道的贵州选手贺寿永是划出了 22 秒的成绩。而第 4 道德胡朝贵是 22 秒 30。此外呢，来自广西的壮族小伙儿磨宇翔，他的成绩是 24 秒 30，这 3 名选手的成绩还是非常接近。之前也是给大家介绍了，独竹漂比赛大多是采用楠竹，但是这次比赛呢，我们为了公平竞争，规范比赛，所以在器械上做了一些改进，规范了器材。比如说用玻璃钢代替了楠竹，它的长度是 7.5 米，重 30 公斤。而划竿也是碳纤维的，长度是 4.5 米，重 7 公斤。选手们在整装待发。（画面中）这就是本次比赛中年龄最小的蓝富城，来自海南省陵水县。他是一名中学生。通过刚才的比赛，我们不难发现独竹漂比赛中的运动员，他的平衡能力一定要非常的好。如果你平衡能力不行的话，你再有能力，再有耐力，再有爆发力，这都没用，因为你站不到竹漂上，一切都是白搭。比赛也是吸引了很多少数民族代表队的队员和教练来观看。确实啊，独竹漂比赛具有很强的观赏性，其实不仅如此啊，独竹漂行能够锻炼人在水面上的平衡能力，灵巧能力，和水上运动能力，并且呢还能激发出人的拼搏精神和勇气。这项运动是在 2009 年被列入了非物质文化遗产的名录。从这个画面中我们也可以看出来参赛的选手呢，身材都相对来讲是比较消瘦的，体重轻的选手在这项运动中会占到一定的便宜。当然力量和技巧也是非常的重要。比赛中，你的竹竿入水的深度，以及划出的长度、划动频率都是影响比赛胜负的重要因素。

这次男子组比赛也确实是，刚才给大家介绍了，年龄的差距是非常的大，最小的我们看到 6 道的选手是 16 岁，而在刚才第一组的比赛中，北京的选手李和庆，他是 42 岁。另外来自四川的兰江，他也是年龄比较大。兰江也是在前几天的比赛中，掉了好几次水。非常有意思的是兰江也是一名体育老师，他是和自己的学生一起来参赛的。这也是我们少数民族传统体育运动会的特色，大家来，不是为金牌，重要的是参与，重要的是享受比赛的快乐。当然了，作为一名教师，他也是在 9 月 10 日这一天为自己度过了一个非常有意义的节日。现在我们在画面上看到的是 3 道来自贵州的选手贺寿永，他和 4 道德胡朝贵一样都是这次比赛中一等奖的有力竞争者。贺寿永在半决赛中的成绩是 22 秒，第 4 道的胡朝贵是 22 秒 30，两个人的成绩也是非常的接近。这是来自东道主的啦啦队啊，他们是给女选手吴月明加油。这次的比赛也是在人工湖泊上进行的，总共是 6 个航道，水道总长是 1500 米，而赛道总长是 1000 米。

好，比赛马上就要开始了。选手们上竹。我们看一下选手们上竹的动作，脚要前后分开，但是分开也有学问，既不能分得太开，又不能分得太短。太短的话，不利于你发力，而分的太开容易站立不稳。

比赛开始。我们看 3 道、4 道和 2 道的选手确实是实力高出其他选手一筹。好，赛程过半，还是来自贵州的两位苗族选手并驾领先。3 道和 4 道的贺寿永和胡朝贵，好像胡朝贵稍稍领先一点，冲线啦！

好的，第 4 道的胡朝贵是获得了本届少数民族传统体育运动会的第一个一等奖。紧随其后的是他的队友贺寿永。两个人几乎是同时冲过了终点。

来看一下最终的成绩。胡朝贵是 21 秒 30，第 3 道德贺寿永是 21 秒 90。这两个成绩都是比半决赛的最好成绩要好。此外获得第 3 名的是来自湖北的李创，他的成绩是 26 秒 30。第 5 道来自海南的黎族小伙王洁是 27 秒。再来看一下胡朝贵的动作，非常的轻盈舒展，双桨也是像钉子一样牢牢地钉在了竹漂上。

（本段解说词字数统计：2678 字）

【解析】

解说词词频统计

名词		动词		形容词	
内容	频率	内容	频率	内容	频率
比赛	30	来自	22	确实	5
选手	30	获得	8	重要	4
成绩	11	看到	7	平衡	3
胡朝贵	9	进行	5	有力	2
第一	8	决赛	5	秀美	1
体育	8	运动	4	美丽	1
海南	7	开始	3	正式	1
贺寿永	7	需要	2	公平	1
年龄	6	训练	2	一样	1
运动会	5	产生	2	灵巧	1

解说词情感分析

分类	情感分析		情绪分析						
	正	负	乐	好	怒	哀	惧	恶	惊
得分	242	42	16	52	0	2	0	6	1
权重	85.21%	14.79%	20.78%	67.53%	0	2.60%	0	7.79%	1.30%

特定人物形象塑造得分

人物	人物正面得分及权重	人物负面得分及权重
贺寿永	1.86 / 86.51%	0.29 / 13.49%

六、跆拳道项目解说示例

赛事：里约奥运会跆拳道男子 58 公斤级决赛

解说员：周英杰

好，观众朋友，那么接下来我们为您带来的是男子 58 公斤级的金牌争夺战。中国选手赵帅，历史上第一个闯进决赛（的人）。在决赛当中，他的对手是来自泰国的汉帕

（Tawin Hanprab）。这也是我们中国男子跆拳道队在奥运会上第一次闯进决赛。前两次我们都拿到了铜牌，今天赵帅进到决赛已经确保一枚银牌，已经创造了中国男子跆拳道在奥运会上的历史。泰国选手汉帕，18 岁，身高 1 米 81。赵帅身高 1 米 88，从身高上来讲，赵帅的优势还是比较明显的。赵帅是去年世锦赛的第三名得主。那么今天打进了奥运会的决赛，我们期待者赵帅能够给我们带来更大的惊喜。今天吴静钰没有能够拿到奖牌的情况下，我们希望赵帅能够给我们带来新的亮点。

两位年轻的选手都是第一次打进奥运会决赛，所以这场比赛，应该说内心的紧张程度都是一样的。本场比赛的裁判来自牙买加。

（第一局）

好，比赛开始。从画面中来看，赵帅这个身高腿长的优势还是非常明显的。在前面的半决赛当中，他打的也是非常对路的。就是用自己的特区，控制跟对手的距离，不让对手近身。漂亮！（赵帅）率先拿到第一分。从前面的两轮比赛来看啊，赵帅的打法确实是非常的谨慎实用，没有多余的一些花哨动作。战术手法非常的清晰，连续的测算来控制对手就不让你近身。一旦对手贴进来，一定要防止对方在这个位置上踢高腿。漂亮！对方的一个双飞踢，赵帅往那一靠，距离没了。哎！（对方）没有（得分）……好悬呐！所以我说现在这个规则改的啊，跆拳道很多腿法已经变得是稀奇古怪，什么各种拐子腿、镰刀腿。已经完全称得起稀奇的艺术，这样一个运动了。还有就是我刚才提到的裁判规则，有些裁判规则简直是荒唐。赵帅刚才一个双飞踢又拿到一分。又是一个双飞踢，再拿一分。第一回合还有最后两秒钟。赵帅 3 比 0 领先。头脑非常清楚啊。

（第二局）

刚才这两记双飞踢的效果确实非常的不错。好，来看一下第二回合。泰国选手汉帕现在拿到一分。赵帅这个侧踹啊，还是要继续加强，不给他近身的机会。在前面两轮的比赛中，我们经常看到赵帅老去捂自己这个右胳膊肘，看来在前面的比赛当中已经是有伤了。连续的高位下踢。对方一个反身摆腿，没有（得分）。手扶地了，给一张黄牌。我刚刚说了，这种规则其实确实是很没道理。对方又扶地，得到一张黄牌，这样被罚一分。58 公斤级，这样一个级别，赵帅 1 米 88 的身高，这个身体条件确实是非常少见的。所以在比赛当中，赵帅控制好这个距离，控制在一个对自己有效的精准距离上，这比赛就非常好打了。另外，他这个侧踹、侧踢也是相当的出色。还是 3 分的优势，对方也确实没有什么好的办法。（看慢动作）这一下好悬呐，（对方）差一点就擦到头盔了。这也是新规则里，我最看不上的一条规则。只要蹭到（头盔）就可以得分。所以出现了各种奇形怪状的动作。

（第三局）

好，关键的第三回合。赵帅距离创造历史还有两分钟。漂亮！又是一个双飞踢的后腿，拿了一分。对方也是连续的转身，双飞，又往上伸腿。哎呀，（汉帕）刚刚身体这下够到头盔了，（裁判）给了 3 分。（赵帅）还是要小心呀，现在这种规则确实就是这样。只要他这个腿能够抬得起来放到你脑袋上去，裁判就会给分。不要再给对手近身的机会。（赵帅）近距离一个侧踹。对手拿了 3 分之后，赵帅多少有点儿着急。不要着急，压住了，只要发挥好你的侧踹，对方根本近不来。又是往腿抬。哇，这脚（汉帕）差点儿踹到裁判脸上去了。当然不要保守，（赵帅）漂亮！这3分（裁判）没给吗？很清晰，应该已经够到头了呀。还有50秒。双方体能都在下降，这时候关键咬牙坚持住！不要跟对方搂抱，因为一旦搂抱，对方很容易把这个脚给抬起来，找机会往上放。赵帅刚才好像是手扶了一下地啊，（裁判）给一张黄牌。20秒。防守的架子一定要抱严了。10秒。5秒。时间到了！赵帅创造了历史，中国男子跆拳道奥运会的第一枚金牌！恭喜赵帅！恭喜中国跆拳道队！三届奥运会了，前两届我们都是只收获了铜牌，今天赵帅创造了历史。拿到了中国奥运史上第一枚男子奥运会的跆拳道金牌。而且这场比赛，赵帅赢得是实至名归。恭喜赵帅！恭喜中国跆拳道队！也恭喜中国奥运军团！

（本段解说词字数统计：1623 字）

【解析】

解说词词频统计

名词		动词		形容词	
内容	频率	内容	频率	内容	频率
赵帅	28	决赛	6	确实	6
对方	11	恭喜	5	漂亮	4
比赛	9	控制	4	连续	3
裁判	8	创造	4	清晰	2
中国	8	能够	4	明显	2
规则	7	带来	3	着急	2
第一	7	没有	3	惊喜	1
跆拳道	7	闯进	2	紧张	1
对手	7	来自	2	一样	1
奥运会	7	起来	2	对路	1

解说词情感分析

分类	情感分析		情绪分析						
	正	负	乐	好	怒	哀	惧	恶	惊
得分	142	53	8	41	0	1	1	8	1
权重	72.82%	27.18%	13.33%	68.33%	0	1.67%	1.67%	13.33%	1.67%

特定人物形象塑造得分

人物	人物正面得分及权重	人物负面得分及权重
赵帅	2.09 / 82.61%	0.44 / 17.39%

七、攀岩项目解说示例

赛事：2017 中华人民共和国第十三届运动会女子速度攀岩随机赛道 16 进 8。

解说员：尤宁

嘉宾：谭发良

尤宁：好的，在简短的开幕式之后，本届全运会攀岩项目决赛阶段的比赛大幕已经正式开启。接下来呢，也让我们通过一个短片，来简要地了解一下本次比赛的三大项目：速度赛、难度赛和攀石赛。

尤宁：的确，攀无止尽。相信通过一个短片，大家已经对攀岩这项运动有了一个简要的了解。那么接下来呢，我们也是希望借着本次比赛的转播，能有越来越多的人爱上攀岩这项运动。为了方便大家的收看，更好地了解攀岩这项新兴的运动，我们在前方的评论席也是特地为大家请来了国家体育总局登山运动管理中心的专职赛事解说谭发良先生。在攀岩圈里大家都习惯于叫谭发良阿发，欢迎阿发！

谭发良：谢谢！

尤宁：接下来大家首先要看到的是我们整个全运会攀岩比赛速度赛随机赛道女子 16 进 8 的比赛。经过了一番角逐之后，进入 16 强的选手，给大家来介绍一下，分别是……

谭发良：好，决赛已经开始了。

尤宁：正式开始了。

谭发良：我们看到 A、B 两道。

尤宁：A 道是来自广东的陈卓莹，B 道是来自于湖北的王芳。在预赛结束之后呢，A 道的陈卓莹排在第一位。

谭发良：左边

尤宁：也就是在画面的左侧，右侧的湖北的王芳预赛结束之后暂列第 16 位。在整个比赛出发之后，我们也看到，的确陈卓莹从起跑之后，整个动作非常的流畅，15 秒 21，率先登顶。

谭发良：根据我们预赛的比赛排名，会排 1～16，根据这个非常科学的排比方式，我们是在淘汰赛的时候首先进行的是 16 进 8，并且是我们的八分之一决赛，两两 PK，就是谁能够第一时间登顶，谁就进入到我们的前八。

尤宁：所以是竞速赛，一次对决，但是在预赛的时候有两次机会。

谭发良：是的。

尤宁：取成绩最好的那一次。

谭发良：那我们看下一组的。

尤宁：下一组的运动员。第二组，画面左侧代表宁夏出战的田沛阳，预赛结束后排在第八位，画面右侧代表西藏出战的是普布卓玛，预赛结束之后是暂列第九位。比赛正式开始。

谭发良：这两位是成绩差距比较小。

尤宁：这个，抢跑了。比赛有一个运动员抢跑。来看一下是谁抢跑了。在攀岩比赛当中，跟田径也一样。哦，非常遗憾啊，来自西藏的运动员普布卓玛抢跑，就失去了比赛的机会。

谭发良：是的，我们每一名选手，她其实是在我们的比赛当中，她没有抢跑的机会。

尤宁：对！

谭发良：如果抢跑，她这一趟成绩是没有的。所以就非常的遗憾。

尤宁：也就是意味着普布卓玛已经退出了 16 进 8 的角逐。

谭发良：止步 16 强。

尤宁：对。

谭发良：那现在我们的 A 道，本来也是我们在预赛排名第 8 位的，来自宁夏的田沛阳，她就可以不需要太快，她只要能够完成这一条线路，她就能够进入到下一轮。所以我们进入到淘汰赛，它的比赛规则就是你不需要是整个过程最快的，你只需要比你的对手快一点就行。

尤宁：比对手强，对，这也是攀岩这项比赛独特的一个魅力。只要比对手强。

谭发良：也很残酷。很直接。我们通过预赛的所有的运动员，你看取前 16 进入到我们的决赛。前 16 名第一轮我们就会淘汰一半，就是 16 进 8。

尤宁：50%概率，对。好，说话间，已经来到了第三组。第三组画面的左侧是以个人名义参赛的何翠莲，预赛结束之后是排在第 4 位，画面右侧是代表湖南出赛的向红春，预赛结束之后排在第 13 位。

尤宁：好，比赛正式开始。何翠莲在出发之后啊，她这个动作非常的流畅。

谭发良：非常稳。

尤宁：在这个岩点上没有处理好。

谭发良：是。

尤宁：所以说呢，向红春也是借着这个契机，迎头赶上。

谭发良：紧随其后。

尤宁：而且是有点儿，现在是……

谭发良：喔，可惜！

尤宁：非常可惜，非常可惜！没能完成这种逆转啊。

谭发良：16 秒 95。我们顶端的绿色的电子显示是计时，就是显示的我们每一名选手攀爬的最快的用时，我们速度比赛他的计时的判断成绩方式就是谁的用时越短，谁就是可以进入到下一轮，谁就成功。而且我们 A、B 两道的岩点，就是线路的难度是一模一样的。所以我们就需要两位进行 PK 攀爬，谁能够时间更快，到顶时间更快，您就可以进入到下一轮。刚才我们也明显地看到我们的何翠莲……

尤宁：何翠莲更快一些。16 秒 95 的用时。但是速度赛的随机赛道是只有最好成绩，没有世界纪录。

谭发良：是的。

尤宁：现在已经来到了第四组。画面左侧是代表广东出赛的宋依霖，预赛结束后排在第 5 位，画面右侧代表山东出赛的倪宁魏，预赛结束之后是排在第 12 位。这两位选手也是实力上不分上下，不分伯仲。

谭发良：哦！

尤宁：最后一个点。

谭发良：糟糕，加油，哦！

尤宁：好！漂亮。

谭发良：刚才两位其实……

尤宁：相对来讲还是宋依霖更快一些。

谭发良：刚才两位其实可能都发现"我边上的这个人有一定的失误"。所以我们首先是，宋依霖有一个小小的失误。然后啊，右边的选手已经快赶到她了，可惜在最后拍板的时候……

尤宁：不能犹豫！要更坚决！

谭发良：也出现了失误。

尤宁：尤其要处理好的这个登顶，像游泳赛场的到边儿。

谭发良：对！

尤宁：我们也知道在游泳世锦赛上，傅园慧就是因为到边儿的问题，很遗憾输掉了50米仰泳的冠军。

谭发良：是。来，我们看一下组。

尤宁：所以说刚才那一组也是，其实相对来讲，宋依霖就是赢在了到边儿。登顶这个……

谭发良：最后一刻。

尤宁：对，最后一刻！我们来看第五组的运动员。画面左侧是代表江西出赛的潘旭华，预赛结束之后是排在第2位！画面右侧是代表内蒙古出赛的罗琦，预赛结束之后是排在第15位。

谭发良：是的。

尤宁：果然啊，第2和第15还是有显著差距的。

谭发良：对！

尤宁：潘旭华这个动作相当流畅啊。

谭发良：潘旭华是一个非常综合性，实力非常强的一名选手。她曾……

尤宁：17秒03的比赛用时。

谭发良：曾经有的比赛她是难度、速度、攀石三个项目都拿过冠军。

尤宁：嗯，那是相当全面。

谭发良：是，非常全面，也很适合我们现在新的奥运……

尤宁：奥运会的这样一个模式。因为我们知道在去年的里约奥运会结束之后，攀岩这个项目也是正式进入到2020年东京奥运会的奥运大家庭。东京奥运会将会产生男女攀岩的两枚金牌。

谭发良：是的。

尤宁：其实就是速度赛，全能赛，以及攀石赛，三项相加。决出最终的冠军。

谭发良：嗯，欢迎下一组。

尤宁：第六组运动员，来，画面左侧是代表河北出赛的王熙然，预赛结束之后是排在第七位。画面右侧是代表广西出赛的任桂珊，预赛结束之后是排在第 10 位。

谭发良：左边的，预赛排名第七的来自河北的 036 号王熙然在我们 2016 年的亚新赛获得了第 2 名（季军?）。

尤宁：成绩不错。

谭发良：对。来看现在她的发挥如何。感觉不相上下，喔，可惜！

尤宁：这个岩点没有处理好。

谭发良：速度赛的攀爬一定要稳，要稳中求胜。

尤宁：而且要注意每一个细节。一定要连贯，不能出现这种所谓的失误。

谭发良：对！滑坠。

尤宁：尤其不能出现这种滑坠。

谭发良：是！

尤宁：因为我们在预赛中也看到了，有的运动员就是滑坠了。

谭发良：对，这样脱落了，很可惜。

尤宁：对，脱落了。

谭发良：我们速度比赛的攀爬，就是一次的攀爬机会。

尤宁：嗯。

谭发良：以到登顶为最后的成绩的判断。用时，哇，拍板！我们顶端的摄像机记录了我们选手最后冲刺的一刻。我们速度地攀爬首先要求起步要稳定，中途要保持，最后要冲刺，拍板要快！

尤宁：拿出最后的实力啊。好，我们来看下一组运动员，第七组。画面左侧是代表河北出赛的杨方方，预赛结束之后排在第 3 位。画面右侧是代表西藏出赛的白玛玉珍，预赛结束之后是排在第 14 位。

谭发良：左边的预赛排名第 3 的 037 号来自于河北的杨方方，在 2015—2016 年的大攀赛获得速度的冠军。

尤宁：大学生攀岩对抗赛。

谭发良：对！每年都会有的。

尤宁：其实攀岩这项运动在高校里也是开展得更好一些。

谭发良：是的。

尤宁：非常适合年轻人。

谭发良：代表河北。

尤宁：代表河北出赛。

谭发良：现在所读的学校是河北地质大学。

尤宁：地质大学啊，这也是出产登山运动员的学校。

谭发良：对。还有中国地质大学，武汉，北京。

尤宁：对。在登山运动中我们国家的运动员是取得了非常卓越的成绩。这几年在攀岩项目上也是迎头赶上。

谭发良：是的。

尤宁：我们也知道在速度赛的赛场上，也是有男女运动员多次夺得世界冠军。

尤宁：我们来看最后一组运动员，第八组。画面左侧是代表湖北出赛的张灵芝，预赛结束之后是排在第六位。画面右侧是代表安徽出赛的房可，预赛结束之后是排在第 11 位。

谭发良：这两位也不相上下。

尤宁：嗯。

谭发良：来看最后一个阶段。

尤宁：速度赛的随机赛道啊，就是看细节。

谭发良：是的。

尤宁：对于这条新线路的把握。

谭发良：好，漂亮。

尤宁：因为这条线路对于所有运动员来讲都是新的。因为它是随机制定的。为了确保比赛的公平和公正，我们这次全运会也是请来了两位……

谭发良：国际的。

尤宁：国际的定线员，确保比赛的公正。

谭发良：我们比赛的节奏很快。

尤宁：非常非常快。

谭发良：女子的随机赛道，就是由 16 进 8，已经决定了前 8。

八、斯诺克项目解说示例

赛事：2013 斯诺克世锦赛决赛 奥沙利文 VS 霍金斯（节选）

A：罗尼的出场获得了更热烈的掌声。

这宗并不是原汁原味儿的斯诺克王号，在过去的时刻呢，额，现场不会有这么热闹。即便是球员出场，而这种改变多少也……很多的球员甚至是电视观众非常的喜欢。因为斯诺克这项运动呢，过去一直被冠以绅士、安静。

B：说得好听点儿就是绅士，其实呢，感觉有些沉闷。

A：对。

B：也是需要有一些调动现场的气氛，观众更投入一些啊，可能更加激发起球员的斗志。

A：所以现在出场的时候，允许观众……这个啊，呐喊，在出场的时候也有音乐啊作为这个相伴。

整个比赛时间进行了 1 小时 48 分钟了，平均呢一局的时间只需要 13 分钟。

B：是比较快的。

A：相当快了已经！哦哦，这个……

B：上番的成功率，都很高。

A：奥沙利文的成功率 95%。

B：在前 8 局的比赛中，奥沙利文呢是赢了 5 局，其中有 2 杆是过百，其余获胜的 3 局呢，也都是单杆制胜。霍金斯胜利的这 3 盘呢，其中有 2 盘也是，就是一上手单杆制胜。所以双方的进攻的成功率呢，还是都显得很高。

A：火力全开!

B：这样比赛呢，也并没有像，赛前，额，大家所想象的，可能是，一方，奥沙利文进攻得更多一些。

A：嗯。

B：而霍金斯呢?

A：处于防守。

B：求稳一些，其实这场比赛，霍金斯的状态也是不错，感觉是以攻对攻的一场比赛。低杆，来控靠近中袋的这颗红球，没有打进! 但是，这颗红球呢，霍金斯，看不到，被蓝球挡住了。

A：奥沙利文的长台成功率并不高，40%，霍金斯是75%，但长台这个成功率数据呢，我觉得其实是，诸多数据里面最缺乏参考意义的一个数据。因为很可能，比如说，这个没什么机会的人，他其实长台并没有打几杆，但偶尔打进了，他长台这个成功率会很高。

B：黑球刚好还有下，这局霍金斯率先上手。

A：嗯，是看好了，粉球的左侧的中袋。现在黑球的这个角度呢比较难叫，因为黑球左侧的底袋看不到，而右侧是开放的。

B：对，右侧的底袋是有。这个镜头给到的应该是霍金斯的。

A：家人。

B：助威团，家里亲戚。

A：在这个，就是二层看台看球的，这个，一般都是球员的这个直系亲属。

B：好，这颗红球的角度叫得不是很好，稍稍有点向下，但是，向下的角度呢，黑球左侧底袋又没有，粉球现在中袋也是被挡到了，只能选择拉杆来叫蓝球。蓝球打得稍稍薄了一点，导致呢，母球K到了绿球，这杆叫位失误。

A：叫位失误没有办法，这样的话呢，从进攻模式转入防守。

B：嗯，这一杆是刚才霍金斯的那杆，叫蓝球的那杆，这是导致这个进攻中断的原因呢，就是，额，这个，叫蓝球的这颗红球啊，角度叫得不好。四颗星啊，从绿球的边上滑了出来，本来呢，是应该往绿球的背后躲。今天也和一些朋友在聊这场决赛，绝大多数的人呢认为几乎是没有悬念。

A：对。

B：肯定是奥沙利文能获得胜利，但是也有极个别的朋友呢，跟我说这场比赛，由于霍金斯啊，这个前几轮都是爆冷胜出，淘汰了塞尔比，淘汰了丁俊晖，就认为这场比赛，也可能会，霍金斯出其不意，能够战胜这个奥沙利文。

A：多方的观点吧! 但是我的觉得这个霍金斯战胜奥沙利文多多少少听起来像是个美好的愿望。

B：对，毕竟从前几轮状态来看，奥沙利文的状态是非常好。哦，薄球的防守，漂亮! 这杆防守，打点非常得准。选择球堆左侧的这颗红球来防，因为选择最下方的红球来防的话呢，不容易避开黑球。好球啊!

A：这一杆好球啊!

B：非常精确的落点。奥沙利文这一杆呢可以从左侧库边来解球，一颗星来切靠近底岸的这四颗红球。最好的结果呢是贴到最左侧的这颗。

看一下粉球点左侧的这一颗红球，刚好是一个打袋跑的线路，恩，稍微打厚了一点。

A：噢！这一杆呢，没有回来，漏球了。

B：现在球台中间，单独的这颗红球，左侧的底袋应该是有下。

A：正好是从黑球和袋口这颗红球的中间。

B：对，可以通过。

A：哎呀！这杆没打进！

B：这是一个比较大的失误。这颗红球不难打，左侧。

和右侧底袋各有一颗红球可以进攻，选择左侧的这颗来打，啊，右侧这颗！一库弹起来叫蓝球的中袋——粉球的右侧底袋。

A：这样的一杆呢，是要先把左侧袋口的这颗先清掉。

B：刚才呢，蓝球的角度是稍微大了一点，如果角度合适的话，可以选择蓝球来攻，先叫中间的红球，袋口这颗呢，可以摆到后面再解。看一下粉球的角度，现在把黑球打回点位呢，对这个进攻的链接可能不是很有利，选择粉球来打。红球又是有一点向下的角度，这样的话呢，红球打进之后，下低杆，直接来叫黑球。

A：他先叫粉球。

B：额，这个粉球的角度，可能稍微大了一点，并不是很舒服。中杆，发力，蹬一库起来。

A：再来到球台的左侧，只能这样。

B：靠准度弥补回来。这颗红球打进之后呢把黑球点右侧的这颗给顶开了，并没有选择叫黑球，还是选择粉球来打。啊，带红球堆，结果粉球失误。看一下，底库附近的这颗红球，最靠右侧的这颗有没有下。

A：有的打，我估计呢，主球的背后有一颗红球形成了反斯诺，这样其实还是很难下杆的。球杆可以放过去啊！

B：高杆，弹一库，叫黑球。啊！奥沙利文！

A：第九盘的比赛开始之后，奥沙利文已经连续失误 3 杆了。

B：3 杆进攻都没有打进，这颗红球还是打厚了。

A：刚刚在出场的时候，因为我们可以及时地看到，前方的这个信号，额，两位球员在带来，刚才前几天看到的那个世界冠军墙，这个地方的时候呢，只有霍金斯一个人孤独地站在这儿，不知道那个时候，火箭去了哪里。

B：不知道是有没有发生什么状况。

A：对，但是从回来之后呢，火箭上手连续，你看，3 杆，这种拼球是不难的咯。

B：对，后两杆都是大好的机会。

A：对，尤其是后两杆，霍金斯失误之后，当中的这颗红球没打进。霍金斯 K 球不进，然后又是火箭上手，这杆还是没打进。啊！希望只是可能进入状态慢一些。

B：嗯，超分啦！

A：因为去年火箭没有退出之前，我们知道我们转这个德国大师赛的时候，知道这个奥沙利文呢得了一种比较奇怪的病，希望奥沙利文不要有身体上、心理上的问题。

B：比分还是咬住了，4：5。

九、围棋项目解说示例

赛事：2016年3月10日李世石与谷歌AlphaGo进行第二回合挑战赛（节选）

解说员：许戈辉

嘉宾：刘小光

许戈辉：尖端棋手李世石的人机大战，今天马上设计了这一场"直播+评论+吐槽"，所以呢，先给大家介绍一下我身边的这位嘉宾，咱们国家著名的围棋9段刘小光老师，也是所有的球迷都特别敬仰的人。

刘小光：棋迷。

刘小光：谢谢许老师。大家都比较关注，因为上一盘没想到李世石简单地败给了电脑。

许戈辉：什么叫"简单地败给了"？

刘小光：那盘棋我看了，这个，不是李世石的最好水平。

许戈辉：就是说这个结果，本来你不是这样预计的，是吧？

刘小光：对！很多职业的都认为李世石会赢，也可能电脑有机会，但是昨天的棋他下的不对劲，主要是跟以往的比赛不一样，因为他对战电脑。

许戈辉：说的是对电脑，但是他事实上，对面还是坐了一个人。

刘小光：不一样。电脑它是没有感情的，坐的是一个代言人。李世石你看他现在闭目养神，我觉得他应该能调整过来，昨天那盘棋没有发挥，离他的真实水平我觉得差得很多。

刘小光：开始了。

许戈辉：每个人的两个小时开始倒计时。

刘小光：各走一个星。

许戈辉：这个布局应该是早就在心里想好的，所以开局的时候，大家的布局应该是在按照既定方针办吧？

刘小光：就职业比赛吧，第二天，比如说不管是对李昌镐或者聂卫平，我不管对谁，我之前会先构思一下。看看他最近的棋谱，然后走一个自己熟的，大概会构思一下。

许戈辉：从昨天的那个比赛看，其实李世石他的擅长不是开局，是这样吗？

刘小光：也不能这么说。有些人可能觉得他的布局不是最佳的那种下法，但是后面他对处理那种形状比较熟，后半盘的处理他有办法。

许戈辉：今天您看出什么？

刘小光：对手，今天是机器人拿黑棋，他的对手，走一个星小目，这个星小目下步可以走中国流，这都比较专业，这个都没关系，我觉得胜负都不在这里。

许戈辉：应该把关注点放在？

刘小光：应该找准对方的弱点。

许戈辉：这个我觉得真是说到点儿上了。在我们看来，机器是很难有弱点的。因为它精密、它严谨，它每一步都有预先的，涉及后边的几十步、上百步。

刘小光：所以说它可以想得多了，那可以再加几个零。

许戈辉：对啊，所以说找机器的弱点，好像远远难于找人类的弱点，是吧？

刘小光：不，它一定有弱点。李世石，这么高的位置，他一定很聪明。他一定能慢慢找出它的弱点。

许戈辉：机器也很聪明喔。

刘小光：机器也可以调整，但是，我觉得没想到机器可以这么快，它可以马上就赢李世石。

许戈辉：你没想到这么快？

刘小光：我没想到能够来得这么快。

许戈辉：这次第一是世界级的高手，第二就是不让子，对吧？

刘小光：对，然后它还能赢。这个真的是觉得来得太快了。

许戈辉：物理学家潘建伟，他坚定地认为机器会胜，他说以前只是时间早晚的问题，那现在看起来机器是必胜。

刘小光：早晚的问题，应该是理论成立，总局数我觉得他还是有希望赢的。

许戈辉：反正您今天的赌注是下在这儿了，今天您是看好，李世石一定会赢。从现在的用时来看，似乎是 AlphaGo 用时更多一点，是吧，从开局的这几步棋来看？

刘小光：这都是用了，只是用了两三分钟，3 分钟，黑棋用了有 5 分钟，那还早，这个都不是关键，围棋有很多复杂的东西，昨天没有给对方出难题，我自己认为，没有出难题，没有触到电脑的软肋，没有触及。比如说围棋它有"打劫"，昨天一个"劫"都没打，还有"连环劫""三劫连环"或"四劫连环"，这种数计啊，那就不得了，那就是天文数字的变化。

许戈辉：那昨天为什么没有？是没机会，还是说，人机对弈，作为人类选手的李世石，他还摸不清对方的路子和底。所以就只能是暂时先试试水，他还没机会出招。

刘小光：不知道，不知道，反正是不像他的，就算他和他自己那个最高水平就有距离。

许戈辉：我用这个角度来请您分析一下，李世石，他对一个人类的高手和对机器对弈，他的心态肯定会不一样，对不对？但是机器是对李世石还是对刘小光，还是对聂卫平，它的心态一样不一样呢？

刘小光：它没有……

许戈辉：它没有心态，它没有情感是吧。

刘小光：看它的最好水平发挥，它没有情感问题。

许戈辉：所以它只是就事论事，就棋下棋。

刘小光：对！

许戈辉：所以这个就很有意思。

刘小光：但是呢李世石下了一盘或两盘，机器如果不能改变，他会调整，知道你的优点弱点。他知道你这个路子行，那我换一个。这个我觉得人有这种想法，会比较聪明。

许戈辉：其实我都在想，你看，他们现在选了个男棋手坐在李世石的对面，这位男棋手我觉得长得有点儿像聂卫平老师，戴个眼镜。我就在想，反正也是一个替身嘛，对不对，他是在执行嘛，你要弄一个很美艳的，一个美女，那李世石的心态又不一样了，是吧？

刘小光：呃，跟那个没有关系吧，我觉得。下棋，到比赛的时候，都会想棋，都忘记这些了。

许戈辉：这就是我们女生，又不懂棋的人，就开始胡思乱想。现在这个棋有没有可圈可点？

刘小光：走得定式，常见定式。这个定式出现得太多，就像电脑，那太熟了，都没有好啊坏啊，它只能赢得概率高啊低啊，这个布局。这都是九段的招数，都没有什么特别的变化。

许戈辉：是不是李世石在迷惑对方？

刘小光：这个没有。

许戈辉：我就先走一些定式，先走一些看起来很稀松平常的……

刘小光：没有！我觉得都不在这里。首先我觉得他自己别出错。

许戈辉：对！他自己也表示，赛后也表示。

刘小光：他说了？这个我不知道。

许戈辉：他自己说有失误，被对方抓住了。

刘小光：低估了电脑，他低估了。

十、足球项目解说示例

赛事：2018 年俄罗斯世界杯亚洲区预选赛（节选赛前仪式和上半场前 27 分钟）

比赛时间：2016 年 3 月 29 日

解说员：贺炜

嘉宾：徐阳

贺炜：还要寄希望于其他一些场次的比分，符合我们的出线有利条件，才能够决定是否可以最终进军到亚洲区的下一阶段比赛，也就是 12 强的比赛当中。但是我们所说的所有条件成型的前提是中国队在今天的比赛当中要在主场击败卡塔尔。观众朋友们，这场比赛的转播，我们是在陕西省体育场现场为您带来解说和评论。我们邀请到了前国脚徐阳来到我们的评论席。徐阳你好！

徐阳：贺炜你好！大家晚上好！

贺炜：我们可以通过画面看到陕西省体育场已经是一片红色的海洋，今天现场观众人数应该是在 4 万人以上。虽然在这一次的亚洲区的预选赛比赛当中，40 强赛的比赛，中国队前面打的并不是特别好，所以出现了最后一轮，要看很多人的脸色，才能够决定是否出线这样比较尴尬的局面，但是无论如何，即使命运不在自己的掌握当中，你该做的事情还是一定要做到。

徐阳：没错！只要有哪怕百分之一的希望，也要尽百分之百的努力。

贺炜：没错！现在入场仪式马上就要开始了，刚才画面上走过的是中国国家队的现任主教练高洪波指导。好的，双方的入场仪式马上就要开始了。在国际足联旗帜和公平竞赛旗帜的带领之下，来自马来西亚的裁判组率领着双方的运动员踏入了陕西省体育场的比赛场地。中国队的队员们表情比较凝重，因为中国队和我们的对手卡塔尔队相比，小组出线还是一个很大的问题，卡塔尔队已经提前锁定了 C 组的小组第一。这场比赛的胜与负对于卡塔尔队来讲，并不构成它出线道路上的阻碍。这是今天中国队的首发阵容，中国队的首发阵容事实上呢会让大家产生比较意外的这种感觉。包括让李学鹏今天打到了右边前卫的位置上。

徐阳：包括前锋线上应该是一个"无锋阵"，武磊领在最前面，身后的张稀哲，但是前面几个人，我们说姜宁、张稀哲、武磊，这几个人，包括李学鹏，几个人之间轮换能力还是比较强。

贺炜：好的，场上马上要进行的是奏国歌仪式。

贺炜：好的，场上刚刚奏完的是卡塔尔王国的国歌，接下来是中华人民共和国国歌。

贺炜：好的，双方的国歌奏完，比赛也马上就要开始了。在最后一轮比赛开始之前，此前的卡塔尔队是 7 战全胜，拿到了 C 组的小组第一。他们已经提前的获得了进军下一阶段预选赛的资格。这是今天卡塔尔队的首发阵容，有趣的一点是，卡塔尔队今天首发 11 个人，和上一场比赛他们大胜中国香港队那一场比赛相比，居然换了 8 个。而且再加上卡塔尔队有 4 名主力，也是中国球迷比较熟悉的，给我们很多痛苦回忆的队员，因为种种原因不能参加本场比赛，他们补充了 4 名归化球员。所以说这是对中国队来讲一个新的情况的变化，而中国队也在今天的首发阵容当中做出了一些变化，看看双方的变化，谁可以给对方更大的意外。

徐阳：没错！刚才听完国歌之后，贺炜，反正我是浑身激动，真是恨不得回到球场上去踢一场。所以我们今天也把这种期望，寄托在我们这上场的 11 名球员身上，希望他们能拼到最后一分钟，无论最后的结果是什么样，希望他们能为这个国家的荣誉而战。

贺炜：双方的队长在主裁判阿米卢尔·伊兹万先生的主持之下进行挑边。双方还互赠了礼物，因为今年也是 2016 年中国—卡塔尔文化年。

贺炜：这是今天卡塔尔队的替补阵容，在替补阵容上有几个名字是中国球迷非常熟悉的，比方说 3 号哈桑（阿卜德勒卡里姆·哈桑）、12 号马吉德（马吉德·默罕迈德）、18 号阿菲夫（阿克拉姆·阿菲夫）、19 号蒙塔里（默罕迈德·蒙塔里），20 号布迪亚夫（卡里姆·布迪亚夫）以及阿巴巴卡尔（21 号哈里发·阿巴巴卡尔）。这几个名字其实是在过往的比赛中，给中国的球迷们留下了很痛苦的回忆，因为这些人都曾经是卡塔尔的主力，但是今天他们并没有首发。

徐阳：我们知道上一轮比赛打完之后，卡塔尔有 3 名球员停赛，1 名球员受伤，它又补充了 4 名球员，这 4 名球员全部都是归化球员。

贺炜：是的。今天中国队依旧是身穿着红色的比赛服，队长冯潇霆。对于卡塔尔队的主帅卡雷尼奥来讲，他的球队提前获得了晋级下一阶段的资格，所以这场比赛就取胜欲望来讲肯定不如站在悬崖边上的中国队。但是呢，卡雷尼奥在比赛之前的新闻发布会上也说"我们来这里，目标也是拿到 3 分"。今天卡塔尔队将穿着一身白色的球衣。上半场的比赛，中国队将从屏幕的左侧往右侧进攻。卡塔尔队从右往左攻。

（比赛开始，哨声吹响）

贺炜： 中央电视台，中央电视台，观众朋友们，欢迎您收看2018年俄罗斯世界杯亚洲区预选赛40强赛C组的最后一轮小组赛的现场直播，中国队在主场迎战卡塔尔队，比赛已经开始了。场上穿着红色球衣的是中国队，穿着白色球衣的是卡塔尔队。卡塔尔队在本轮之前已经是7战全胜，提前锁定小组第一，已经晋级了。中国队需要在这场比赛中击败卡塔尔，然后还指望其他一些比赛出现有利于中国队的结果。总共是有4个成绩比较好的小组第二，从8个小组第二当中脱围而出，进军12强。

徐阳： 赵明剑在边路助攻。

贺炜： 中国队队员们今天上来之后很拼，这一点是毋庸置疑的。

徐阳： 贺炜，你看，从赛前我们拿到这个首发阵容来看，李学鹏是出现右边前卫，但是今天比赛开始之后，李学鹏应该还是回到了左边路。他是跟任航负责左边路这条通道，右边是赵明剑还有姜宁。

贺炜： 对。现在拿球的就是姜宁，好球，把球传进去，这个球传的，想要加快球的速度，但是力量稍微大了一点。

徐阳： 对，传了一个平快球。

贺炜： 现场的球迷都在用自己的力量为中国足球尽着一份能力，但是，徐阳，就像你刚才所说的，只有场上这十几个小伙子他们是真正的在一线作战。

徐阳： 没错。

贺炜： 我们需要在这个时候支持他们。中国队今天的首发阵容，门将是曾诚，在后防线上，两个中卫今天是张琳芃和冯潇霆。右边后卫赵明剑。左边后卫任航。在中场的中路是由蒿俊闵和黄博文来搭档。那么姜宁在中场的右路，李学鹏出现在中场的左路，两名前锋是武磊和张稀哲。这是目前首发的站位情况。

贺炜： 卡塔尔队今天的首发来给大家介绍一下。卡塔尔队的门将是1号勒康特，其他的上场队员有2号穆萨、4号默罕迈德（阿卜杜勒拉赫曼·默罕迈德）、5号阿齐兹、7号穆夫塔、8号路易斯。10号田畑，这是一个从日本归化的球员。叫罗德里戈·田畑。11号梅莎勒，13号默罕迈德（默罕迈德·埃尔萨耶德），15号佩德罗和17号伊斯迈尔。佩德罗也是一名从葡萄牙队，呃，从葡萄牙归化的球员。他今天是第一次代表卡塔尔出战这样的正式比赛。

贺炜： 中国队的队员们在前场从一开始就展开了逼抢，全场比赛对于中国队来讲没有选项，只有获胜一条路。此前，中国队在前面的小组赛的比赛当中事实上只是在客场0比1输给卡塔尔那场比赛当中失了一个球。现在我们看到米卢也来到了现场，米卢是曾经带领中国队进军过世界杯决赛圈的功勋教头，他的到来也许有格外的意义。当然了，米卢现在和卡塔尔的关系也是非常的亲密。

徐阳： 他是负责卡塔尔申办世界杯的，算是形象大使吧。

贺炜： 是的。但对中国足球还是非常有感情。而且当年在率领国家队的时候，在西安也曾经是获得了胜利。

徐阳： 中场黄博文。

贺炜：李学鹏，把球控制住交回来。卡塔尔队的队员速度比较快，他们的围抢在局部迅速形成兵力优势，这个还是很明显。中国队攒球了。武磊把球控制住，等待队友接应。姜宁。赵明剑。对方的解围没有顶远。双方在拼。这个球武磊倒地，主裁判观察了一下并没有鸣哨。今天的裁判组是来自马来西亚，主裁判阿米卢尔·伊兹万。

徐阳：我们赛前，也是谈到一点，今天中国队，"三条线的阵型"一定要保持好，给对手要以足够大的压力，尤其是由攻转守的时候，在前场要注意展开反抢。

贺炜：我们看到，在替补席上坐着的哈桑，哈桑也同时是卡塔尔国奥队的成员，在今年年初卡塔尔本土进行的 U23 亚洲杯的比赛当中，他给中国球迷应该也留下了深刻印象。中国队曾经和卡塔尔队有过一场比赛，小组赛的第一场，我们先进一球的情况之下最终 1 比 3 告负，哈桑在那一次卡塔尔队的绝地反击当中起到了非常关键的作用。

贺炜：我们刚才话题说到了一半，中国队（13 分）事实上此前只丢过一个球，但是积分却处于非常窘迫的局面，是因为两场球主客场和中国香港战成了 0：0，没有拿到意想中的足够的分数。使得目前在小组第二的这种相互比较的竞争方面处在比较劣势的位置。总共 8 个小组第二，此前中国队是排在第 6 的位置上。

徐阳：李学鹏在边路，把球交过来，往前方进了禁区，铲球，裁判给了角球。今天这场比赛无论是武磊还是张稀哲都不是严格意义上的中锋，所以在这种情况下，要求几个前卫球员，像张稀哲、武磊、姜宁甚至李学鹏，包括黄博文、蒿俊闵这两位球员进攻能力比较强，所以在中前场，这种控制能力，这种衔接能力，包括游击战的能力一定要加强。

贺炜：没错！中国队开场之后的第一个角球由蒿俊闵来踢。被卡塔尔队顶了出来。他们在外围并没有布置反击的人员。中国队二次进攻，停下来，调整，打门！武磊的这个处理，做得还是很流畅。可惜打的稍偏了一些。

徐阳：今天中国队，我看在比赛的开场这个阶段，阵型还是比较靠近中场。

贺炜：我们从这个角度来欣赏一下武磊刚才这一脚射门。打的稍微偏了一些。这场比赛也是中国队和卡塔尔队的第 16 次国际 A 级赛事的交锋，此前中国队是 6 胜 4 平 5 负，还稍微占据上风，但是呢，在世界杯预选赛的 8 次过招当中，中国队成绩明显处于劣势，卡塔尔队是 4 胜 3 平 1 负，就是在比较重要的，像世界杯这种舞台上，卡塔尔面对中国有心理优势。

徐阳：对方是阻挡犯规。

贺炜：李学鹏在拼抢的时候，刚才脚应该也是踩到了对方的鞋上。8 号路易斯。路易斯也是一名归化球员。在本轮之前，卡塔尔队和韩国队是世界杯预选赛 40 强赛亚洲区的仅有的两支保持全胜战绩的球队。

贺炜：卡塔尔队试图从中场送一个身后的直塞。武磊。任航在防守，他失去了平衡，但是还好冯潇霆补过来，把球解围掉，不过给了对方一个角球。

徐阳：开场这个阶段，中国队打得还是比较积极，但是要注意一个问题，就是进攻，可能我们投入的人员比较多，防守的时候对手的反击虽然人数不多，但是他们的能力，个人的能力比较强。所以在防守的时候，我们说，不是说仅靠几名后卫、前卫线，包括前锋线，同时要把这个阵型保持好。

贺炜：是的！要保持每一秒钟集中注意力。卡塔尔队获得角球的机会，他们开场后的第一次角球，准备主罚的是 10 号田畑。球被顶了出来，田畑再传，到后点。这个球没有形成威胁，中国队在追，应该可以拿到，把球控制住，向前送一个直线球，卡塔尔队很果断、很干净。

徐阳：因为现在我们前方没有中锋，没有高中锋，这样张稀哲还有武磊两个人的速度，游击战的能力比较强，所以反击的时候，我们由守转攻的时候，这个时候一定要打得灵活，打得快速！

贺炜：没错！游击战，这是一个前场的界外球。李学鹏现在又游弋到了进攻线的右路。中国足协的主席蔡振华先生也来到现场观战。这场比赛对于未来一段时间的整个中国足球界来讲都太重要。

徐阳：有的时候我们一直在谈，不要给球队球员太多压力，但是这场比赛，那必须要有这种压力。这种压力是我们此前的比赛没有完成好所造成的。

贺炜：没错！应该承担起这个责任来。

徐阳：你穿上这身球衣，你就必须要承担起这份责任。

贺炜：好球，中国队前场，黄博文，这个球给得稍微急了一些，前场反抢。

徐阳：这个时候，我们刚才谈到，一定要就地展开反抢，同时后防线，后卫线球员这个时候一定要跟进，利用我们三条线整体的阵型给对手施加这种压力。

贺炜：应该是一种源源不断的压力。

徐阳：对！

贺炜：不是局部位置的一到两个队员，这种局部的。

徐阳：是一个整体，整体的压力。

贺炜：这场比赛当中，卡塔尔队的原来的 8 号球员阿萨达拉，原来的中锋乌拉圭的归化球员塞巴斯利安，和它的中场球员 10 号海多斯，都是因为吃到黄牌，累计黄牌停赛，而它的主力中卫亚西尔，也是受伤推出，所以它失去了四个主力，但是呢，卡塔尔足协在这方面有他们自己的解决方法。它迅速地又招了 4 名规划球员。

徐阳：没错！他的足球理念可能跟其他国家不大一样。

贺炜：中国队解围，外围。卡塔尔队也是生怕我们的进攻速度打起来，所以选择了大脚的破坏。

徐阳：那赛前卡塔尔队主教练也谈到了，足球世界里没有"友谊"二字。所以这场比赛，赛前，看到了那么多赛前的一些动态，球员的训练，包括卡塔尔队来到西安之后，它们的一些准备工作。很重要的一点就是，还是要做好我们自己的事情。

徐阳：现在武磊开场之后，他是左右活动的比较频繁，如果他拉到边路的话，那这个时候张稀哲要顶到中路。虽然说是没有中锋，像是一个无锋阵，但是在这个位置上必须要出现我们的球员。

贺炜：还是我们反复谈到的那个问题，阵型在来回转移的过程当中，这个弹性一定不能失去。

徐阳：没错！

贺炜：而且保持整体。

徐阳：攻守转换的这种节奏、速度，一定要提起来。

贺炜：中国队在此前的比赛当中，进球数事实上也不少。但是我们面对小组最后一名，不丹队的比赛当中两回合是打进了 18 个球。我们大部分的进球都是出现在这里。所以在关键的时刻，面对强敌的时候，中国队进球不足，而且进攻能力，就是给人感觉提速的能力不足。张稀哲，连续两次传球，欸，这个球是很聪明的一个领球，造成了对方的犯规。姜宁，他是卡塔尔队的 7 号穆夫塔。

徐阳：这球确实是绊人了。你看刚才张稀哲拉出来之后，姜宁出现在中锋的位置上。

贺炜：中国队快速的把这个球开了出来，在外围组织。交给中后卫，还是往边路打。

徐阳：全场就地展开逼抢，黄博文。

贺炜：很难，很难转身！漂亮。这个球，虽然球权没有控制住，但是对方拿球之后，这个无形当中的反击机会也失去了。

徐阳：这就是我们强调在局部给对手施加这种足够大的压力。今天黄博文跟蒿俊闵两个人，我觉得进攻和组织能力都还是比较强，所以今天进攻当中，我们看似无锋，就这几名球员，他们之间的轮换、位置的这种感觉，其实非常重要。

贺炜：没错！来自乌拉圭的主教练，卡雷尼奥，他一直是一个情绪比较外露的教练员，在场边显得非常的激动。但是这一次的世界杯预选赛，他带队的成绩真是不错。7 战全胜。

贺炜：今天西安的陕西省体育场现场的球迷人数在 4 万人以上。

徐阳：已经全部都坐满了。

贺炜：西安向来是中国足球的一块福地，而且西安的足球氛围也是特别的好。

徐阳：我在西安踢过一年的甲 A 联赛，我对这里的球迷非常了解，他们很热情，对中国足球其实一直都是不离不弃。

贺炜：是的。当然今天现场除了西安的球迷之外呢，还有很多来自全国其他地区的球迷。

徐阳：在任何一个城市举办中国国家队的比赛，那里都是球员们最为可以依靠的港湾。我相信在电视机前，肯定有很多球迷也在关注这场比赛，其实我们都是一个心愿，希望中国队能够挺进 12 强。

贺炜：到目前为止，中国队在中场这条线的围抢，让卡塔尔队不太能够有机会把球打到禁区附近。但是这个对中国队来讲有一个隐患，就是体力的消耗。如何分配好我们的体能。

徐阳：对！这个很重要，但是你必须要在主场打出这种气势。打出这种气势的话，你在跑动、在逼抢、在进攻的速度方面一定要加强加快。

贺炜：没错！刚才卡塔尔队的 5 号，拉齐兹，在背后拉人犯规。蒿俊闵，把球打到防线身后，这个球是越位位置去接球了。

徐阳：这个球如果武磊不接，身后的任航是没有越位。所以今天两个边路球员，边后卫任航、赵明剑，两个人的助攻其实也会起到决定性的作用。

贺炜：我们通过慢动作也能看得比较清楚，武磊是往回撤了一步，但事实上，他还是处在越位的位置上。

贺炜：中国队还是在中场这条线，给对方以强大的压力。欸，这个球是判了犯规。武磊觉得自己回防的时候是自己脚尖把球捅出去的，但是主裁判阿米卢尔给了卡塔尔队一个前场的任意球。我们通过慢动作发现几乎是同时碰到，这个犯规也无可厚非。曾诚在指挥着自己的队友，站位。这是卡塔尔队的一次前场的任意球。罚到前点。

徐阳：好球哇，武磊。

贺炜：武磊先把球控制住，交给队友。卡塔尔队也是迅速在局部形成人数上的优势，二抢一，把张稀哲的脚下球破坏，中国队快发。

徐阳：你看这种球就是，武磊拉到边路之后，中路没有球员顶在锋线这个位置，在这种轮转过程当中，武磊的位置、张稀哲的位置、姜宁的位置非常重要。

贺炜：没错！看似无锋的阵型，但事实上是希望在所谓前锋的身后，这几名中场球员，能够后插上制造一些机会。

徐阳：而且今天这几名中场球员他们的脚下技术能力、传接球能力，都是在国内属于佼佼者，所以要利用这几个球员在中场的控制能力，把比赛的节奏掌握在我们自己手里。

贺炜：好球！这个球任航看得很准。现在是由守转攻。中国队把球控制住，没问题。张稀哲回接再交，让球的运行流畅起来，这个球就稍微着急了一些。想要一下打到对方防线的身后去，结果是把球踢出了界外。

贺炜：中国队在最后一轮如果想要从小组当中最终出线的话，事实上战胜卡塔尔只是一个前提，还要同时满足至少三个条件才能够出线。现在有一个条件，澳大利亚队已经帮我们做到了，澳大利亚队是 5：1 在稍早结束的一场比赛中击败了约旦，这样约旦已经是在小组第二名的争夺上处于劣势。那么比中国队的比赛早开始一刻钟的朝鲜队的比赛，朝鲜客场同菲律宾的比赛，如果朝鲜不能战胜菲律宾的话，对中国队来讲也是个有利条件。而阿曼同伊朗的比赛，如果阿曼不能胜伊朗 5 球以上的话，对中国队来讲是有利条件。还有伊拉克和阿联酋，它们分别不能战胜自己小组赛最后一轮的对手，伊拉克的对手是越南，阿联酋的对手是沙特，这两支球队呢都是主场作战，当然伊拉克的国内形势不是很稳定，所以它的主场是安排在了伊朗德黑兰。这就是现在中国队面临的形势。

贺炜：卡塔尔队这个球没有形成射门。

徐阳：由守转攻！

贺炜：卡塔尔队的队员在前场拼抢的能力也非常的强。

徐阳：而且他们的脚下技术，个人的身体对抗能力都很强。

贺炜：好球！在困难的局面之下，把球交给了面向进攻方向的队友。这个球犯规了。卡塔尔队的 13 号默罕迈德，两个 13 号的一次碰撞。

徐阳：默罕迈德今天是卡塔尔队的后腰。

贺炜：赵明剑。

徐阳：好球啊，传得不错，停下来，没有越位。

贺炜：武磊这个球没有停好。在禁区内倒地，但是这个球裁判认为并不构成点球。卡塔尔的球员也是非常有经验，这个球应该并不是点球。

徐阳：虽然他手上还是有一个推人的动作，但是这个球可能裁判不会轻易判罚。

贺炜：认为并不构成点球的这个量刑。

徐阳：到不了这个级别。刚才中国队这次配合打得还不错，边路赵明剑，中路的张稀哲把球回送给武磊。（看慢镜头）但是他手上还是有接触。

贺炜：但是裁判刚才站的位置不错，裁判认为也许够不上点球的这个标准。

贺炜：这个球很危险。

徐阳：冯潇霆、张琳芃，两个中卫今天打的要更加强硬一点。

贺炜：没错！

徐阳：而且这两个人要在后场指挥我们的前卫和前锋，什么时候上前压上这种防守，什么时候回收，非常重要！两个人都有多场国际比赛的经验。

徐阳：姜宁，好球哇。

贺炜：抵住对方转过身来，但是向前传的时候，张稀哲球没有停好。

徐阳：欸，你看现在卡塔尔队在前场丢球之后，他们也会就地反抢，所以这个阶段就看谁能在困难的时候，把这种球择出来。所以今天两个边路的球员，姜宁、李学鹏、任航、赵明剑，他们的进攻防守插上套边的这种时机，显得尤为重要。

贺炜：没错。

徐阳：从现场看到，冯潇霆、张琳芃也是照顾自己的队友，往前顶，往前顶。现在我们也是把整个防守的阵型推到了中场。武磊前场抢断。

贺炜：卡塔尔队把球控制住，往中路给，这球传的稍微大了一点。

徐阳：卡塔尔边路传中，唔，这个球。防守的时候还是要注意中路，有一个人去盯，有一个人去保护。

贺炜：通过开场的这20多分钟的全场紧逼的踢法之后，中国队这段时间体能进入一个小小的极限期。所以这段时间被卡塔尔队在中国队的半场形成围抢的时候中国队队员出球有点不容易，希望他们赶紧度过这个节骨眼儿。

徐阳：中场黄博文、蒿俊闵、武磊、张稀哲这几个球员之间位置靠得比较近。

贺炜：转移到右边来。

徐阳：转移到边路，李学鹏，这球传的不错。冯潇霆，已经有多次在后场直接铲移了。现在在局部，我们这几名小个子球员，相对来说个子不高的球员啊，怎么样把他们……灵活脚下。在中场，刚控制住局面的时候，利用黄博文、蒿俊闵的转移，把两个场地，把这个场地的宽度充分利用起来。

贺炜：好球，这个球虽然赵明剑刚才第一次进攻的时候，没有停到，有点遗憾，但是自己迅速地进入……

徐阳：快发，好球啊！武磊！打门！

贺炜：这是全场开球之后最有威胁的一次进攻。

徐阳：对！这个球快发，发得非常漂亮！

贺炜：我还在说这个球中国队由攻转守的时候的妙处，没想到中国队在由守转攻的时候就制造了危险。

徐阳：这可能也是高指导赛前所要求的。因为今天有几次，无论是黄博文，还是……看，张稀哲，一次快发，武磊处理得也不错。啊，这个球打在对方腿上。

贺炜：中国队获得角球。蒿俊闵，罚到前点。对方把球解围出来出了界。

徐阳：前几次角球，中国队基本都是发的前点。看来这也是精心演练过。

贺炜：还是刚才中国队张稀哲那个妙传，武磊的处理其实很不错，停下来，他的射门并没打飞，压住了。

徐阳：压得也很好。

贺炜：对方的后卫过来这个补防很重要，穆罕默德。

徐阳：因为我们前面这几个球员，他们的特点是什么，灵、脚下快。

贺炜：嗯。

徐阳：所以这个优势一定要发挥出来。

贺炜：蒿俊闵、张琳芃，往前出球的线路不是很好，不着急。中国队又是后场突然地一个身后球的长传。

贺炜：任航！

徐阳：任航！

贺炜：任航往回做的这个球没有传好。

十一、网球项目解说示例

赛事：2011 年法国网球公开赛女单决赛（抢七）

解说员：童可欣

嘉宾：许旸

童可欣：在重要的荣誉面前，两个人真的要每分必争。

许旸：这样呢，是李娜拿到了局点，这分太大了。

童可欣：也是这一个发球局当中的第二个局点，不要被这些……外界的一些突发情况所影响情绪。希望李娜能够平稳的保住。

许旸：球的落点的落定一定是一个圆形，虽然不一定是纯圆。椭圆。

许旸：哇，挂网之后……

童可欣：好球！又是一个擦网球！这样李娜保发这一局之后，也是非常给力的一个保发啊！

许旸：对！

童可欣：这样还是在第二盘的缠斗将会继续，因为两个人都打到了 6，也将会进行抢七。两个人在 2011 年抢七的战绩完全一样，都是 6 胜 4 负，而在职业生涯中斯齐亚沃尼 99 胜 78 负，李娜是 56 胜 41 负。

许旸：两个人原来在北京打过一次抢七，当时呢是斯齐亚沃尼赢了。但那是硬地场。而且在 2008 年，过去很长时间了。

童可欣：太完美了，非常漂亮的迷你破发！

许旸：太棒了！

童可欣：太完美了！

许旸：从接发开始，李娜一直面对着很高的击球难度，我们看，这一次失去重心。自从挑高球之后，她赢得主动。再来看，第一次截击就直接拿分了。

童可欣：对！现场也是响起了非常热烈的掌声，为了双方球员精彩的、如此精妙的表现。刚才李娜做的这个滑步，慢动作可以看到她的手臂同样是整个滑步动作的延伸。很好地控制着球的落点。

许旸：（斯齐亚沃尼）没有了！

童可欣：嗯，李娜也保发了自己第一分。抢七的比赛是这样的，先是由一方的球员发一次分，后面两个人轮流发两分。

许旸：对。

童可欣：如果是在这一分，自己的发球分上没有得分的话叫做"迷你破发"，立刻发掉。

Marat Safin

许旸：看得直皱眉，不知道代表着什么。

童可欣：我现在觉得好像很多球员不打球了还显得比以前更年轻了，因为她们没有风吹日晒的影响。

许旸：对！

许旸：（斯齐亚沃尼）有麻烦了。

童可欣：李娜直接拿下了前三分，但是这里面有两分，其实呢是自己应该拿的。自己两个发球分应该保发，破掉了斯齐亚沃尼第一分。进入到抢七之后，实际上比赛的偶然性是增加了，对于能够快速拿分的选手来讲是有利的。

许旸：那现在是斯齐亚沃尼在二区的发球，接下来她也有两次的发球机会。

童可欣：中国选手一直都在向着大满贯的冠军发起冲击，我们曾经有几对双打选手做到过。晏紫和郑洁在 2006 年的澳网和温布顿获得双打冠军，孙甜甜在 2008 年的澳网与泽蒙季奇合作获得过混双的冠军。现在我们冲击的是第一个单打的冠军。

许旸：哇！

童可欣：太漂亮了！非常，非常漂亮！

许旸：李娜的击球，整个是在高点，虽然没有常规的姿态，但我们看她的控球非常好！把场地用到了极限。

童可欣：这样李娜是取得第二个迷你破发分。到现在为止，进入到抢七的四分，得分全是李娜。非常好的一个开场！现场一片的掌声，这都是为李娜高超的球技而做出的。（笑）那么现在斯齐亚沃尼提出了请大家安静一点儿。12 次来到网前，6 次得分，这是斯齐亚沃尼的网前表现。而今天李娜明显在这一层面占据着优势，12 次来到网前，10 次得分。

许旸：确实她的防守球呢，因为球没有结束，她还要听到对方击球的声音，这样给自己的判断增加一些砝码。

童可欣：漂亮！太漂亮了！简直是精彩极了，真的是非常漂亮的一分。

许旸：过网极致，让斯齐亚沃尼的截击出现了问题。

童可欣：看到网管中心主任孙晋芳女士，她是坐在大使夫人旁边，也是给予了热烈的掌声。现在苏珊朗格的奖杯真的是距离我们越来越近了。李娜在这场比赛当中只需要再多拿两分，她已经是取得了 5∶0 的领先。

许旸：这真是奇怪的时刻啊，这么多人的梦想和愿望要寄托在一个人身上去实现。

童可欣：对！

许旸：出界。

童可欣：回发球出界，李娜获得了 6∶0，也就是 6 个赛末点，在这场比赛当中。而且要交换球场，在交换球场之后，这一分仍然是由李娜来发球。现在我们多年、几代人所追寻的梦想只在咫尺之遥，这将是中国网坛历史上又一次新的篇章即将掀开了。而李娜在她的 12 年职业生涯当中一直都梦想着有一天能成为大满贯的冠军，而这些年的辛苦和付出在今天将要变成现实。

许旸：李娜有 6 次尝试的机会。让我们祝福她，祝福中国。

童可欣：这也是今年的冠军点，6 个冠军点。今天应该说到这个阶段，李娜应该说是胜利在望。嗯，有人在发球的时候出声音了，所以李娜现在是抛起来以后重新发球。这是非常关键的时刻。

许旸：有了！

童可欣：随着一个反拍的失误，那这样在这场当中呢，李娜是在抢七当中完胜！以 7∶0 拿到了第二盘比赛的胜利。真的是一场完美的胜利，对于中国选手李娜来说，她今天是实现了中国网坛的突破，一次里程碑式的突破。只用了 1 小时 48 分钟的时间。现在呢，我们可以尽情地欢呼了，为李娜的成就，也特别向李娜的故乡，来自于湖北和武汉的球迷朋友们，让我们共同地来庆祝。

（本段解说词字数统计：1713 字）

【解析】

解说词词频统计

名词		动词		形容词	
内容	频率	内容	频率	内容	频率
李娜	23	发球	9	漂亮	6
斯齐亚沃尼	8	得分	3	完美	3
冠军	7	没有	2	直接	2
个人	5	看到	2	热烈	2

续表

名词		动词		形容词	
内容	频率	内容	频率	内容	频率
比赛	5	能够	2	精彩	2
中国	5	击球	2	主动	1
第一	4	进入	2	精妙	1
球员	3	增加	2	重要	1
掌声	3	截击	2	麻烦	1
时间	2	来到	2	有利	1

解说词情感分析

分类	情感分析		情绪分析						
	正	负	乐	好	怒	哀	惧	恶	惊
得分	180	43	11	38	0	4	0	2	2
权重	80.72%	19.28%	19.30%	66.67%	0	7.02%	0	3.51%	3.51%

特定人物形象塑造得分

人物	人物正面得分及权重	人物负面得分及权重
李娜	2.91 /79.95%	0.73 / 20.05%

十二、羽毛球项目解说示例

赛事：里约奥运会羽毛球男单半决赛 林丹 VS 李宗伟（节选）

解说员：童可欣

嘉宾：龚伟杰

童可欣：按照比赛的规则，到今天为止，两位大家心目中的天王，抽签的关系使他们在同一半区，在半决赛中相遇了。其实这样顶级的选手在过去12年时间里，他们两个的比赛，无论是在超级系列赛的舞台还是在亚锦赛、世锦赛，或者是说亚运会、汤姆斯杯、尤伯杯的比赛当中，他们都是在最关键的位置上出赛，不是半决赛就是决赛。或者就是说双方作为团体赛的一单来出赛，彼此之间的交战大部分是这样的。当然随着两个人年龄的增长，状态有所下降，排名的关系，可能会出现少一点的变化。我们现在看到的这是印尼的选手叶诚万，他也是曾经的奥运会奖牌获得者。他应该是悉尼的奥运会银牌得主，决赛当中输给了中国选手吉新鹏。这场比赛对于很多球迷朋友来讲，我觉得看的是一场情怀大战。两个人的职业生涯中有36次交手，林丹是25胜11负，保持着在胜负率方面的领先。

但是奥运会的赛场，四年一届，在四年的时间里面人生的道路当中会发生很多很多的改变。我相信他们能够走到今天都是出于对羽毛球的激情和热爱，依然能够以这样的高龄在赛场上面奋战，主要是出于对它（羽毛球）的喜爱。两个人对这场比赛都很清楚，因为今天比赛结束之后肯定会有一个人结束他们的奥运之旅。下一届（虽然）也有可能，但是呢，这个可能性会越来越小。

龚伟杰： 越来越小。

童可欣： 所以这一场比赛对球迷来说，非常珍惜每一个画面，每一个镜头，每一次的起球，每一次的杀球，每一次的放网。我相信可能……因为大家要把这一时刻永远地留在人们的回忆当中。我们这个比赛现在开始了，先来关注一下李宗伟率先发球。

龚伟杰： 好球，林丹今天很明显，遇见李宗伟的竞技状态就是不一样，上场更积极、更主动。

童可欣： 两位老将在赛前都表示，不管他们的这届奥运会会以怎样的结果来结束，他们都已经到了享受人生、享受比赛的年纪了。但是说起来轻松，实际上，我觉得对于李宗伟来说，他还有一个愿望没有实现，就是在世锦赛和奥运会上面，他没有能够拿到冠军。两位选手都是四朝奥运元老了，从雅典奥运会开始就在奥运赛场上面征战。这其中，北京奥运会和伦敦奥运会决赛当中的印象是让大家最深的。

童可欣： 李宗伟这两次下压的进攻，并没有……能够……

龚伟杰： 起到很好的效果。

童可欣： 对。起到得分的效果。

龚伟杰： 林丹控制得很稳。

童可欣： 现在林丹的打法就是控球之前，他弹跳能接上。就是说出手机会特别好的时候，他才会下手。

龚伟杰： 这场球更多打的还是双方的心态。

童可欣： 我相信可能很多的观众，都会将这场比赛录下来。

龚伟杰： 对。

童可欣： 之前就说奥运会这场比赛，大家就期待着林李相会，当然希望是在决赛当中，半决赛来到这里稍微有一点点的早。两位选手也不负众望，因为签表的关系，这是（他们）最晚可以拖到的相遇阶段了。

龚伟杰： 所以他们自己也说，在这个奥运会赛场我不能输，因为我和对方有一个约定。

童可欣： 就一定要相会。

龚伟杰： 对。

童可欣： 但因为签表，两个人都在上半区，就是造成……林丹真是不轻易起跳杀球，控制曲线，两个人都是头顶位置，放一个网，两个人的网前质量都很高。还是压底线。

龚伟杰： 就看双方谁先急。

童可欣： 噢，李宗伟这一……

龚伟杰： 急于进攻，想要（赢）的这一个就容易出问题。

童可欣： 没错。

龚伟杰：林丹的开局就是在和李宗伟打心理战。

童可欣：林丹是这样，他现在参加比赛的这个……几率要比以前低一些，因为他会有选择来参加比赛，保证奥运会的最低积分就可以了。尽量地节省体力的消耗，同时呢，他的这个体能的训练也是跟进很多，增加了很多。假动作，吊对角，跟到网前。李宗伟还是有点紧啊。相比林丹来说，今天李宗伟比赛的状态好像不如林丹进入得那么快速。林丹真的是有备而来。

龚伟杰：李宗伟的开局，现在的出球还是有点犹豫。

童可欣：我觉得他要求很高，他是想用那种非常精确的、到位的球，所以给自己带来了很大的风险。

龚伟杰：他现在还没有摸透林丹。

童可欣：好球，漂亮，这是李宗伟一个强劲的杀直线。

龚伟杰：李宗伟在一年备战期间，叶诚万教练给他的帮助还是很大的。双方都在斗每一个细节。

童可欣：接发球，假动作。李宗伟还是杀直线，然后建立机会，现在已经杀出了优势。但是自己的出网有点儿急躁。

龚伟杰：还是想法多。打这场球不能有杂念。

童可欣：李宗伟接发球的假动作。但是再次出现了失误。这种高水平的较量当中，确实如果你的稍微一些闪失，或一些分寸拿捏不当，会造成失误比较的多，而且呢，快速的挣分对李宗伟来讲，他的自信心会是一个很大的压制。

童可欣：其实33岁的年纪，李宗伟能有这样的竞技状态已经是非常的了不起了。李宗伟身高只有1米7啊，有人说是1米72，但总之是1米70级的运动员。也非常的瘦弱。哇，这发球太不到位了。

龚伟杰：林丹的注意力非常的集中。

童可欣：对。想发一个平高球啊，不是很到位。林丹起手就打，所以这个接发一板得分。

童可欣：李宗伟现在确实心态有一点点的急躁。他就是刚开始采用特别多的进攻的打法，没有得分的情况下，确实心里有一点乱。

龚伟杰：他现在场上是站不住。

童可欣：林丹假动作推一个后场。

童可欣：12比18，李宗伟追回一分。李宗伟今年是里约奥运会马来西亚代表团的旗手，穿的是马来的民族服装，还挺有意思的。好多的朋友都拍下了那个画面。大家也非常的希望这名一代天王级的羽球运动员能够在他职业生涯的末期登上羽球的巅峰，在奥运会的殿堂上收获金牌。但是在……同时，他和林丹还有这样一个约会，我觉得也是与全球的羽毛球球迷的一个约会。

龚伟杰：我只想中国赢。

（本段解说词字数统计：2035字）

【解析】

解说词词频统计

名词		动词		形容词	
内容	频率	内容	频率	内容	频率
李宗伟	19	能够	6	急躁	2
比赛	14	觉得	4	确实	2
一个	14	决赛	4	清楚	1
林丹	13	发球	4	明显	1
奥运会	13	相信	3	积极	1
他们	9	可能	3	主动	1
还是	8	结束	3	轻松	1
非常	6	开始	3	关键	1
因为	6	进攻	3	容易	1
个人	6	到位	3	最低	1

解说词情感分析

分类	情感分析		情绪分析						
	正	负	乐	好	怒	哀	惧	恶	惊
得分	161.5	85	9	35	0	4	3	11	0
权重	65.52%	34.48%	14.52%	56.45%	0	6.45%	4.84%	17.74%	0

特定人物形象塑造得分

人物	人物正面得分及权重	人物负面得分及权重
李宗伟	2.66 / 64.41%	1.47 / 35.59%

参 考 文 献

［1］曾婕，李利克，熊一民，谢立文，彭福希．广播影视语言传播与社会影响力研究［M］．武汉：湖北人民出版社，2014.

［2］姚喜双．播音主持概论［M］．北京：高等教育出版社，2012.

［3］大卫·罗．体育、文化与媒介：不羁的三位一体［M］．吕鹏，译．北京：清华大学出版社，2013.

［4］阮伟，钟秉枢．体育蓝皮书：中国体育产业发展报告［M］．北京：社会科学文献出版社，2013.

［5］国家体育总局政策法规司．中国体育哲学社会科学研究［M］．北京：人民体育出版社，2013.

［6］应天常．节目主持人通论［M］．武汉：武汉大学出版社，2007.

［7］CCTV-5伦敦奥运会评论员组．2012剑指伦敦［M］．武汉：长江文艺出版社，2012.

［8］岑传理，宋世雄．金话筒的诉说——电视体育节目的解说与主持［M］．北京：中国经济出版社，2000.

［9］崔乐泉，峰狼，高红．通晓体育［M］．北京：大众文艺出版社，2006.

［10］第29届奥林匹克运动会组织委员会．奥运媒体概览［M］．北京：中国传媒大学出版社，2008.

［11］皮埃尔·德·顾拜旦．奥林匹克宣言［M］．奥林匹克宣言传播委员会，译．北京：人民出版社，2008．

［12］布鲁斯·加里森，马克·塞伯加克．体育新闻报道［M］．郝勤，译．北京：华夏出版社，2002．

［13］亨特·戴维斯．足球史［M］．李军花，江治刚，王艳艳，郑意长，译．广州：希望出版社，2005．

［14］菲尔·安德鲁斯．体育新闻从入门到精通［M］．周黎明，译．北京：中国人民大学出版社，2010．

［15］陈波．逻辑学十五讲［M］．北京：北京大学出版社，2016．

［16］罗莉．文艺作品演播技巧［M］．北京：中国广播电视出版社，2013．

［17］吴弘毅．实用播音教程：普通话语音和播音发声［M］．北京：中国传媒大学出版社，2002．

［18］中国传媒大学播音主持艺术学院．播音主持创作基础［M］．北京：中国传媒大学出版社，2015．

［19］胡亚敏．叙事学［M］．武汉：华中师范大学出版社，2004．

［20］朱俊河．体育解说叙事学［M］．上海：复旦大学出版社，2013．

［21］张清芳．语言产生：心理语言学的视角［M］．上海：华东师范大学出版社，2019．

［22］李福印．认知语言学概论［M］．北京：北京大学出版社，2008．

［23］黄艺丰，陈贞旭．体育解说员的情感策略研究［J］．新闻前哨，2019（1）：33-36．